Ein Visionär von Gott inspiriert

NOSTRADAMUS

Der Schlüssel

P. di Benuci

Bibliografische Information der Deutschen Nationalbibliothek
Die Deutsche Nationalbibliothek verzeichnet diese Publikation
in der Deutschen Nationalbibliografie, detaillierte bibliografische
Daten sind im Internet über http://dnb.dnb.de abrufbar

© 2020 **P. di Benuci**
Ergänzte Auflage aus der Reihe
„Der Visionär aus Frankreich" erschienen 2018
E-Mail: benuci@gmx.at
Herstellung und Verlag: BoD - Books on Demand, Norderstedt

ISBN: 9783751994590

Inhaltsverzeichnis

Der Visionär aus Frankreich

Im Jahre 1998 habe ich mein Buch über die Auffindung des Schlüssels zu den Prophezeiungen des französischen Sehers Michel Nostradamus veröffentlicht, das aus Gründen des vorgegebenen geringen Umfanges des Buches nur einen Teil meiner damaligen Forschungsergebnisse enthalten konnte. Es folgte im Jahre 2006 die Veröffentlichung weiterer Ergebnisse im Internet. Da ich nunmehr die zeitaufwendige Berechnung mit dem Schlüssel und die detaillierte Interpretation sämtlicher Verse der *Prophéties* des Nostradamus fertiggestellt habe, ist es Zeit, die kompletten Ergebnisse zu veröffentlichen, um Klarheit über die so verwirrenden Prophezeiungen zu schaffen. Damit sollte die Richtigkeit der Prophezeiungen des Visionärs aus Frankreich endlich außer Diskussion stehen.

Ich nahm von Anfang an die Aussage von Nostradamus wörtlich, wonach er mitteilte, für jeden Quatrain den genauen Zeitpunkt angeben zu können, wenn er nur wollte, und so gelang es mit Gottes Hilfe und einer gehörigen Portion Ausdauer den Schlüssel zu den Quatrains herauszufinden.

Besonderen Dank möchte ich meiner geliebten Frau sagen, die in all diesen Jahren meine teilweise „familiäre Abwesenheit" und meine häufigen Stimmungsschwankungen geduldig ertragen hat und mir mit gutem Rat stets zur Seite stand.

Auch meinem lieben Sohn, der mich in Computerfragen unterstützte, und hilfreichen Freunden bin ich zu Dank verpflichtet, ebenso vielen Lesern meines ersten Buches, die mir freundlicherweise mitgeteilt haben, dass sie auf eine Fortsetzung warten, und mir damit Stärkung für meine Arbeit gegeben haben.

Nach rund zwanzigjähriger Forschungstätigkeit kann ich nunmehr das endgültige Ergebnis in einer mehrbändigen Buchreihe präsentieren.

Zu dieser Buchreihe

Nostradamus, der französische Visionär des 16. Jahrhunderts und wohl bekannteste, aber auch umstrittenste „Prophet" aller Zeiten, hat seine Visionen in rund tausend vierzeiligen Versen zu seinen Lebzeiten unter dem Titel *Prophéties* veröffentlicht. Diese Vierzeiler heißen französisch *Quatrains*. Sie schildern die künftigen Ereignisse vom 16. Jahrhundert an bis in unsere heutige Zeit, und darüber hinaus. Leider hat Nostradamus die Quatrains nicht in chronologischer Reihung veröffentlicht, obwohl er diese kannte, sondern hat die Quatrains absichtlich durcheinander gewürfelt. Es gibt aber einen „Schlüssel", mit dem man die chronologische Reihung wiederherstellen kann. Über die Gründe, warum Nostradamus die Quatrains umgereiht hat, und über die Entschlüsselungsmethode wird die Buchreihe ebenfalls Auskunft geben.

Der interessanteste Teil der Buchreihe wird wohl die Erklärung der Prophezeiungen selbst sein, in dem erstmals *die Quatrains in chronologischer Reihenfolge*, jeweils unter Angabe der *berechneten Jahreszahl* und mit ausführlicher Erklärung des historischen Hintergrundes dargestellt sind. Auf Grund des großen Umfanges des Materials kann die Buchreihe nur schrittweise aufgebaut werden. Die einzelnen Bände sind nach Zeitabschnitten, den großen Epochen der französischen bzw. europäischen Geschichte angelegt:

- **Religionskriege**
  Die Zeit der letzten Valois und der Hugenottenkriege bis zum Edikt von Nantes 1598
- **Bourbonenglorie**
  Die Zeit der frühen Bourbonen unter Heinrich IV. bis Ludwig XIV.
- **Sturz der Sänfte**
  Die Zeit unter Ludwig XV. und Ludwig XVI. bis zur Französischen Revolution und die Erste Republik
- **Adlerschwingen**
  Die Zeit der Kaiserreiche unter Napoleon I. und Napoleon III.
- **Europa in Flammen**
  Die Zeit der Weltkriege

Diesen fünf Bänden sind drei weitere vorangestellt. Der erste Band der Buchreihe stellt das Leben des Sehers, seine Familienverhältnisse, seine Freunde und Feinde vor. Selbst für Leser, die mit Nostradamus vertraut sind, wird einiges Neues dabei sein, denn es wird mit so mancher bisher kolportierten Irrmeinung aufgeräumt werden. Auch die Zeitumstände, in die Nostradamus hineingeboren wurde, sollen ein wenig beleuchtet werden. Ziel des ersten Bandes ist es, den Menschen Nostradamus, von dem wir leider nicht allzu viel wissen, ein wenig näher kennen zu lernen.

Der zweite Band stellt die Schriften von Nostradamus vor. Außer den *Prophéties*, welche die berühmten Quatrains enthalten, hat Nostradamus noch weitere prophetische, aber auch interessante nichtprophetische Schriften verfasst. Die Begegnung mit solchen Schriften, die bei weitem viel verständlicher als seine Prophezeiungen abgefasst sind, soll unseren Einblick in Wesen und Charakter von Nostradamus vertiefen.

Der vorliegende dritte Band der Buchreihe stellt die Methode der Verschlüsselung dar, die Nostradamus für die *Prophéties* gewählt hat, wobei auch auf die außergewöhnliche Entdeckung dieser Methode eingegangen wird. Dieses ausgeklügelte System einer alphanumerischen Berechnung mit besonderen Regeln und Kontrollen wird erklärt und an Hand von Beispielen demonstriert. Beispielsweise wird die Berechnung jener sieben Quatrains, die eine Jahreszahl im Text aufweisen, ausführlich dargelegt.

Die chronologische Darstellung der Quatrains in dieser Buchreihe wird den Leser sicher erstaunen, denn ihrem Inhalt nach, gleicht sie einem Geschichtsbuch über die vergangenen fünf Jahrhunderte, nur – und das darf man nicht vergessen – diese Geschichte wurde von einem Mann Mitte des 16. Jahrhunderts vorhergesehen und niedergeschrieben!

Für den interessierten Leser sind ausführliche Quellenangaben enthalten und auch Links auf Webseiten mit weiterführendem historischen Inhalt. Um Mitteilung allfälliger Unstimmigkeiten, die trotz sorgfältigster Arbeit nicht ganz auszuschließen sind, aber auch um Feedback zu den Büchern wird unter der im Impressum angegebenen Mail-Adresse ersucht.

Die Verschlüsselungstechnik von Nostradamus

Im vorliegenden Band wird die Verschlüsselungstechnik erklärt, die sich Nostradamus ausgedacht hat, um seine Prophezeiungen zu schützen. Warum hat er solch einen Schutz vorgesehen?

Im Allgemeinen meint man, nicht zu Unrecht, er habe es wegen der Gefahr vor Verfolgung, vor allem durch die kirchliche Inquisition, gemacht. Nicht wenige prophetische oder als ketzerisch angesehene Bücher seiner Zeit wurden ins Feuer geworfen, manchmal zusammen mit dem Autor. Er schreibt selbst in der Widmung an König Heinrich [H 998]: [1]

> „Doch die Unbill der Zeit, gnädigster König, verlangt, dass derartige Ereignisse nur in rätselhafter Sprache offenbart werden…"

Doch in seinem dritten Brief, dem „dritten lateinischen Text", der noch zu erklären sein wird, stellt er einen anderen Grund vor: er hat sein Werk „mit Hilfe der Heiligen" verfasst, die ihm aufgetragen haben, die Prophezeiungen „zu verdunkeln", damit sich „die Völker nicht ängstigen". Daher habe er auch die Zeitangaben unterdrückt, die er jedoch bei seinen Visionen erfahren hat und die nach seinen Worten „aus dem ursprünglichen Wortlaut" der Verse nach gewissen „Regeln" erhalten werden können.

Die Verschlüsselungstechnik von Nostradamus war nicht leicht zu durchschauen. Fünfhundert Jahre lang hat man danach vergeblich gesucht. Jetzt war offenbar die Zeit reif, dass der Schlüssel zu den verdunkelten Versen gefunden werden durfte.

Leben wir heute in einer Zeit, in der die Unbill des 16. Jahrhunderts endgültig überwunden ist? Ich fürchte, nein. Dennoch wird der Versuch gewagt, den Schlüssel zu erklären, um zu zeigen, dass es einem Menschen vor Jahrhunderten gestattet worden ist, einen Blick weit in seine Zukunft, bis in unsere Gegenwart, zu tun.

Die folgenden Kapitel werden die von Nostradamus genannten Regeln der Verschlüsselung und damit der Entschlüsselung darlegen, auch wie ich sie gefunden habe, und wie sie anzuwenden sind. Wenn sie auch wie ein verwirrendes Labyrinth erscheinen mögen, sie sind streng nach mathematischen Grundsätzen aufgebaut. Die Anwendung des Schlüssels ist letztlich ein Vergleich von Buchstabenketten, der auf einen zweifachen alphanumerischen Code beruht und eine kontrollierte Berechnung des Jahres jedes Quatrains ermöglicht.

Einige Teile dieses von mir 1994 gefundenen Schlüssels habe ich bereits in meinem Buch „Der Nostradamus-Schlüssel zur Jahrtausendwende" im Jahre 1998 veröffentlicht.

Mit Hilfe dieses Schlüssels konnten sämtliche Quatrains in die ursprüngliche chronologische Ordnung gebracht werden, die an Hand historischer Daten während der nunmehr fast fünfhundertjährigen Zeitspanne bestätigt werden konnte.

Das geheime Erbwort

Es schien mir klar, wenn Nostradamus eine Verschlüsselung der Jahreszahlen vorgenommen hat, musste es Hinweise geben, musste es Vorschriften geben. Diese konnten wohl nur in den beiden merkwürdigen Vorworten zu den *Prophéties* stecken, dem Brief an seinen einjährigen Sohn César und dem Brief, besser gesagt der Widmung an König Heinrich. Immer wieder las ich diese beiden Texte. Ich hoffte, dass ich den eigentlichen Sinn dieser Texte irgendwann erkennen werde, dass sich das Buch mit den sieben Siegeln öffnen würde.

Es gab doch einige bemerkenswerte Textstellen dieser Briefe, die ich im Weiteren einfach „Brief an Caesar" und „Brief an Heinrich" nenne. Da liest man etwa:

„Denn *das Erbwort* der geheimnisvollen Vorhersage wird in meinem Inneren eingeschlossen sein."

„Die vorliegenden Prophezeiungen habe ich überschlagen und *berechnet*, allesamt *nach der Ordnung der Kette*, welche auch ihre Enthüllung enthält…"

„Aber die Unbill der Zeit, gnädiger König, erfordert, dass solche geheimen Ereignisse nur in rätselhafter Sprache geoffenbart werden, die nicht bloß einen Sinn und eine einzige Erklärung zulassen, jedoch *ohne dabei eine zweideutige oder doppelsinnige Berechnung aufgestellt zu haben*."

Ich wollte diese Texte wörtlich nehmen, in denen Nostradamus von Berechnungen, einer bestimmten Ordnung und einem Erbwort, vermutlich dem gesuchten Schlüsselwort, sprach. Ich möchte und kann nicht die vielen Überlegungen und Versuche schildern, die ich angestellt habe, um an den Schlüssel heranzukommen. Doch eines Tages haben sie mich zum ersten Erfolg geführt.

Wieder einmal las ich den schon erwähnten Satz:
"Denn das Erbwort der geheimnisvollen Vorhersage wird in meinem Innern eingeschlossen sein:"

Im französischen Originaltext lautet dies: *Car la parolle hereditaire de l'occulte prediction sera dans mon estomach intercluse:*

> poſsible te laiſſer par eſcript ce que ſeroit par
> l'iniure du temps obliʒeré: car la parolle here-
> ditaire de l'occulte prediction ſera dans mon
> eſtomach intercluſe: conſyderant auſsi les ad-
> uentures de l'humain deſnement eſtre incer-

Auffällig war das völlig unpassende Wort *"estomach"*. Die Schreibweise, die in modernem Französisch *"estomac"* lautet, war im 16. Jahrhundert auch mit h am Ende gebräuchlich. Warum hat Nostradamus dieses merkwürdige Wort gewählt? Warum hat er nicht einfach „*l'intérieur*" (das Innere) oder das poetische „*le coeur*" (das Herz) verwendet? Dieses Wort „*estomach*", das wörtlich "Magen" bedeutet, wurde bisher von fast allen Nostradamus-Autoren in diesem übertragenen Sinne mit "das Innere" übersetzt.

Pfarrer Jean de Roux schrieb in seiner 1710 verfassten Arbeit *La Clef de Nostradamus* (Der Schlüssel des Nostradamus) zu dieser Textstelle folgendes: "Derjenige, dem es bestimmt ist, den Schlüssel zu finden, wird schon wissen, wie er den Sinn des Wortes aufzufassen hat."

Was sollte also mit dem "Magen" gemeint sein? Mein Gehirn knüpfte die abenteuerlichsten Verbindungen: Hatte Nostradamus etwas Besonderes verspeist, sollte das Codewort der Name einer Speise sein?

Eines Tages funkte es! Man konnte den Satz doch so beginnen:

La parolle hereditaire de l'occulte prediction...
Das Erbwort der geheimnisvollen Vorhersage...

Jetzt fehlte nur noch "ist" und das Erbwort (Schlüsselwort) selbst! Die Buchstabenfolge *"...mon est(omach)..."* legte mir nahe, zu schreiben:

"...est(omach) nom....", zu Deutsch: "ist (......) Name".

Ergab sich das Schlüsselwort durch anagrammatische Vertauschung der restlichen Buchstaben? Welcher Name war das Schlüsselwort?

12

Ich versetzte Wortteile und Buchstaben des restlichen Satzes stufenweise wie folgt:

> MON   ESTOMACH
> **NOM EST**

> CAR SERA
> **CAESAR**

> DANS   INTERCLUSE
>
> **NOSTRADAMUS   HENRI LE CC**

Somit erhielt ich:

La parolle hereditaire de l'occulte prediction
EST LE NOM CAESAR - NOSTRADAMUS - HENRI CC

Die Übersetzung:

> **Das Erbwort der geheimnisvollen Vorhersage ist der Name
> Caesar-Nostradamus-Henri CC**

Das konnte kein Zufall sein! Das Schlüsselwort war einfach die Reihe der Namen des Briefschreibers und seiner Adressaten. Heureka!

Doch schon gab es neue Fragen: Was bedeuteten die übriggebliebenen Buchstaben CC? Wie waren die drei Namen zu reihen? Was fängt man mit dem Schlüsselwort an?

Wenn ich auch diese Fragen zum damaligen Zeitpunkt noch nicht beantworten konnte, so hatte ich an diesem Sommertag des Jahres 1994, nach zwei Jahren intensiver Vorbereitung und Suche, den für die weitere Entschlüsselung entscheidenden Ansatz gefunden:

Man muss gewisse Textstellen in den Briefen an Caesar und an Heinrich als Anagramme ansehen, durch die man die Anweisungen zur Entschlüsselung erhält.

Diese Erkenntnis war mir plötzlich sehr einleuchtend. Es kommen nämlich Anagramme in vielen der Verse vor und das Einstreuen wichtiger Nachrichten in einem "normalen" Text war im 16. Jahrhundert sehr beliebt. Der Abt Johannes Trithemius (1462-1516), dessen Schriften Nostradamus sicher gekannt hat (siehe Band 2 dieser Buchreihe), schrieb auch Bücher über verschiedene Techniken der Verschlüsselung von Nachrichten in anderen Texten („Steganographia" u.a.). Nostradamus hat zur Verschleierung seiner Anweisungen in den beiden Briefen sogar komplizierte Anagramme angewandt.

Mit der Kenntnis des Schlüsselwortes allein war aber noch nicht viel gewonnen. Bis zur endgültigen Entschlüsselung lag noch ein langer Weg vor mir.

Anweisungen in den Briefen – die Regeln

Der lateinische Text – LatText1

Die Briefe an Caesar und an Heinrich, welche in französischer Sprache abgefasst sind, enthalten auch lateinische Phrasen (ganze Sätze und Satzteile). Im Brief an Caesar des Originals 1555 sind diese Textstellen, insgesamt 13, durch Schrägdruck besonders hervorgehoben. Im Brief an Heinrich sind in der Ausgabe 1568 nur zwei der insgesamt 12 lateinischen Phrasen schräg gedruckt.[2] Schon frühere Nostradamus-Forscher haben die Ansicht vertreten, dass sich in diesen lateinischen Phrasen der Schlüssel verbirgt, und haben vermutet, dass diese Textstellen neu zu reihen wären.

Mit dieser Frage hatte sich eingehender Carl Loog [3] in seinem 1921 erschienenen Buch "Die Weissagungen des Nostradamus" auseinandergesetzt. Loog führte im Anhang zu seinem Buch, Kapitel XI. "Der Schlüssel zu den Zenturien", zunächst eine ein wenig verwirrende Neuaufteilung der Quatrains von den bestehenden 10 Centurien auf 22 Bücher (mit unterschiedlicher Versanzahl) durch. Er ging dabei von 942 Quatrains aus, von denen er drei abzieht, die keine Prophezeiungen enthalten, d.s. die Verse 1.1, 1.2 und der lateinische Vers. Nun ist er auf die wesentliche Erkenntnis gestoßen, dass die Anzahl der Buchstaben der lateinischen Phrasen mit der Anzahl der Quatrains übereinstimmt. Loog stellte nun die Theorie auf, dass jeder Vers nach einem mathematischen Schlüssel, den er im Hinblick auf die erwähnten 22 Bücher in Form eines Schlüsselwortes mit 11 Buchstaben vermutete (er dachte an NOSTRADAMUS), den Buchstaben des lateinischen Textes zugeordnet sei. Dadurch sollte sich die chronologisch richtige Aufteilung der Quatrains auf die 22 Bücher ergeben. Aber nach seinem eigenen Eingeständnis ist ihm die Entschlüsselung, selbst nach einer Umstellung der lateinischen Phrasen, nicht geglückt. „Als ich soweit gelangt war…hatte ich mit der Entschlüsselung noch immer keinen Erfolg…Überall stehen also Türen offen, die in die Irre führen" klagte er. Loog hatte nämlich aus seiner an sich richtigen Erkenntnis der Übereinstimmung der Buchstaben- und Versanzahl nicht die richtigen Schlüsse gezogen.

Zunächst, er ist von einer falschen Anzahl von Buchstaben ausgegangen, und dann hat er nicht die richtige neue Reihung der lateinischen Phrasen gefunden, denn er hat versucht sie rein nach text-logischen Gründen neu zu reihen, um einen möglichst sinnvollen Gesamttext zu erhalten. Doch die Verschlüsselung ist komplizierter aufgebaut.

Aber auf seine Erkenntnis, der gleichen Anzahl der lateinischen Buchstaben und der Quatrains, wollte ich aufbauen, da ich überzeugt war, dass hier kein Zufall vorliegen könne. Wenn aber der Schlüssel tatsächlich in den lateinischen Phrasen zu suchen war, so kam der richtigen Schreibweise dieser Phrasen größte Bedeutung zu. Ich versuchte zu Beginn meiner Arbeit, also im Jahre 1992, durch Vergleich mehrerer Ausgaben den originalen lateinischen Text (den ich im Weiteren als LatText1 bezeichne) wiederherzustellen.[4]

Dabei ergaben sich einige Fragen: Wie waren die im Original durch die Zeichen *&* und *&c* gedruckten Abkürzungen "et" und "etc" zu schreiben?

   Wie sollte die sogenannte "Tilde", also die Wellenlinie über einzelnen Buchstaben, durch die in der Zeit von Nostradamus manchmal ein nachfolgendes, aber nicht gedrucktes "n" oder "m" angezeigt wurde (beispielsweise ist für *confringam* geschrieben: *cõfringam*) behandelt werden? Sollte der Buchstabe "u", der in der Renaissance auch an Stelle von "v" verwendet worden ist (beispielsweise steht *conuersi*), beibehalten werden? Dazu kam, dass in der Ausgabe 1557 (Budapest) ein lateinischer Satz, ja sogar eine ganze Textpassage, vollständig fehlte.[5]

   Nach längerer Prüfung, auch verschiedener Textausgaben aus späterer Zeit, war ich sicher, die "originale Fassung" gefunden zu haben, wobei ich sämtliche Zeichen in Buchstaben auflöste und die Schreibung von "u" und "v" beibehielt; somit erhielt ich folgenden Text (in eckiger Klammer ist die Wortanzahl angegeben, an der der LatText1 in den Briefen steht, in runder Klammer ist die Anzahl der Buchstaben angeführt):[6]

1. Lateinische Textstellen im Brief an Caesar, in der Ordnung, wie sie textlich stehen:

[8]   AD CAESAREM NOSTRADAMUM FILIUM (27)
        An den Sohn Caesar Nostradamus

[171]   SOLI NUMINE DIUINO AFFLATI PRAESAGIUNT ET SPIRITU PROPHETICO
        PARTICULARIA (65)
        Nur durch den göttlichen Willen können sie vorhersagen und am prophetischen Geist
        teilhaben

[310]   NOLITE SANCTUM DARE CANIBUS NEC MITTATIS MARGARITAS
        ANTE PORCOS NE CONCULCENT PEDIBUS ET CONUERSI DIRUMPANT
        VOS (96)
        Gebt das Heilige nicht den Hunden und werft eure Perlen nicht den Schweinen vor,
        denn sie könnten sie mit ihren Füßen treten, sich umwenden und euch zerreißen

[373]   ABSCONDISTI HAEC A SAPIENTIBUS ET PRUDENTIBUS ID EST
        POTENTIBUS ET REGIBUS ET ENUCLEASTI EA EXIGUIS ET TENUIBUS
(95)
        Du hast es den Weisen und Klugen verborgen, das heißt den Mächtigen und Königen,
        und hast es geoffenbart den Unmündigen und Schlichten

[489]   QUIA NON EST NOSTRUM NOSCERE TEMPORA NEC MOMENTA ETC. (44)
        Weil es uns nicht zusteht, die Zeit noch den Moment zu kennen etc.

[666]   PROPHETA DICITUR HODIE, OLIM VOCABATUR VIDENS (39)
        Heute nennt man sie Propheten, einst wurden sie Seher genannt

[1222] QUIA OMNIA SUNT NUDA ET APERTA ETC. (28)
        Weil alles bloß und offen liegt etc.

[1283] POSSUM NON ERRARE, FALLI, DECIPI (26)
        Ich kann nicht irren, mich täuschen, noch getäuscht werden

[1903] NON INCLINABITUR IN SAECULUM SAECULI (32)
        Sie wird sich nicht in alle Ewigkeit neigen

[2135] VISITABO IN VIRGA FERREA INIQUITATES EORUM ET IN VERBERIBUS
        PERCUTIAM EOS   (63)
        Ich werde ihre Ungerechtigkeiten mit eiserner Rute heimsuchen und sie mit Geißeln
        schlagen

[2173] CONTERAM ERGO ET CONFRINGAM ET NON MISEREBOR (38)
        Ich werde sie daher zertreten und zerbrechen und mich nicht erbarmen

[2200] IN SOLUTA ORATIONE (16)
        In ungebundener Sprache

[2235] SED QUANDO SUBMOUENDA ERIT IGNORANTIA (33)
        Aber einst wird die Unwissenheit hinweggenommen sein

2. Lateinische Textstellen im Brief an Heinrich, in der Ordnung, wie sie textlich stehen:

[488]   MINERUA LIBERA ET NON INUITA (24)
         Minerva (war) frei und unbeeinflusst

[533]   QUOD DE FUTURIS NON EST DETERMINATA OMNINO VERITAS (43)
         Dass über die Zukunft die Wahrheit nicht völlig vorherbestimmt ist

[585]   TRIPODE AENEO (12)
         Auf dem ehernen Dreifuß

[1063]   EFFUNDAM SPIRITUM MEUM SUPER OMNEM CARNEM ET
         PROPHETABUNT FILII VESTRI ET FILIAE VESTRAE (76)
         Ich werde meinen Geist ausgießen über alles Fleisch, und es werden eure Söhne und
         Töchter weissagen.

[1135]   FATO, DEO, NATURA [7] (13)
         Vom Schicksal, von Gott, von der Natur

[1619]   PER TEMPUS ET IN OCCASIONE TEMPORIS (30)
         Durch die Zeit und in günstiger Zeit

[2471]   VT AUDIRET GEMITUS COMPEDITORUM VT SOLUERET FILIOS
         INTEREMPTORUM (57)
         Damit man die Klagen der Gefangenen hört und die Söhne der Getöteten befreit

[2552]   TRIUMUIRAT (10)
         Triumvirat

[3765]   BELLIS RUBUIT NAUALIBUS AEQUOR (27)
         Durch die Kämpfe zur See färbte sich das Wasser rot

[3870]   SANCTA SANCTORUM (15)
         Das Allerheiligste

[3972]   HUY, HUY [8] (6)
         Hui, hui

[4110]   MULTA ETIAM, O REX, OMNIUM POTENTISSIME PRAECLARA ET SANE
         IN BREUI VENTURA, SED OMNIA IN HAC TUA EPISTOLA INNECTERE
         NON POSSUMUS NEC VOLUMUS SED AD INTELLIGENDA QUAEDAM
         FACTA HORRIDA FATA PAUCA LIBANDA SUNT, QUAMUIS TANTA SIT IN
         OMNES TUA AMPLITUDO ET HUMANITAS HOMINES DEOSQUE PIETAS
         VT SOLUS AMPLISSIMO ET CHRISTIANISSIMO REGIS NOMINE ET AD
         QUEM SUMMA TOTIUS RELIGIONIS AUCTORITAS DEFERATUR DIGNUS
         ESSE VIDEARE (346)
         Vieles, o König, der Du über alles mächtig bist, wird sich klar und deutlich in Kürze
         ereignen, allerdings alles in diesen an Dich gerichteten Brief hinein zu schreiben,
         kann und will ich nicht. Nur zum besseren Verständnis sollen gewisse schreckliche
         Ereignisse hier angedeutet sein. Denn so reich ist Deine Größe und

Menschenfreundlichkeit und Deine Frömmigkeit vor Gott, dass Du allein würdig bist, den Namen des mächtigsten christlichsten Königs zu tragen. Dir allein muss auch die höchste Autorität in religiösen Dingen zuerkannt werden.

[4173] FACIEBAT MICHAEL NOSTRADAMUS SALONAE PETREAE PROUINCIAE (50)
Verfasst von Michel Nostradamus in Salon in der Provinz Petri.

Zählt man in diesen lateinischen Texten die Anzahl der Buchstaben (oben in runder Klammer angeführt) so ergibt sich in Summe

für den Text im Brief an Caesar	602
für den Text im Brief an König Heinrich	709
somit zusammen	1311
davon der überaus lange Textteil in BriefH	346

Auffällig war der lange lateinische Teil im Brief an den König Heinrich, gegenüber den übrigen, meist sehr kurzen Ausdrücken, die manchmal gar keine Sätze bildeten und wie willkürlich eingefügt wirkten.

Stichwörter im LatText1

Nun sollten diese Textstellen neu gereiht werden - aber wie? Bereits bei der kritischen Betrachtung des Textes der Verse, war mir aufgefallen, dass spezielle Worte in den beiden Briefen auch in den Quatrains zu finden waren. Beispielsweise ist das lateinische Wort *"fato"* (Schicksal) in einer Textstelle des Briefes an Heinrich zu finden. In ganz gleicher Schreibweise, obwohl es diese in Französisch nicht gibt, ist *"fato"* auch im Vers 1.76 enthalten. Ebenso fielen mir die Wörter *"tripode aeneo"*, *"triumvirat"* und *"sancta sanctorum"* im Brief an Heinrich und in den Versen 1.1, 5.7 bzw. 6.30 auf. Zunächst prüfte ich mittels Computer, ob diese Worte auch noch in anderen Quatrains enthalten waren.

Nein, waren sie nicht! Ich hatte die Idee, dass es vielleicht für jede lateinische Phrase ein "Stichwort" gibt, das sich lediglich in einem einzigen Quatrain wiederfindet, dessen Nummer zur Reihung der lateinischen Phrasen verwendet werden könnte.

Mittels eines Computer-Suchprogrammes stellte ich für besondere lateinische Wörter eine Liste zusammen, in welchen Quatrains diese Wörter ebenso vorkommen. Natürlich verwendete Nostradamus nicht immer so offensichtliche Identitäten, wie bei den oben genannten, aber es fanden sich nach einiger Suche doch solche Stichwörter, wobei ich nicht nur auf klare Übersetzungen achtete, sondern auch auf lautähnliche Wörter. Einige schienen ganz eindeutig zu sein, in anderen Fällen ergaben sich zunächst Mehrdeutigkeiten.

A. Stichwörter (Auswahl) im Brief Caesar zu den einzelnen lateinischen Phrasen:

	IM LATTEXT1	IM VERS	VERS NR.
1.	caesarem	empereur	5.6
	filium	fils	5.67
2.	spiritu prophetico	esprit de prophetie	5.53
3.	sanctum	sainct	in vielen Versen
	canibus	chien, canine	2.42, 4.93, 4.15
	porcos	por	8.90
4.	sapientibus	sapience	5.31
	prudentibus	prudens	2.95, 6.42, 4.21
	exiguis	exigue	1.1, 1.32
5.	tempora	temps	in vielen Versen
	momenta	moment	3.100, 4.22
6.	propheta	prophete	2.28, 2.36
	hodie	ce iour	5.59
	olim	(s)olim	3.31
7.	omnia (sunt) nuda	tout nuds	5.67
8.	errare	errans	5.63
	falli	falloit	2.55
9.	saeculum	siecle	in vielen Versen
10.	ferrea	ferrée, enferré	5.75, 8.55
11.	non miserebor	ne pardonnes	4.98
12.	in soluta oratione	a dire vray	5.96
13.	ignorantia	ignorant, ignorans	1.21, 4.18

B. Stichwörter (Auswahl) im Brief Heinrich zu den einzelnen lateinischen Phrasen:

	IM LATTEXT1	IM VERS	VERS NR.
1.	minerua	minera	9.51
	libera	libra	1.28, 4.81, 4.50
	inuita	inuitera	5.95
2.	determinata	determinée	3.97
3.	tripode aeneo	selle d'aerain	1.1
4.	spiritum	esprit	in vielen Versen
	carnem	carne	9.46
	filiae	filles	4.71
5.	fato	fato	1.76
6.	tempus	temps	in vielen Versen
	tempor(is)	tempor(el)	8.99
7.	gemitus	plainte	2.57
	compeditorum	captivite	2.65, 3.10
8.	triumvirat	triumvir	5.7
9.	rubuit..aequor	rougir mer	4.94
10.	sancta sanctorum	sainct sainctete	6.30
11.	huy, huy	huys	8.24
12.	Salonae	Salon	4.27

Ich erinnerte mich an das Schlüsselwort "Nostradamus-Caesar-Henri". Wäre es nicht denkbar, dass, ähnlich wie es bei diesem Schlüsselwort war, auch hier anagrammatische Sätze vorhanden waren, die Hinweise für die Auffindung der Stichwörter und damit für die neue Reihung der lateinischen Phrasen gaben? Ein Versuch konnte nicht schaden; ich entschloss mich für das erste sichere und eindeutige Stichwort im Brief an Heinrich „*Tripode aeneo*", dessen französisches Pendant "*selle d'aerain*" sich im allerersten Vers 1.1 findet - es ist eigentlich kaum zu übersehen, und doch hatte noch niemand den wahren Zusammenhang entdeckt!

Stichwörter zur Reihung der lateinischen Phrasen

1. Stichwort: **"TRIPODE AENEO"**:

Der Brieftext lautet im Original 1568 wie folgt:

> *Le tout accordé & presagé l'vne partie tripode aeneo*
> Das Ganze übereingestimmt und vorhergesagt (zu) einem Teil auf
> dem ehernen Dreifuß

"Tripode aeneo" kommt aus dem Lateinischen und bedeutet "eherner Dreifuß". Auf einem solchen ist im alten Griechenland die Priesterin Apolls, Pythia, in Delphi gesessen, und hat, von den aus einer Erdspalte aufsteigenden Dämpfen in tranceartigem Zustand versetzt, ihre Orakel verkündet.

Für die anagrammatische Behandlung des Textes schrieb mir mein Sohn, er ist Diplom-Informatiker, ein spezielles EDV-Programm, das eine Buchstabenzählung des ursprünglichen und des anagrammatischen Textes durchführte. Die eigentliche Arbeit bestand jedoch im Finden der richtigen neuen Aussage durch gedankliche Kombination und Intuition. Ich versuchte mich in die Situation von Nostradamus hineinzuversetzen, wie er diese Anagramme formuliert hatte. Es erschien mir wahrscheinlich, dass er dabei den umgekehrten Weg gegangen ist und aus dem Text der Anweisung für das jeweilige Stichwort den in die Briefstelle einzufügenden Text formuliert hat. Dies ist vielleicht der Grund, dass der Prosatext der Briefe manchmal so schwer verständlich ist. Am Anfang war dies für mich sehr schwierig, doch mit der Zeit fanden sich gewisse Regelmäßigkeiten in den Anagrammen, die mir die Formulierungen erleichterten. Diese beinahe detektivische Arbeit bereitete mir geradezu Spaß, denn hier kamen die Erfindungsgabe und die Ironie des Maître Nostradamus zum Vorschein. Doch sehen Sie selbst.

Um den anagrammatischen Satz zu formulieren, versuchte ich, ähnlich wie beim ersten Anagramm für das Schlüsselwort, soweit wie möglich Wörter und Wortteile des ursprünglichen Satzes beizubehalten. Die neuen Wörter waren aus den restlichen Buchstaben festzulegen.[9]

Gemäß diesem Vorsatz, hielt ich zunächst die Wörter *"tripode aeneo"*, *"presage"* und *"tout accordé"* bei. Der ursprüngliche Satz erwies sich aber als zu kurz, um anagrammatisch einen vollständigen Satz bilden zu können, sodass ich mich entschloss, einige Teile des vorausgehenden Brieftextes einzubeziehen. Hierbei formte ich *"esprit"* zu *„ecrit"* und *"repos"* zu *"pres (o)"* um. Nach mehreren Versuchen ergab sich folgende erste Lösung, wobei auch klar wurde, dass das sehr häufig verwendete Zeichen "&" stets in "ET" umzuwandeln war, weil die Buchstaben E und T in anderen Worten zu verwenden waren.

Im Weiteren werde ich jeweils der ursprünglichen Form (UF) des Brieftextes die anagrammatische Form (AF) gegenüberstellen und eine deutsche Übersetzung angeben, wobei die für die Reihung wichtige Übersetzung des Anagramms AF mit DF gekennzeichnet ist.[10]

UF: SOLICITUDE ET FACHERIE PAR REPOS ET TRANQUILITE DE L'ESPRIT, LE
 TOUT ACCORDE ET PRESAGE L'VNE PARTIE TRIPODE AENEO.
 Gewissenhaftigkeit und Eifer durch Entspannung und Ruhe des Geistes das Ganze
 übereingestimmt und vorhergesagt zum Teil auf dem ehernen Dreifuß
AF: SELLE D'AERAIN DU PRESAGE I ECRIT TOUT PRES TRIPODE AENEO FAIT
 POUR CETTE PETITE PHRASE LIEU I.
 Selle d'aerain der Vorhersage 1, geschrieben ganz nah tripode aeneo, bestimmt für diese
 kleine Phrase Platz 1.

Es ergab sich folgender Mehr- bzw. Minderverbrauch an Buchstaben:

	A	B	C	D	E	F	G	H	I	L	M	N	O	P	Q	R	S	T	U	V	X	Y	Z
UF	7	0	4	4	19	1	1	1	8	5	0	3	6	6	1	9	4	11	3	1	0	0	0
AF	7	0	4	4	17	1	1	1	8	3	0	2	6	6	0	8	4	11	5	0	0	0	0
+/-	0	0	0	0	-2	0	0	0	0	-2	0	-1	0	0	-1	-1	0	0	2	-1	0	0	0

Es erschien zweckmäßig, noch einen kleinen Teil des Brieftextes einzubeziehen, um den neuen Satz grammatikalisch richtig ergänzen zu können. Nach weiterer Versuchen fand ich folgendes Ergebnis (LatH02):

UF: [568] ET LE COURAGE DE TOUTE CURE, SOLICITUDE ET FACHERIE PAR
 REPOS ET TRANQUILITE DE L'ESPRIT. LE TOUT ACCORDE ET PRESAGE
 L'VNE PARTIE **TRIPODE AENEO**.

AF: SELLE D'AERAIN DE VERS ECRIT A CETTE PAGE **TRIPODE AENEO** FAICT QU'ON RECOLTE POUR PETITE PHRASE LIEU I. PRIE. TOUTE LETTRE ACCORDE REGLES DU TOUT.

DF: "SELLE D'AERAIN" DES VERSES, AUF DIESER SEITE "TRIPODE AENEO" GESCHRIEBEN, BEWIRKT, DASS MAN FÜR DIE KLEINE PHRASE DEN ERWÜNSCHTEN PLATZ I ERZIELT. DER GANZE BRIEF ENTHÄLT DIE REGELN FÜR DAS GANZE.

Zunächst bestätigte das Anagramm, dass die lateinische Phrase *"tripode aeneo"* auf Platz 1 der neuen Reihung des lateinischen Textes liegt. Ferner wird aber (schon beim ersten Anagramm!) auf die "Regeln" verwiesen. Sie sollten im Brief stehen, wo? Vorerst musste ich diese Frage offen lassen.

Ich machte mich, ermutigt durch diesen Erfolg, an die Formulierung des nächsten Anagramms. Meiner Ansicht nach gab es noch drei weitere Stichwörter, die man als "sicher" annehmen konnte, da sie im lateinischen und im französischen Text identisch waren: FATO, TRIUMUIRAT und SALON.

2. Stichwort: **"FATO"**:

Der Text im Brief an Heinrich lautet im französischen Originaltext (1568) wie folgt, wobei ich gefühlsmäßig die Doppelpunkte im Text als eine Art Schranke interpretierte:

UF: [1095] :MOY EN CEST ENDROICT IE NE M'ATTRIBUE NULLEMENT TEL TILTRE. IA A DIEU NE PLAISE, IE CONFESSE BIEN QUE LE TOUT VIENT DE DIEU, ET LUY EN RENDS GRACES, HONNEUR, ET LOÜANGE IMMORTELLE, SANS Y AUOIR MESLE DE LA DIUINATION QUE PROUIENT A **FATO:**

Im vorliegenden Fall stellte ich mir den Inhalt des neuen Satzes etwa so vor: "Das Wort FATO kommt im Brief an König Heinrich II. und ebenso in der Centurie I, Vorhersage 76, vor. Aus diesem Grund ergibt sich der Platz mit der Nummer xy in der genannten Reihe."

Da der Satz mit dem Stichwort *"tripode aeneo"* des Verses 1.1 Platz 1 belegte, war für *"fato"* in derselben Centurie, nämlich im Vers 1.76, Platz 2 oder 3 zu erwarten. Weiters vermutete ich im Ausdruck *Loüange immortelle* einen Hinweis auf *langue immortelle*, und dachte, dass mit der "unsterblichen Sprache" Latein gemeint sein könnte. Man zählt diese Sprache zwar zu den „toten" - aber sie ist dennoch

24

unsterblich, und ich bin heute dankbar, dass ich in der Schule damit gequält worden bin, sonst wäre mir Nostradamus verschlossen geblieben. Ich ergänzte also den anagrammatischen Ansatz: "Das Wort FATO kommt im Brief an König Heinrich II. und ebenso in der Centurie I, Vorhersage 76, vor. Das ist der Grund, dass sich der Platz Nummer zwei in der in lateinischer Sprache genannten Reihe ergibt."

Französisch (ich nahm dabei etwas Bedacht auf altfranzösische Formen) lautete dies:

Le mot FATO se trouue en lettre a roy Henry second et de mesme dans la centurie I, presage septante et VI. C'est le fond, que resulte le lieu du nombre II de la queue nommée en langue latlne.

Die Form "VI" für 6 musste gewählt werden, weil es keinen Buchstaben X im Text gibt, der aber für das Wort „six" (6) notwendig gewesen wäre.

Ein erster Durchgang des EDV-Programmes zeigte folgenden Verbrauch an Buchstaben an:

	A	B	C	D	E	F	G	H	I	L	M	N	O	P	Q	R	S	T	U	V	X	Y	Z
UF	12	2	4	7	36	2	2	1	17	12	6	18	11	2	2	9	9	17	13	1	0	3	0
AF	9	1	3	6	35	2	2	1	7	10	6	12	8	2	2	8	8	13	10	1	0	2	0
+/-	3	1	1	1	1	0	0	0	10	2	0	6	3	0	0	1	1	4	3	0	0	1	0

Nun galt es wieder aus den restlichen Buchstaben Worte zu formen, die sich in den vorhandenen Text sinnvoll einbinden ließen. Aus den ursprünglichen Worten *"endroict"* (Stelle) wurde auf diese Weise *"encore"* (auch), aus *"plaise"* (von: gefallen) wurde *"mais"* (aber), aus *"ne nullement"* (keineswegs) wurde *"non seulement"* (nicht nur) usw. Ich will nicht all die vielen Zwischenstufen, die notwendig waren und die bei jedem Anagramm Tage oft Wochen an Arbeit bedeuteten, hier darlegen. Es sollte nur das Prinzip dieser Arbeitsphase, die anagrammatischen Sätze zu bilden, dem Leser vermittelt werden. Diese Anagramme, die im Extremfall bis zu 500 Buchstaben umfassten, mussten sehr umsichtig formuliert werden, um nicht falsche Ergebnisse zu erbringen. Wie genau es Nostradamus meinte, ist daran zu erkennen, dass (wie sich später herausstellte) die Anzahl der Wörter und Apostrophe im ursprünglichen Text und im Anagramm stets gleich sind. Durch das Stichwort ließ sich die ungefähre Position eines Anagramms finden. Aber die Frage, wo das jeweilige Anagramm beginnt und endet, konnte ich zu diesem Zeitpunkt noch nicht beantworten.[11] Aber letztlich sollte sich die Richtigkeit der Anagramme an der endgültigen Reihung des lateinischen Textes, der die vollständige Auflösung der Jahreszahlen aller Verse brachte, erweisen.

Der Text des Anagramms für das Stichwort FATO lautet (LatH04):

AF: IL Y A LE MOT "DESTINATION" OU BIEN MUE **FATO** NON SEULEMENT EN LETTRE AU ROY HENRY DU SUIUANT D'ICI, MAIS ENCORES EN CENTURIE I, DEDANS LE PRESAGE SEPTANTE ET VI, OU LEQUEL EST ECRIT DE LANGUE LATINE, QUE LEDIT "FATO" NORME LE LIEU NOMBRE II.

DF: ES GIBT DAS WORT "SCHICKSAL" ODER VERWANDELT **FATO** NICHT NUR IM BRIEF AN KÖNIG HEINRICH, GEMÄSS DEM HIER FOLGENDEN, SONDERN AUCH IN DER CENTURIE I, IN DER VORHERSAGE 76, WO DIESES IN LATEINISCHER SPRACHE GESCHRIEBEN IST, SODASS DAS GENANNTE "FATO" DEN PLATZ NUMMER 2 BESTIMMT.

3. Stichwort: **"TRIUMUIRAT"**

Dieses Stichwort, das fast gleichlautend im Quatrain 5.7 (*triumvir*) aufscheint, sollte von besonderer Bedeutung sein. Ich wendete meine aus den vorhergehenden Anagrammen gewonnenen Erfahrungen an. Nach mehrfachen Erweiterungen des ursprünglichen Textes und einer langwierigen Arbeit kamen neben dem Ergebnis zur Einreihung des lateinischen Textes auch interessante allgemeine Hinweise zum Vorschein (LATH07).

UF: [2509] ET SERONT TOUS CES ROYS ORIENTAUX CHASSEZ PROFLIGEZ EXTERMINEZ NON DU TOUT PAR LE MOYEN DES FORCES DES ROYS D'AQUILON ET PAR LA PROXIMITE DE NOSTRE SIECLE PAR MOYEN DES TROIS VNYS SECRETTEMENT CERCHANT LA MORT ET INSIDIES PAR EMBUSCHES L'VN DE L'AUTRE ET DURERA LE RENOUUELLEMENT DU **TRIUMUIRAT** SEPT ANS, QUE LA RENOMMEE DE TELLE SECTE FERA SON ESTENDUE PAR L'VNIUERS ET SERA SOUBSTENU LE SACRIFICE DE LA SAINCTE ET IMMACULEE HOSTIE

AF: ON TROUUE L'ORDRE DES PHRASES DE LANGUE LATINE PAR TREIZE MOTS-CLE EN LETTRE A FILS, ET MOT EXACT OU APPROXIMATIF DEDANS CENTURIE CINQ; SOUBS DOUZE EN LETTRE AU ROY HENRY, SANS DEUX MOTS FINALS, ET TOUTES LES CENTURIES. NOMBRES DES CENTURIES ET

VERS DETERMINENT L'ORDRE. CAR **TRIUMUIR** EST DANS CENTURIE CINQ, VERS SEPT, L'A LIEU NEUF. OPPOSE L'ORDRE A LA TREIZIEME PHRASE CHASSEE YCY DANS MESME LETRE ET COMME CA SONT SEULEMENT VOYELLES AEIOU.

DF: MAN FINDET DIE ORDNUNG DER SÄTZE IN LATEINISCHER SPRACHE DURCH DREIZEHN SCHLÜSSELWÖRTER IM BRIEF AN DEN SOHN, UND EIN GENAUES ODER ANNÄHERNDES WORT IN DER CENTURIE V; UNTER DEN ZWÖLF IM BRIEF AN KÖNIG HEINRICH, OHNE DEN BEIDEN SCHLUSSWÖRTERN, UND ALLEN CENTURIEN. DIE NUMMERN DER CENTURIEN UND DER VERSE BESTIMMEN DIE REIHUNG. WEIL **TRIUMUIR** IN DER CENTURIE V, VERS 7, AUFSCHEINT, HAT ES DEN PLATZ NEUN. STELLE DIE ORDNUNG DEM DREIZEHNTEN WEGGELASSENEN SATZ, HIER IM SELBEN BRIEF, GEGENÜBER UND SO ERGEBEN SICH NUR VOKALE AEIOU.

Hier war sie also, die wichtige Regel zur Neureihung der lateinischen Phrasen! Übersichtlich dargestellt lautet sie:

FUNKTION	BRIEF AN CAESAR	BRIEF AN HEINRICH
ANZAHL DER PHRASEN	13 lateinische Phrasen	12 lateinische Phrasen (ohne der langen Phrase am Briefende)
SUCHBEREICH FÜR STICHWÖRTER	nur in der Centurie V	in allen Centurien
ÜBERPRÜFUNGS-MÖGLICHKEIT	(vorerst noch offen)	Der langen Phrase am Briefende gegenübergestellt, ergeben sich nur Vokale

Auf diese Weise konnte ich zunächst die oben angeführte Liste der Stichwörter für den Brief an Caesar vereinfachen, da hier nur die fünfte Centurie maßgebend war. Ich suchte diese Centurie gezielt nach den Stichwörtern ab. Die neue Liste lautete:

A. Stichwörter (Auswahl) im Brief Caesar zu den einzelnen lateinischen Phrasen:

	IM LATTEXT1	IM VERS	VERS
1.	caesarem	empereur	5.6
	filium	fils	5.67
2.	spiritu prophetico	esprit de prophetie	5.53
3.	sanctum	sacrez, sainctz	5.43, 5.73
4.	sapientibus	sapience	5.31
5.	tempora	temps	5.52
6.	hodie	ce iour	5.59
7.	omnia (sunt) nuda	tout nuds	5.67
8.	errare	errans	5.63
9.	saeculum	siecle	5.41
10.	ferrea	ferrée	5.75
11.	conteram	persecutee	5.73
	confringam	ronger	5.69
12.	in soluta oratione	a dire vray	5.96
13.	submouenda	subiuguera	5.61

Um das hier kurz dargestellte Ergebnis zu erhalten, war natürlich wieder ein längerer Suchprozess erforderlich gewesen, wobei ich parallel zur Anagrammbildung prüfte, ob diese Lösung auch zutreffen konnte. Noch nicht alle Zweifelsfälle, in denen sich mehrere Möglichkeiten anboten, waren jetzt beseitigt. Der Rest musste sich auf eindeutige Weise klären lassen. Es gab ja ein Kriterium, auf Grund dessen man schließlich überprüfen konnte, ob die Reihung nach den Stichworten tatsächlich die richtige war. Nostradamus hatte auch hierfür eine Regel aufgestellt.

Diese Regel besagte, dass man den neu gereihten lateinischen Text des Briefes an Heinrich dem langen lateinischen Satz, der am Ende des Briefes stand und mit "MULTA ETIAM...." begann, gegenüberzustellen hatte. Damit hatte der ungewohnt lange Satz plötzlich eine Funktion erhalten. Damit man diese Gegenüberstellung jedoch vornehmen konnte, mussten die beiden Textteile gleich lang sein, also gleiche Buchstabenanzahl aufweisen. Der lange Satz hatte (nach Prüfung mit anderen Textvorlagen) genau 346 Buchstaben. Die restlichen lateinischen Sätze hatten aber insgesamt 363 (in anderen Versionen sogar 366) Buchstaben! Wie war nun die Gleichheit der Anzahl zu erreichen?

Vielleicht hatte Nostradamus meine Frage - ohne dass hierzu seine prophetische Gabe erforderlich gewesen wäre - vorausgesehen und die Antwort im nächsten Anagramm, wofür ebenfalls ein "sicheres" Stichwort vorhanden war, gegeben.

4. Stichwort: **"SALON"**:

Auch dieses Stichwort, das im Quatrain 4.27 (gleich als erstes Wort) aufscheint, sollte wertvolle Hinweise für die weitere Entschlüsselung geben (LATH11).

UF: [4078] I'EUSSE CALCULE PLUS PROFONDEMENT ET ADAPTE LES VNGS AUECQUES LES AUTRES. MAIS VOYANT, O SERENISSIME ROY, QUE QUELCUNS DE LA SENSURE TROUUERONT DIFFICULTE QUI SERA CAUSE DE RETIRER MA PLUME A MON REPOS NOCTURNE. MAIS TANT SEULEMENT IE VOUS REQUIERS, O ROY TRESCLEMENT, PAR ICELLE VOSTRE SINGULIERE ET PRUDENTE HUMANITE D'ENTENDRE PLUSTOST LE DESIR DE MON COURAGE, ET LE SOUUERAIN ESTUDE QUE I'AY D'OBEYR A VOSTRE SERENISSIME MAGESTE, DEPUIS QUE MES YEUX FURENT SI PROCHES DE VOSTRE SPLENDEUR SOLAIRE, QUE LA GRANDEUR DE MON LABEUR NE ATTAINCT NE REQUIERT. DE **SALON** CE 27. DE IUIN, MIL CINQ CENS CINQUANTE HUIT.

AF: MOT **SALON**, REMARQUE ICY EN LETTRE AU ROY HENRY, QU'EST NOMME DE MESME DEDANS CENTURIE IV, VERS 27, DECIDE LIEU NOMBRE SEPT. DEDANS L'OUURAGE SE TROUUENT NEUF CENT QUARANTE-HUIT PRESAGES, QU'EST LE MESME NOMBRE DES LETTRES, QUI CONNU DANS LA QUEUE DES VINGT-CINQ PHRASES LATINES DU LIURE, APRES REDUCTION DES DERNIERES DEUX PAROLES "PETREAE PROUINCIAE".
L'ORDRE NEUF DES REUUES LATINES EST CONFIRME PLACANT OPPOSE QUEUE RESTITUEE DE LETTRE A MON FILS A SON INUERSE, QUEUE DE LETTRE AU ROY, MAIS SANS LA LONGUE QUI Y SUIT, A CELA: [MULTA ETIAM … VIDEARE.]
RECOIT RESULTATS CORRECTS, SI CES REUUES ONT COMMUN RIEN QUE VINGT PLUS VIII VOYELLES.

DF: DAS WORT **SALON**, BEMERKT HIER IM BRIEF AN KÖNIG HEINRICH, WELCHES EBENSO IN DER CENTURIE IV, VERS 27, GENANNT IST, BESTIMMT DEN PLATZ NUMMER 7. IM WERK FINDEN SICH 948 VORHERSAGEN, WAS DIESELBE ANZAHL AN BUCHSTABEN IST, WELCHE IN DEN 25 LATEINISCHEN PHRASEN DES WERKES AUFSCHEINEN - NACH ABZUG DER LETZTEN BEIDEN WÖRTER "PETREAE PROUINCIAE".
DIE NEUE ORDNUNG DER LATEINISCHEN REIHEN WIRD BESTÄTIGT DURCH GEGENÜBERSTELLEN DER WIEDERHERGESTELLTEN REIHE DES

BRIEFES AN MEINEN SOHN ZU IHRER INVERSION, DER REIHE DES BRIEFES
AN DEN KÖNIG, ABER OHNE DER HIER FOLGENDEN LANGEN (REIHE), ZU
DIESER.
[MULTA ETIAM ... VIDEARE.]
(MAN) ERHÄLT DIE RICHTIGEN RESULTATE, WENN DIESE REIHEN
GEMEINSAM NUR 28 VOKALE HABEN.

Das waren klare Anweisungen! Neben der Zuweisung des richtigen
Platzes für diesen lateinischen Satz in der neuen Reihung (im
Weiteren LatText2 genannt) wurden folgende Hinweise gegeben:

- der lateinische Text des Briefes an König Heinrich ist dem langen
  Satz am Ende des Briefes gegenüberzustellen, wobei die Worte
  'Petreae Prouinciae' fortzulassen sind, wodurch beide lateinische
  Zeichenketten tatsächlich dieselbe Anzahl von Buchstaben,
  nämlich **346**, bekommen;
- der lateinische Text des Briefes an den Sohn Caesar ist
  demselben, jedoch invertierten Text gegenüberzustellen;
- in beiden Fällen ergeben sich nur Vokale als identische
  Buchstaben, und zwar genau **28;**
- die Gesamtanzahl der Quatrains aller Centurien beträgt **948**.

Sämtliche Hinweise haben sich bei der weiteren Bearbeitung bestätigt.
Es gab nun keinen Zweifel mehr, dass ich die Lösung für die Reihung
des lateinischen Textes, einschließlich der Kontrolle für deren
Richtigkeit, gefunden hatte. Nun war auch eine Prüfungsmöglichkeit
für den lateinischen Text im Brief an Caesar angegeben, die bei der
Behandlung des Stichwortes "Triumvirat" noch offen geblieben
war. Die Identitätsprüfung ergab exakt 11 plus 17 = 28 Vokale. Die
Frage der Anzahl der Quatrains (948) wurde schon in vorhergehenden
Kapiteln angeschnitten.[12]
Um es vorwegzunehmen: Die Anagrammbildung für die restlichen
Stichworte brachte die endgültige Reihung des gesamten lateinischen
Textes, sowohl für den Brief an Caesar als auch für jenen an Heinrich.
Für den interessierten Leser sind die Lösungen sämtlicher
Anagramme, einschließlich der Identitätsprüfungen, im Anhang
angegeben. Das Anagramm mit der Nummer LatC01 gibt an, dass sich
bei der Identitätsprüfung von LatText2 des Briefes an Caesar genau 11

Vokale ergeben; so verbleiben für den LatText2 des Briefes an Heinrich 17 (=28-11) Vokale. Beide Zahlen haben sich bestätigt.

Nostradamus hatte jede Möglichkeit angewendet, um die Lösung zu erschweren und die mathematischen Zusammenhänge zu verschleiern; offensichtlich hatte er die beiden Wörter 'Petreae Prouinciae' bewusst hinzugefügt, damit die Gleichheit der Buchstabenanzahl nicht offensichtlich ist.

Es zeigte sich in der weiteren Bearbeitung immer wieder, dass Nostradamus jede Regelmäßigkeit vermied und immer wieder Variationen einbaute, um einen Lösungsansatz zur Entschlüsselung von vornherein zu erschweren. Um nicht frühzeitig die Flinte ins Korn zu werfen, war eine gehörige Portion von Hartnäckigkeit bei meiner Arbeit erforderlich. Nach fertiger Entschlüsselung zeigte sich jedoch, dass Nostradamus immer die Regel und auch ihre Variation angibt, sodass am Ende keine Zweifel über die Richtigkeit eines Arbeitsganges und der gefundenen Lösung bleiben.

In diesem Zusammenhang möchte ich auf folgendes hinweisen: Nostradamus hat die wesentlichen Hinweise zur Reihung des lateinischen Textes, nämlich das Vorhandensein von Stichwörtern, wo diese zu finden sind, wie das Ergebnis geprüft werden kann und wie viele Quatrains alle Centurien zusammen haben sollen, genau in jene drei Anagrammstellen verpackt, für die er im Prosa- und im Verstext völlig identische Stichwörter angibt: FATO, TRIUMVIR und SALON.

Daraus kann man den Schluss ziehen, dass er den Einstieg in die Geheimnisse seines Werkes nicht völlig verbauen wollte. Daraus lässt sich auch die Berechtigung zur Veröffentlichung des Schlüssels zu seinem Werk ableiten.

Die Bedeutung der biblischen Zeitreihen

Die Textstellen in den Briefen an Caesar und an König Heinrich, welche zu anagrammieren waren, konnte man ja durch die Platzierung der lateinischen Phrasen finden. Der kritische Leser wird sich jedoch fragen, wie ich Anfang und Ende dieser Textstellen feststellen konnte. Dies war tatsächlich zunächst nicht einfach und ich musste meist mehrere Versuche durchführen, um das Anagramm auch textlich und grammatikalisch richtig bilden zu können. Erst später ist mir die mathematische Herleitung der Positionen für die Anagramme gelungen, denn Nostradamus hat auch für das Auffinden des Anfangs und des Endes der Anagrammstellen klare Anweisungen gegeben, wie ich im folgenden zeigen werde.

Ich ging davon aus, dass eine Anweisung vorhanden sei und stellte sie mir - vom modernen Computerdenken beeinflusst - etwa folgendermaßen vor: "Gehe zu Zeile Nr. x" oder "Gehe zum Wort Nr. y". Zahlen, die dafür dienen konnten, gab es ja genug in den Briefen. Ich versuchte es mit den biblischen Jahresangaben, also den schon erwähnten unterschiedlichen Chronologien über die seit der Erschaffung der Welt bis zur Geburt Jesu Christi vergangenen Zeiträume, die im Brief an Heinrich enthalten waren. Schon viel ist über diese Daten von anderen Autoren[13] geschrieben worden, wobei vielfach versucht wurde, eine Verbindung zu den Chronologien der Menschheitsgeschichte, die seit Eusebius (ca. 275-339) immer wieder verfasst wurden, herzustellen. Eusebius war Bischof von Cäsarea, man bezeichnete ihn später als „Vater der Kirchengeschichte", die er in einem zehnbändigen Werk vom Entstehen der christlichen Kirche bis etwa gegen 324 schildert. Aber er hat auch eine Chronik verfasst, in der er die Menschheitsgeschichte seit Abrahams Geburt darlegt, indem er die Chroniken verschiedener Völker, der Hebräer, der Assyrer, der Ägypter, der Griechen u.a. miteinander verglich. Ein phantastisches Werk, das Hieronymus[14] fortführte und nach ihm noch einige andere. Nostradamus nennt Eusebius auch im Brief und schreibt, dass „man einwenden [könnte], einige der Berechnungen seien unrichtig, weil sie denen des Eusebius widersprechen."

Dieser aufgezeigte Widerspruch machte mich hellhörig. Will Nostradamus tatsächlich eine neue Zeitberechnung einführen oder scheint sie nicht das zu sein, was sie vorgibt?

Natürlich habe auch ich die Daten mit den Angaben der Bibel überprüft. Da zeigt sich etwa, dass Nostradamus für den Zeitraum von Adam bis Noah in der zweiten Zeitreihe statt 1056 [15] Jahre 1506 eingetragen hat - ein Ziffernsturz? Dafür fehlt bei Nostradamus die Zeit vom ersten bis zum zweiten Tempelbau. Alles Irrtümer? Fast 500 Jahre einfach vergessen?

Stellen wir die Angaben von Nostradamus in einer Tabelle zusammen:

1.Zeitreihe	Jahre		2. Zeitreihe	Jahre
Adam bis Noah	1242		Adam bis Noah	1506
Noah bis Abraham	1080		Noah bis Sintflut	600 (2x genannt)
Abraham bis Moses	515 (od.16)		Dauer der Sintflut	1 (2 Monate)
Moses bis David	570		Sintflut bis Abraham	295
David bis Jesus	1350		Abraham bis Isaak	100
			Isaak bis Jakob	60
			Isaak in Ägypten	130
			Jakob in Ägypten	430
			Zeit bis Tempelbau	480 (80 2x)
			Tempelbau bis Jesus	490
Summe	**4757 (4758)**		**Summe:**	**4092**

Aber ich will die angegebenen Zeiten nicht unbedingt mit den biblischen Angaben in Übereinstimmung bringen, denn ich meine (und habe schon früher darauf verwiesen), dass die Zahlen eine ganz andere Bedeutung haben - daher passen sie auch nicht mit der Bibel oder mit den Berechnungen von Eusebius zusammen. Und vor allem stimmen deshalb die beiden Berechnungen von Nostradamus selbst nicht überein. Denn, immer wenn er offensichtliche Fehler begeht, steckt eine Absicht dahinter, will er uns aufmerksam machen, seht doch, es ist nicht das, wofür ihr es haltet! Nun, was steckt wirklich dahinter?[16]

Die Summenzeile gibt folgende Ergebnisse an:

Summe	**4757 (4758)**		**Summe:**	**4092**

Die Differenz zwischen beiden Zeitreihen beträgt: 665 bzw. 666 Jahre

Danach gibt Nostradamus einen Art „Mittelwert" an:

Et ainsi par ceste supputation que i'ay faicte colligee par les sacrees lettres sont enuiron quatre mille cent septante trois ans, & huict moys peu ou moins.

Und daher, durch diese Berechnung, die ich gemacht habe, gesammelt aus der Heiligen Schrift, sind es ungefähr 4173 Jahre und acht Monate, mehr oder weniger.

Der Mittelwert aus 4757 und 4092 soll also **4173 Jahre** sein - das ist natürlich rein rechnerisch falsch. Was war denn Nostradamus für ein Mathematiker? Nein, es ist kein Rechenfehler, sondern ein neuerlicher Hinweis!

Interessant ist bei der zweiten Zeitreihe die Formulierung im Brieftext betreffend den Zeitraum von 480 Jahren : *Et depuis l'yssue d'Egypte iusques à la edification du temple faicte par Salomon au quatriesme an de son regne, passerent* **quatre cens octante ou quatre vingt** *ans.* Nun, „480 oder 80" Jahre macht wohl keinen Sinn. Nostradamus hat beide möglichen französischen Schreibweisen für die Zahl 80 angegeben, da er - wie man sehen wird - auch diese Zahl später braucht; durch diese Doppelangabe kommt man durch Addition auf die Summe 4172, die nahe beim Ergebnis von Nostradamus liegt.

Da ich schon bei den oben durchgeführten Anagrammbildungen für meine interne Arbeit die Worte der Briefe an Caesar und Heinrich gezählt hatte, fand ich eine überraschende Übereinstimmung:

	Wörter	Apostroph	&-Zeichen	Bindestrich	Zahlen	LatText
Brief an Caesar	2280	61	91	2	4	104
Brief an Heinrich	4167	213	236	6	21	123

Die Gesamtsumme aller Wörter (ohne den lateinischen Text, Wörter mit Apostroph zählen als ein Wort, ohne Zahlen, ohne &-Zeichen, Wörter mit Bindestrich zählen jedoch zweifach) ergab

im Brief an Caesar   :   2280 + 2   =   2282
im Brief an Heinrich :   4167 + 6   =   **4173 Wörter!**

Die merkwürdige Mittelbildung aus den beiden "Berechnungen" der biblischen Zeiträume stimmte genau mit der Anzahl der Wörter des Briefes überein! Dann mussten die übrigen Zahlen ebenfalls jeweils eine Wortanzahl bedeuten.

Ich zählte die Wortanzahl im Brief an Heinrich jeweils bis zu den Sätzen, welche die zwölf lateinischen Phrasen enthielten. Vier dieser Positionen waren ja schon aus den vorgenannten Stichworten bekannt [568], [1095], [2509] und [4078]. Dann bildete ich alle Differenzen zwischen den derart ermittelten Werten. Tatsächlich fanden sich einige der biblischen Jahresangaben als Intervallabstand wieder. Dann trug ich die Positionen entsprechend der Wortanzahl in eine Graphik ein.

Die folgende Gegenüberstellung listet die im Brief an Heinrich von Nostradamus verwendeten Zeitintervalle systematisch auf, wobei bedeutet:

A = Briefanfang   E = Briefende   A i – Anagrammanfang
Die Intervalle sind vom Briefanfang an eingetragen

SOLL Biblisches Zeitintervall	IST Wortanzahl im Brief	Diff.	Ver-wendung		Intervall von-nach
490	486	4	x		A nach A1
80	79	1	x		A1 nach A2
430	430	0	x		A2 nach A3
100	97	3	x		A3 nach A4
570	568	2	x		A3 nach A5
1350	1349	1	x		A4 nach A6
60	59	1	x		A6 nach A7
1242	1239	3	x		A7 nach A8
100	100	0		x	A8 nach A9
1506	1505	1	x		A6 nach A10
130	131	1	x		A10 nach A11
1506	1507	1		x	A3 nach A7
1080	1079	1	x		A1 nach A5
430	431	1		x	A8 nach E
Anzahl der Intervalle (einfach, zweifach) :		11	3		

35

Es zeigte sich, dass elf verschiedene Intervalle, drei davon zweifach, zur Bestimmung der Anfangsstellen der Anagramme verwendet worden sind.

Wir wollen die analoge Gegenüberstellung für die Anagrammstellen des Briefes an Caesar anfertigen.

Gegenüberstellung für Brief an Caesar :

A = Briefanfang   E = Briefende   A i = Anagrammanfang
Die Intervalle sind vom Briefende an eingetragen

SOLL Biblisches Zeitintervall	IST Wortanzahl im Brief	Diff.	Ver- wendung		Intervall von-nach
130	134	4	x		E nach A11
16	16	0	x		A11 nach A10
295+600	894	1	x		A11 nach A8
1242	1243	1	x		A8 nach A1
130	134	4		x	A1 nach A2
295	292	3	x		A1 nach A3
80	78	2	x		A3 nach A4
80	85	5		x	A4 nach A5
621	624	3	x		A1 nach A6
570	569	1	x		A6 nach A7
1506	1504	2	x		A4 nach A9
490	487	3	x		A2 nach A6
621	619	2		x	A6 nach A8
1080	1079	1	x		A7 nach E
Anzahl der Intervalle (einfach, zweifach) :		11	3		

Es zeigten sich wieder elf verschiedene Intervalle, wovon 3 zweifach verwendet worden sind.

Die resultierende Positionierung der Anfangsstellen der Anagramme in beiden Briefen ist aus den nachstehenden Diagrammen ersichtlich.

Brief an Heinrich

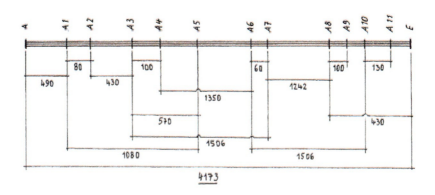

Anagramme für die Reihung des LatTextes
Positionen der Textanfänge
Brief an Heinrich
Eingetragen sind die Soll-Werte (Intervall laut biblischer Zeitrechnung)

Brief an Caesar

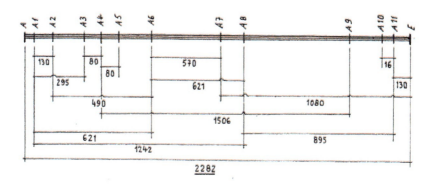

Anagramme für die Reihung des LatTextes
Positionen der Textanfänge
Brief an Caesar
Eingetragen sind die Soll-Werte (Intervall laut biblischer Zeitrechnung)

Ich ging davon aus, dass Nostradamus auch für die Bestimmung der Anfangspositionen der Anagramme für die Reihung des lateinischen Textes eine Anweisung in anagrammatischer Form formuliert hatte. In dieser Bearbeitungsphase konnte ich jedoch dieses Anagramm noch nicht finden.[17]

Nachdem ich nun sicher war, dass die angegebene Zahl 4173 die Wortanzahl des Briefes an König Heinrich war, suchte ich nach Zahlen, welche die Berechnung der Summe der Wörter im Brief an Caesar zuließen. Diese Textstelle fand ich nach einigem Suchen im Brief an Caesar, wo mir die Zahlen 177, 3 und 11 aufgefallen waren, die schließlich mit folgender Rechnung genau die gezählte Wortanzahl ergaben:

$$177 - (3+11) = 163 \text{ und}$$
$$163 \times (3+11) = \mathbf{2282}$$

Ich versuchte mit einem Teil dieses Brieftextes ein Anagramm zu bilden, das diese Art der Berechnung zum Inhalt hat. Schließlich ergab sich folgendes Anagramm (BerC09):

UF: [1767] QUE LE TOUT CALCULE LE MONDE S'APPROCHE D'VNE ANARAGONIQUE REUOLUTION: ET QUE DE PRESENT QUE CECI I'ESCRIPTZ AUANT **CENT ET SEPTANTE SEPT ANS TROYS MOYS VNZE IOURS**, PAR PESTILENCE, LONGUE FAMINE ET GUERRES ET PLUS PAR LES INUNDATIONS LE MONDE ENTRE CY ET CE TERME PREFIX, AUANT ET APRES PAR PLUSIEURS FOYS, SERA SI DIMINUE ET SI PEU DE MONDE SERA, QUE LON NE TROUUERA QUI VUEILLE PRENDRE LES CHAMPS, QUI DEUIENDRONT LIBERES AUSSI LONGUEMENT QU'ILZ SONT ESTES EN SERUITUDE

AF: COMPTE PAROLES DE LETTRE AU FILZ, SANS CELLES QU'EN ESCRIPT LATIN. CE MESME NOMBRE RESULTE, SI L'ON REDUIT CENT SEPTANTE ET SEPT DE QUATORZE, PUIS MULTIPLIE LA DIFFERENCE AUEC QUATORZE. PUIS PRENDS INTERVALLES DE TEMPS D'ESCRIPT A ROY HENRY DE L'AN DE CREATION DU MONDE IUSQUES A IESUS CHRIST, POUR Y TROUUER VNE POSITION ENUIRON, OU QUELQUE SENTENCE NEE EN SENS ANAGRAMMIQUE EST PRES, ENGAGEE ENTRE POINTS, DEUX POINTS OU VIRGULES. IL Y A AUTANT QUE PAROLES EN REUUE NEUUE.

DF: ZÄHLE DIE WÖRTER IM BRIEF AN DEN SOHN, OHNE DIEJENIGEN WELCHE IN LATEINISCHER SCHRIFT. DIESELBE ZAHL ERGIBT SICH, WENN MAN 177 UM 14 REDUZIERT, DANN DIE DIFFERENZ MIT 14 MULTIPLIZIERT. DANN NEHME DIE ZEITINTERVALLE DER SCHRIFT AN KÖNIG HEINRICH VOM JAHR DER ERSCHAFFUNG DER WELT AN BIS JESUS CHRISTUS, UM DARIN EINE UNGEFÄHRE POSITION ZU FINDEN, WO IRGENDEIN SATZ ERZEUGT IM ANAGRAMMATISCHEN SINN NAHE IST, ZWISCHEN PUNKTEN, DOPPELPUNKTEN ODER BEISTRICHEN EINGEBUNDEN. ES GIBT IN DER NEUEN REIHE EBENSOVIELE WÖRTER.

Im Band 2 dieser Buchreihe habe ich bei der Besprechung des Briefes an Caesar geschrieben, wie eigenartig mir die auf elf Tage genaue Angabe von Hungersnot und Kriegen erschien. Jetzt war es klar, wozu diese extrem genaue Zahl notwendig war!

Damit hat Nostradamus wieder exakte Anweisungen gegeben, durch die ich in der Lage war, die zunächst vermuteten Anfangspositionen der Anagramme für den lateinischen Text genau zu lokalisieren. Das Ergebnis wurde dadurch überprüfbar und konnte als gesichert gelten.

Hatte ich noch zu Beginn der Arbeit ein Anagramm ohne vorgegebenen Endpunkt gesehen, so ergab sich nun auf Grund der Regel, dass UF und AF jeweils dieselbe Anzahl von Wörtern (und auch von Apostrophen) aufweisen mussten. Ich bearbeitete daher sämtliche 22 Anagramme für die Reihung der lateinischen Phrasen nochmals, wobei ich auch beachtete, dass UF durch Interpunktionen (also durch Doppelpunkte, Beistriche oder Punkte) im Brieftext gekennzeichnet war.[18]

Aber noch ein wesentlicher Aspekt zeigte sich: Nach dem Anagramm mit den drei Namen Nostradamus-Caesar-Henri war dies das zweite, das sich nicht auf die Reihung der lateinischen Phrasen bezog. Es gab also noch weitere Anagramme!

Der lateinische Vergleichstext - LatText2

Nun hatte ich also sämtliche Anagramme für die neue Reihung der lateinischen Phrasen gebildet. Die neue Reihung, die durch die schon erwähnte Identitätsprüfung [19] bestätigt worden war, lautete nunmehr (LatText2):

Brief an Caesar:

1. AD CAESAREM NOSTRADAMUM FILIUM
2. ABSCONDISTI HAEC A SAPIENTIBUS ET PRUDENTIBUS ID EST POTENTIBUS ET REGIBUS ET ENUCLEASTI EA EXIGUIS ET TENUIBUS
3. NON INCLINABITUR IN SAECULUM SAECULI
4. NOLITE SANCTUM DARE CANIBUS NEC MITTATIS MARGARITAS ANTE PORCOS NE CONCULCENT PEDIBUS ET CONUERSI DIRUMPANT VOS
5. CONTERAM ERGO ET CONFRINGAM ET NON MISEREBOR
6. SOLI NUMINE DIUINO AFFLATI PRAESAGIUNT ET SPIRITU PROPHETICO PARTICULARIA
7. PROPHETA DICITUR HODIE, OLIM VOCABATUR VIDENS
8. SED QUANDO SUBMOUENDA ERIT IGNORANTIA
9. POSSUM NON ERRARE, FALLI, DECIPI
10. QUIA OMNIA SUNT NUDA ET APERTA ETC.
11. VISITABO IN VIRGA FERREA INIQUITATES EORUM ET IN VERBERIBUS PERCUTIAM EOS
12. QUIA NON EST NOSTRUM NOSCERE TEMPORA NEC MOMENTA ETC.
13. IN SOLUTA ORATIONE

Brief an Heinrich:

1. TRIPODE AENEO
2. FATO, DEO, NATURA
3. MINERUA LIBERA ET NON INUITA
4. HUY, HUY
5. VT AUDIRET GEMITUS COMPEDITORUM VT SOLUERET FILIOS INTEREMPTORUM
6. QUOD DE FUTURIS NON EST DETERMINATA OMNINO VERITAS

7. FACIEBAT MICHAEL NOSTRADAMUS SALONAE
8. PER TEMPUS ET IN OCCASIONE TEMPORIS
9. TRIUMUIRAT
10. SANCTA SANCTORUM
11. EFFUNDAM SPIRITUM MEUM SUPER OMNEM CARNEM ET
    PROPHETABUNT FILII VESTRI ET FILIAE VESTRAE
12. BELLIS RUBUIT NAUALIBUS AEQUOR

Dieser Text, in Form einer Zeichenkette geschrieben („die Ordnung der Kette", mit der Nostradamus die Berechnung ausgeführt hat) und die ich „LAT-Reihe" nenne,[20] ist der Vergleichstext für eine der beiden Berechnungen der Jahreszahlen aller Quatrains. Diese Berechnungen werden noch im Detail erklärt werden.

Ich war, ebenso wie Loog seinerzeit, der Meinung, dass jeder Quatrain der Centurien mit einem bestimmten Buchstaben dieser Zeichenkette verbunden ist. Diese Zuordnung galt es aber noch zu finden.

Der so erhaltene lateinische Vergleichstext lautet somit:

```
ADCAESAREMNOSTRADAMUMFILIUMABSCONDISTIHAECASAPIENTIBUSET
PRUDENTIBUSIDESTPOTENTIBUSETREGIBUSETENUCLEASTIEAEXIGUISET
TENUIBUSNONINCLINABITURINSAECULUMSAECULINOLITESANCTUMDARE
CANIBUSNECMITTATISMARGARITASANTEPORCOSNECONCULCENTPEDIBU
SETCONUERSIDIRUMPANTVOSCONTERAMERGOETCONFRINGAMETNONMI
SEREBORSOLINUMINEDIUINOAFFLATIPRAESAGIUNTETSPIRITUPROPHETIC
OPARTICULARIAPROPHETADICITURHODIEOLIMVOCABATURVIDENSSEDQU
ANDOSUBMOUENDAERITIGNORANTIAPOSSUMNONERRAREFALLIDECIPIQU
IAOMNIASUNTNUDAETAPERTAETCVISITABOINVIRGAFERREAINIQUITATESE
ORUMETINVERBERIBUSPERCUTIAMEOSQUIANONESTNOSTRUMNOSCERE
TEMPORANECMOMENTAETCINSOLUTAORATIONETRIPODEAENEOFATODE
ONATURAMINERUALIBERAETNONINUITAHUYHUYVTAUDIRETGEMITUSCOM
PEDITORUMVTSOLUERETFILIOSINTEREMPTORUMQUODDEFUTURISNONE
STDETERMINATAOMNINOVERITASFACIEBATMICHAELNOSTRADAMUSSALO
NAEPERTEMPUSETINOCCASIONETEMPORISTRIUMUIRATSANCTASANCTO
RUMEFFUNDAMSPIRITUMMEUMSUPEROMNEMCARNEMETPROPHETABUNT
FILIJVESTRIETFILIAEVESTRAEBELLISRUBUITNAUALIBUSAEQUOR
```

Die astrologischen Angaben

Ich habe bereits erwähnt, dass zwei Anagramme, außerhalb der Bereiche, in denen die Anagramme für die Reihung des LatTextes1 lagen, darauf hindeuteten, dass es noch weitere Anagramme gibt. Um deren Anfangspositionen zu bestimmen, war vermutlich wieder eine eigene Zahlenmenge erforderlich. Solch eine Zahlenmenge findet sich im Brief an den König Heinrich, in Form einer ausführlichen astrologischen Darstellung. Diese lautet im originalen Text (1568):

[H 2945] *« Or de Iesus Christ en ca par la diuersite des sectes, ie le laisse, & ayant suppute & calcule les presentes propheties, le tout selon l'ordre de la chaysne qui contient sa reuolution le tout par doctrine Astronomique, & selon mon naturel instinct, & apres quelque temps & dans iceluy comprenant depuis le temps que Saturne qui tournera entrer a sept du moys d'Auril iusques au 25. d'Auost Iupiter a 14. de Iuin iusques au 7. d'Octobre, Mars depuis le 17. d'Auril iusques au 22. de Iuin, Venus depuis le 9. d'Auril, iusques au 22. de May, Mercure depuis le 3. de Feurier, iusques au 24. dudit. En apres du premier de Iuin iusques au 24. dudit & du 25. de Septembre iusques au 16. d'Octobre, Saturne en Capricorne, Iupiter en Aquarius, Mars en Scorpio, Venus en Pisces, Mercure dans vn moys en Capricorne, Aquarius & Pisces, la Lune en Aquarius, la teste du dragon en Libra: la queue a son signe opposite suyuant vne conionction de Iupiter a Mercure, auec vn quadrin aspect de Mars a Mercure, & la teste du dragon sera auec vne conionction du Soleil a Iupiter, l'annee sera pacifique sans eclipse, & non du tout, & sera le commencement comprenant se de ce que durera & commencant icelle annee sera faicte plus grande persecution a l'Eglise Chrestienne,... »*

In deutscher Übersetzung :

Nun, von Jesus Christus an, lasse ich es wegen der Verschiedenheit der Sekten, dabei bewenden, und die vorliegenden Prophezeiungen habe ich überschlagen und berechnet, allesamt nach der Ordnung der Kette, welche auch ihre Enthüllung enthält, alles nach der astronomischen Lehre und gemäß meines natürlichen Instinkts, und danach noch einige Zeit und in dieser, das heißt von dem Zeitpunkt an, da Saturn, der sich umdrehen wird, um einzutreten vom 7. April bis 25. August, Jupiter vom 14. Juni bis 7. Oktober, Mars seit 17. April bis 22. Juni, Venus seit 9. April bis 22. Mai, Merkur seit 3. bis 24. Februar. Darauffolgend vom 1. bis 24. Juni und vom 25. September bis 16. Oktober, Saturn im Steinbock, Jupiter im Wassermann, Mars im Skorpion, Venus in den Fischen, Merkur in einem Monat im Steinbock, Wassermann und den Fischen, der Mond im Wassermann, der Drachenkopf in der Waage: der Drachenschwanz, in ihrem gegenüberliegenden Zeichen, nachfolgend eine Konjunktion von Jupiter und Merkur, mit einem

Quadrataspekt von Mars zu Merkur, und der Drachenkopf wird bei einer Konjunktion der Sonne mit Jupiter sein, das Jahr wird friedlich ohne Verfinsterung sein, aber nicht überall, und es wird der Beginn sein, von dem was dauern wird, und am Anfang dieses Jahres wird die größte Verfolgung in der christlichen Kirche stattfinden, ...

Diese Fülle an astrologischen Daten wird meist allein auf das Jahr 1606 bezogen. Dass man auch anderer Meinung sein kann, zeigt meine Untersuchung (siehe Anhang „Der Astro-Text"), wobei auch eine neue historische Deutung gegeben wird. Hier aber interessieren die Zahlenwerte an sich! In typischer *manière Nostradamique* erfüllen diese Angaben einen zweifachen Zweck: sie können historisch, aber auch als Mittel zur Bestimmung des Schlüssels gedeutet werden. Stellen wir die Zahlen der Tage und Monate in einer Tabelle übersichtlich zusammen:

Tag T	7	25	14	7	17	22	9	22	3	24	1	24	25	16
Monat M	4	8	6	10	4	6	4	5	2	2	6	6	9	10

Nach Aufstellung dieser Liste errechnete ich durch verschiedenartige Verknüpfung dieser Zahlen (T und M) jene Wortzahlen, die aus den beiden bereits vorliegenden Anagrammen (Namensreihe HCN und Wortanzahl des Briefes an Caesar) bekannt waren. Diese begannen auf den Wort-Positionen 125 und 1767. Zog man jeweils die 11 Wörter ab, welche die Überschrift des Briefes ausmachten, erhielt man 114 und 1756. Diese Zahlen ließen sich aus den Tages- und Monatszahlen auf folgende Weise berechnen:

Zunächst sind die Summen der Zahlen der Tage T und die der Monate M zu bilden und danach diese Summe fortlaufend zu addieren, z. B.:

7	4	Summe=11	Fortl. Summe=11
25	8	Summe=33	Fortl. Summe=44
u.s.w.			

Danach bildet man die Differenz (Absolutwerte) zwischen der Einerstelle der Tage (ET) und der Einerstelle der Monate (EM), z.B.:

7	4	ET/EM = 7 4	Differenz = 3
25	8	ET/EM = 5 8	Differenz = 3
u.s.w.			

Das Ergebnis aus den Absolutwerten ist dem Ergebnis der fortlaufenden Summen *anzufügen* (nicht hinzuzurechnen!), z.B.: 11-3, 44-3,…u.s.w., wodurch man die Anzahl der Wörter in den Briefen an Caesar und Heinrich erhält, welche die Anfangspositionen der Anagramme angeben: 113, 443,…u.s.w. Die Liste dieser berechneten Positionen (SOLL-Werte) lautet somit folgendermaßen:

Tag T	Monat M	T+M	lfd. Summe	ET-EM absolut	SOLL-Position (Wörter)
7	4	11	11	3	113
25	8	33	44	3	443
14	6	20	64	2	642
7	10	17	81	3	813
17	4	21	102	3	1023
22	6	28	130	4	1304
9	4	13	143	5	1435
22	5	27	170	3	1703
3	2	5	175	1	1751
24	2	26	201	2	2012
1	6	7	208	5	2085
24	6	30	238	2	2382
25	9	34	272	4	2724
16	10	26	298	6	2986

Die beiden Zahlen 113 und 1751 waren ziemlich genau die bereits bekannten Anagrammpositionen, nämlich die erste und die neunte. Analog zu den Berechnungsergebnissen aus den biblischen

Zeitangaben ergab sich auch hier, dass das Ergebnis sowohl für den Brief an Caesar, als auch für den Brief an Heinrich galt und die Wortzählung gleichartig durchzuführen war.

Auf Grund der erwähnten Verschiebung um 11 Wörter, zeigt sich, dass Nostradamus - wieder einmal zur Vermeidung einer Regelmäßigkeit - die Überschrift im Brief an Caesar (11 französische Wörter) nicht gezählt hat, jene des Briefes an Heinrich jedoch schon.

Im Hinblick auf die unterschiedlichen Brieflängen und darauf, dass zwei Positionen schon durch Anagramme des LatTextes1 belegt waren, ergaben sich im Brief an Caesar zehn, im Brief an König Heinrich dreizehn Anagrammpositionen.

Jetzt galt es noch die Anagramme zu bilden! Was würde ihr Inhalt sein? Diese Arbeitsphase ist kaum in Worten zu schildern. Sie konnte nur schrittweise und durch viele Versuche und Überlegungen zustande gebracht werden.

Das Geheimnis der Initialen

Die Darstellung der Initialen

S war früher üblich, die Anfangsbuchstaben eines Textes größer darzustellen und kunstvoll zu verzieren.

OR allem findet man solche kunstvollen Initialen in alten Bibeldrucken. Meist sind sie sogar handkoloriert. Welch herrliche Kunstwerke sind uns zum Glück erhalten geblieben!

UCH die Originalausgabe 1555 der *Prophéties* enthält besonders ausgestaltete Initialen, jeweils beim ersten Vers jeder Centurie. Allerdings nicht goldverziert, wie etwa in manchen Bibeln, aber auch hervorragende Holzschnitte.

ENTURIEN werden die einzelnen Abschnitte der *Prophéties* des Nostradamus genannt, weil in ihnen meist 100 Quatrains (Vierzeiler) zusammengefasst sind.

ATSÄCHLICH sind die fünf Initialen ein wesentlicher Teil des Schlüssels zu den Quatrains. Mir sind diese Bilder schon früh aufgefallen und ich sollte mit meiner Vermutung, dass sie uns ein Geheimnis mitteilen wollen, recht behalten.

Das erste Bild (Vers 1.1) zeigt die Initiale E und einen alten Mann mit mittellangem Bart, dessen rechte Hand auf einem Buch zu ruhen scheint und der mit dem erhobenen Zeigefinger der linken Hand auf den Buchstaben E deutet, als wollte er ausdrücken: "Pass auf!" Drei Finger dieser Hand sind gekrümmt, der Daumen ist nicht sichtbar. Auch der Blick des Mannes scheint auf den erhobenen Finger gerichtet zu sein und unterstreicht die hinweisende Wirkung.

Das zweite Bild (Vers 2.1) zeigt die Initiale V und offensichtlich denselben Mann. Der Bart des Mannes ist jedoch länger, also ist der Mann schon älter. Der Blick des Mannes und sein Zeigefinger der rechten Hand weisen jedoch nun auf die (vom Betrachter aus gesehen) rechte untere Ecke des Bildrahmens.

Auf dem dritten Bild (Vers 3.1), das die Initiale A enthält, ist der Mann mit einer Frau dargestellt. Bedeutungsvoll hält der Mann seine linke Hand in einer schwur-ähnlichen Haltung, wobei drei Finger (Daumen, Zeige- und Mittelfinger) ausgestreckt sind. Mann und Frau scheinen einander anzusehen. Der Bart des Mannes ist etwas länger als auf dem ersten, jedoch kürzer als auf dem zweiten Bild.

Das vierte Bild (Vers 4.1) schließlich zeigt die Initiale C und den Mann in offensichtlich jungen Jahren, da er noch einen sehr kurzen Bart hat. Der Kopf ist diesmal im Profil zu sehen, der Blick ist seitlich abgewandt. Der Zeigefinger der linken Hand ist genau auf die (vom Betrachter aus gesehen) linke untere Ecke des Bildrahmens gerichtet.

Auch der Brief an Caesar weist eine derartig bebilderte Initiale „T" auf. Auch sie wollte ich noch in die Betrachtung einbeziehen. Es scheint auch derselbe Mann auf dem Bild zu sein, hier hat seine rechte Hand einen unnatürlich langen Zeigefinger, der parallel zum rechten Bildrand hinauf zeigt. Man sieht nur zwei Finger.

Bevor wir uns über die Bedeutung dieser Bilder Gedanken machen, wenden wir uns kurz dem Künstler zu. Diese Holzschnitte wurden von Georges Reverdy (Reverdinus) gefertigt.[21] Er stammte aus Norditalien, arbeitete in Rom und war schließlich einer der berühmtesten Holzgraveure in Lyon, wo er ungefähr von 1529 bis 1564 arbeitete. Zahlreiche Werke, die in Lyon gedruckt wurden, sind mit Holzschnitten des „Maître George" bildlich ausgestaltet.

Die Druckerei Bonhomme in Lyon, welche die Erstausgabe der *Prophéties* auflegte, verwendete hierzu offenbar bereits vorhandene Gravuren für die Initialen, denn man findet beispielsweise ganz genau dieselbe Initiale V zu Beginn der *Morosophie* des Guillaume de la Perrière Tolosain, welche bereits 1553, interessanterweise auch in Form von Quatrains, erschienen ist. Dagegen sehen noch ein Jahr zuvor, beim Druck der *Considerations des quatre mondes*, ebenfalls von Perrière verfasst und bei Bonhomme gedruckt, die Initialen anders aus.

Ob nun für die *Prophéties* von Nostradamus ergänzende Initialen neu angefertigt worden sind, kann zwar vermutet werden, ist aber nicht wesentlich. Nostradamus war der Erste, der mit diesen Darstellungen einen ganz bestimmten Zweck verfolgt hat. Und dieser Zweck allein ist nun wichtig. Als ich die Bilder, die doch eine so starke Aussage haben, erstmals 1993 in der Originalschrift sah, war ich überzeugt, dass sie eine tiefere Bedeutung haben. Keine der späteren Ausgaben der *Prophéties* wies eine derartige figurale Ausschmückung der Initialen auf! Und damit ergab sich auch die Begründung, warum Nostradamus eine Teilveröffentlichung seiner *Prophéties* vorgenommen hatte. Er brauchte genau vier Centurien für seine vier Initialen und die fünfte Initiale stellte er in den Brief an den Sohn Caesar.

In meinem anfangs erstellten Katalog der offenen Fragen war auch jene enthalten, warum Nostradamus zunächst nur die ersten 353 Verse veröffentlicht hatte. Wenn man einen einheitlichen Schlüssel für das Gesamtwerk annahm, was ich tat, so mussten zum Zeitpunkt der Veröffentlichung 1555 sämtliche 948 Verse fertig formuliert gewesen sein.

Warum waren also diese fünf Initialen so bedeutsam, dass Nostradamus deswegen nur eine Teilveröffentlichung im Jahre 1555 in Auftrag gab? Wenn es so wäre, musste sich die Bedeutung der Buchstaben E - V - A - C – T ergründen lassen.

Zunächst war die Frage zu klären, ob und wie die Initialen gereiht werden müssen. Ein wesentliches Indiz zur Ordnung der fünf Initialen sah ich in der Stellung der Finger, die stets in bestimmte Richtungen zeigen. Ferner gilt die Bartlänge, also das Alter des Mannes, als weiteres Merkmal.

Auf Grund meiner langjährigen Arbeit bin ich der Meinung, dass Nostradamus gerne gängige Begriffe übernommen hat, erinnern wir uns an das „Schifflein" für die katholische Kirche aus Lichtenbergers

Werk, und für seine Zwecke verwendet hat. So erscheinen mir auch die Begriffe „Finger" und „Magen" [22] mit der Arbeit von Nostradamus zu Horapollon [23] in Zusammenhang zu stehen. Nostradamus kannte sicher die Hieroglyphe „Wie sie Finger schreiben" und die zugehörige Erklärung „Der Finger kennzeichnet den Magen des Menschen." Beide, Finger und Magen sind Kennzeichen für den Nostradamus-Schlüssel geworden.

Ich habe an Hand der Initialen schließlich folgendes quadratisches Diagramm gezeichnet.

Da auf dem Bild mit der Initiale C der Mann offensichtlich als Jüngling dargestellt ist, beginne ich mit diesem Buchstaben. Stellen wir also das C in die linke untere Ecke eines Quatrates, weil dorthin auch der Finger des Jünglings zeigt.

Auf dem Bild A, das den Mann nach seinen Jünglingsjahren bereits im heiratsfähigen Alter zeigt, liegen drei Finger in der Mitte des Bildes.

Der Finger auf dem Bild mit der Initiale V zeigt genau auf die gegenüberliegende untere Ecke von C.

Die Finger auf den Bildern E und T zeigen beide hinauf. Auf dem Bild T streckt sich der lange Finger der rechten Hand parallel zum rechten Bildrand und zeigt zur oberen Ecke. Also stellen wir das T dorthin. Für das E bleibt dann noch die linke obere Ecke.

Auf diese Weise habe ich eine bestimmte Abfolge der fünf Initialen erhalten: C - A - V - T - E

In alten Schriften wurde statt des U ein V geschrieben, wir haben somit das Wort "CAUTE", das das lateinische Adverb für „sicher, gesichert" ist. Man kann daraus schließen: Folgt man dieser Reihung der Initialen, befindet man sich auf dem richtigen Weg, der einem sicher zum Ergebnis führt!

Daher ist dieses Wort auch zum Logo meines ersten Buches 1998 geworden.[24]

Trotz der Entdeckung des Schlüsselwortes „Caesar-Nostradamus-Henri" und der neuen Reihung der lateinischen Phrasen hatte ich noch keine greifbaren Ergebnisse für die Berechnung der Jahreszahlen erzielt. Das schöne Wort CAVTE erschloss mir auch noch nicht den Sinn der einzelnen Buchstaben. Ich ging in den Briefen an Caesar und an Heinrich auf die Suche nach einer diesbezüglichen Regel. Die Anfangspositionen kannte ich ja nun aus den astrologischen Angaben (siehe vorheriges Kapitel).

Die Bedeutung der Initialen
Eine sensationelle Wendung!

Schließlich fand ich das Anagramm, das ein totales Umdenken mit sich brachte.

BerC05 [1035]: (vorläufige Fassung, dieses Anagramm musste ich später erweitern)

UF: ET COMBIEN QUE CELLE OCCULTE PHILOSOPHIE NE FUSSE REPROUUEE N'AY ONQUES VOLU PRESENTER LEURS EFFRENEES PERSUASIONS: COMBIEN QUE PLUSIEURS VOLUMES QUI ONT ESTES CACHES PAR LONGS SIECLES ME SONT ESTES MANIFESTES.

AF: CORRIGE CHAQUE PROPHETIE COMME SUIT: COMBIEN QU'IL Y A CONSONNES C EN PROPHETIES COMBIEN PAROLES SOUS LESQUELLES SONT REVULSEES, QUE LES VERS EN FORME NEUUE, NE PLUS FAUSSE ET AUSSI PLUS SENSEE, EFFECTUENT LES TROIS E.

DF: **KORRIGIERE JEDE PROPHEZEIUNG** WIE FOLGT: WIE VIELE KONSONANTEN C IN DEN PROPHEZEIUNGEN VORKOMMEN, SO VIELE WÖRTER DERSELBEN SIND ENTSTELLT, SO DASS DIE VERSE IN NEUER FORM NICHT MEHR FALSCH SIND UND AUCH VERNÜNFTIGER DIE DREI E BEWIRKEN.

„Entstellt" sind die Verse fürwahr! Orthographische, grammatikalische und andere Fehler finden sich, wie schon erwähnt, in großer Zahl im gesamten Werk. Bisher hatte ich angenommen, dass diese Fehler, durch die der Sinn des Textes an sich nicht verändert wird, auf Grund der Verschlüsselung notwendig waren, der Text sozusagen Opfer der Verschlüsselungsmethode geworden war. Doch es war genau umgekehrt! Die obige Anweisung von Nostradamus sagte es klar: „Korrigiere die Verse!"

Die Fehler in den Versen waren zunächst zu korrigieren, damit der Schlüssel passte!

Das war eine sensationelle Wendung meiner Untersuchungen! Nostradamus hatte die Verse in grammatikalisch und orthographisch richtiger Form verfasst und verschlüsselt. Dies erschien mir schließlich sehr logisch, denn welcher Schriftsteller würde seine Texte in einer seine Muttersprache derart entstellenden Form formulieren? Um die Entdeckung des Schlüssels zu erschweren (er hat sie dadurch fast unmöglich gemacht) hatte er *nach* der Verschlüsselung den Text der Verse verfälscht und in dieser verfälschten Form zur Veröffentlichung gegeben. Erinnern wir uns an den zu Beginn erwähnten Auftrag seiner himmlischen Informanten!

Das war auch der Grund, warum ich bisher bei der Anwendung einzelner erarbeiteter Regeln bei vielen Versen Schiffbruch erlitten hatte. Nun sollte, nun musste sich alles lösen!

Nostradamus hatte auch für die Korrektur eine Kontrolle eingebaut: Nicht beliebig viele Fehler hatte er in die Verse verpackt, sondern, wie die Regel besagte, entsprechend der Anzahl der Buchstaben C, die im Vers vorkamen.

Obwohl ich nun wusste, wie viele Fehler zu korrigieren waren, blieb die Schwierigkeit festzustellen, *welche* Fehler Nostradamus eingebaut hatte! Das schwierigste Unterfangen bei der Entschlüsselung. Mit fortschreitender Bearbeitung der Verse zeigte sich, dass Nostradamus auch hierfür Vorsorge zur Kontrolle getroffen hatte. Auf diese Kontrollmöglichkeit soll hier noch nicht eingegangen werden.[25] Es sollen nur die grundlegenden Berichtigungen, die am häufigsten vorzunehmen sind, allgemein aufgelistet werden:

1. Berichtigung von orthographischen und grammatikalischen Fehlern;
2. Ergänzung von fehlenden Hilfszeitworten (meist in den zusammengesetzten Zeiten: sera/seront, aura/auront);
3. Einfügung von Artikeln (*la, le*) oder Präpositionen (*dans, en, a, de, par* etc.);
4. Ergänzung der Endungen der Zukunft bei den Verben, die oft nur in der Nennform (Wortstamm) vorhanden sind (*fuir/fuira, nourrir/nourrira* etc.);
5. Verwendung einer anderen, zulässigen Schreibweise desselben Wortes (*nuit/nuict, lettre/letre, sous/soubs* etc.).

Gerade die letztgenannte Möglichkeit der im ausgehenden Mittelalter oft parallel gebräuchlichen Schreibweisen mancher Worte erleichterte Nostradamus seine Verschlüsselung. Dadurch ist die "Verfälschung" der Verse zunächst gar nicht bemerkbar, weil auch die verfälschte Schreibweise richtig war. Nostradamus hat somit sein Werk sehr raffiniert geschützt.

Jetzt bekamen auch die Initialen C-A-V-T-E, die vorhin herausgestellt wurden, für mich ihren Sinn und damit auch die von Nostradamus vorgenommene teilweise Veröffentlichung der Centurien, da er tatsächlich nur fünf Initialen verwenden wollte.

Erinnern wir uns an die vorhin gebildete Graphik: In der Reihung der Initialen stand der Buchstabe C am Anfang, d.h. zuerst waren die Verse zu berichtigen, so dass sie grammatikalisch und orthographisch richtig wurden, aber auch im Ausdruck „besser", d.h. so wie Nostradamus sie vor seiner „Verfälschung" verfasst hatte. Die Bedeutung der anderen Buchstaben konnte im Laufe der weiteren Arbeit geklärt werden und wird hier vorweggenommen:

C = CORRECTION (Korrektur)
A = AN (Jahr)
V = VARIATION (Veränderung)
T = TOURNEMENT (Umkehrung)
E = ÈRE (Jahrhundert)

Die genaue Erklärung zu den einzelnen Berechnungsschritten A, V, T und E, welche auf die Verskorrektur folgen, sollen in den nächsten Kapiteln erklärt werden.

Auf diese Weise werden wir das Jahr eines Quatrains, getrennt nach „Jahrhundertzahl" und „Jahreszahl"[26] ermitteln und an Hand der ersten beiden Quatrains der Centurien demonstrieren.

Ein interessantes Anagramm

Neben den Initialen sind auch die ersten Worte im Brief an Caesar und in den Quatrains in Großbuchstaben gedruckt, sie lauten:

TON TARD - ESTANT - VERS - APRES - CELA

Mit wenigen Umstellungen kann man diese Worte, bei denen insbesondere "Vers" auffällt, zu folgendem Satz anagrammieren:

DOCTES LETTRES PARANT AN A VERS

Da *lettre* sowohl Buchstabe als auch Brief bedeutet, kann übersetzt werden:

Wohldurchdachte Briefe/Buchstaben bereitend das Jahr im Vers.

Einerseits durch die Briefe, in denen die Regeln enthalten sind, und andererseits durch die Buchstaben (Initialen) stellt man das Jahr im Vers fest.

Nostradamus hat wieder zwei Fliegen mit einer Klappe geschlagen! Einen deutlicheren Hinweis auf den in beiden Brieftexten (Brief an Caesar, Brief an Heinrich) enthaltenen Schlüssel, der die Jahreszahlen für die Verse liefert, und die Berechnung mit Hilfe der Buchstaben C-A-V-T-E kann man sich wohl nicht wünschen!

Auf dem ehernen Dreifuss

Die Korrektur der Verse 1.1 und 1.2

Nostradamus beschreibt nach der Meinung vieler Autoren in den ersten beiden Versen sehr poetisch seine Divination, wie ihn der göttliche Funke berührt.

Estant assis de nuit secret estude,
Seul repouse sus la selle d'aerain,
Flambe exigue sortant de solitude,
Fait proferer qui n'est à croire vain.
La verge en main mise au milieu de BRANCHES
De l'onde il moulle & le limbe & le pied.
Vn peur & voix fremissent par les manches,
Splendeur diuine. Le diuin prés s'assied.

Nachts sitzend geheimes Studium,
Allein ruhend auf dem ehernen Stuhl,
Eine winzige Flamme, aus der Einsamkeit kommend,
Bringt hervor, woran man nicht vergeblich glauben soll.
Die Rute in der Hand, hingestellt inmitten der Zweige,
Es benetzt die Welle sowohl den Saum als auch den Fuß,
Angst und Lärm, sie erzittern durch die Griffe;
Göttliches Leuchten. Das Göttliche lässt sich bei mir nieder.

Nostradamus sitzt allein in nächtlicher Stille in seinem Studierzimmer auf einem ehernen Stuhl, den er inmitten eines Kreises von Zweigen aufgestellt hat. In der Hand hält er die Griffe einer Art Wünschelrute, die Antenne, mit der er die übersinnlichen Informationen empfängt. Seine Füße und der Saum seines Gewandes werden von einer Welle umspült. Er erzittert am ganzen Körper einerseits vor Angst, andererseits wegen des Lärms, der nun ertönt. Dann kommt ein göttliches Leuchten über ihn, das ihm den Blick in die Zukunft öffnet. Nostradamus sieht und hört somit seine Visionen, was sich aus seinen Versen auch erkennen lässt.

Interessant ist die Doppelbedeutung des im Original der Centurien in Großbuchstaben geschriebenen Wortes *BRANCHES*: wie man bei der Versinterpretation feststellen kann, liebt Nostradamus Ausdrücke, die in zweierlei Hinsicht übersetzt oder ausgelegt werden können. Das Wort *branches* ist zunächst durch "Zweige, Äste" übersetzbar. Es gibt weiters folgende Bedeutung, auf die auch Centurio [27] und Allgeier[28] hingewiesen haben: BRANCHUS ist in der griechischen Mythologie ein Sohn Apolls, dem dieser die Gabe der Prophetie geschenkt hat. Die Branchiden, die ihren Namen von Branchus ableiteten, waren ein hellenistisches Priestergeschlecht, welches das Apollonorakel zu Didyma im milesischen Gebiet verwaltete.

Brennan [29] vergleicht die in den ersten beiden Versen gegebene Schilderung der Inspiration mit den zur Zeit von Nostradamus unter Eingeweihten kursierenden, jedoch von der Kirche verbotenen Büchern, die die Beschwörung von Geistern beschreiben, insbesondere mit der Darstellung in *De Mysteriis Egyptorum* des Neuplatonikers Iamblichus,[30] der schreibt:

> "Die Prophetin des Branchus sitzt entweder auf einer Säule oder hält in der Hand einen Stab, der von einer Gottheit verliehen wurde, oder befeuchtet ihre Füße oder den Saum ihres Gewandes mit Wasser oder atmet den Dampf des Wassers ein, und durch diese Mittel wird sie von göttlicher Erleuchtung erfüllt, und wenn sie mit der Gottheit in Kontakt getreten ist, prophezeit sie. Durch diese Handlungen passt sie sich dem Gott an, den sie von außen empfängt."

Das Ritual, das Nostradamus beschreibt, gleicht jenem der Branchus-Priester ziemlich genau. Von welchem Gott wurde nun Nostradamus inspiriert?

Ich kann mich des Eindrucks nicht erwehren, dass Nostradamus uns hier bewusst in die Irre führen will. Der Überlieferung nach saß ihm der Schalk im Nacken. Die ersten beiden Quatrains sind zu allgemein, als dass man sie als Erklärung für seine Gabe der Prophetie akzeptieren könnte, und schon gar nicht sind sie als "Anleitung" für den Empfang eigener Visionen gedacht gewesen. Auch als Beweis, dass die Inspirationen Nostradamus' von Gott (nach christlicher Vorstellung) gekommen sind, wie er versichert, sind sie (als heidnisches Ritual) denkbar ungeeignet! Welche Funktion haben diese beiden Verse dann? Wir werden es gleich sehen.

Ich möchte nun die bisher dargelegten Regeln an Hand der Verse 1.1 und 1.2 praktisch demonstrieren, indem für beide Verse die Korrektur durchgeführt wird und das zutreffende Jahr berechnet wird.

Correction - Die Korrektur

 Es sind verschiedene Originalausgaben [31] der *Prophéties* bekannt. Ein Textvergleich all dieser Ausgaben zeigt, dass sie sich in der Schreibweise der Quatrains sehr unterscheiden. Dies führt manchmal zu ganz anderen Bedeutungsinhalten und Übersetzungen. Beispielsweise enthält die Ausgabe 1555 im Quatrain 2.100 das Wort *rien* (= nichts), das in der Ausgabe 1568 *bien* (= gut) lautet.

Ich machte daher bei jedem Vers einen Vergleich der Textfassungen 1555, 1557 und 1568, meist auch mit weiteren Textausgaben (1668 u.a.). Ein Stern * in der nachfolgenden Tabelle bedeutet, dass eine identische Schreibweise vorliegt. Meine Hoffnung, dass Nostradamus vielleicht mit der Aufteilung der Centurien auch die erforderlichen Korrekturen verbunden hatte, hat sich nicht bestätigt.

Die Korrektur der Verse, welche in den folgenden Tabellen detailliert gezeigt wird, verlangte, dass man **jedes Wort** auf seine orthographisch und grammatikalisch richtige Schreibweise hin untersuchte. Dabei waren jedoch altfranzösische Schreibformen zu berücksichtigen, welche ich (zunächst) als zulässig und richtig ansah. Allgemein wird angemerkt, dass auf die Schreibung von Akzenten im französischen Text meist verzichtet worden ist, da diese für die Berechnung nicht von Bedeutung sind und vielfach auch im originalen Text nicht enthalten sind. Zur Feststellung altfranzösischer Schreibformen dienten mir die im Verlag Larousse erschienenen Wörterbücher *Dictionnaire de l'ancien français - Le Moyen Age* und *Dictionnaire du moyen français - La Renaissance*. Diese beiden Bücher waren mir unentbehrliche Hilfen bei der Entscheidung über die zu korrigierenden Wörter. Im folgenden Text werden die beiden Bücher durch "MOY" bzw. "REN" zitiert. Der hier und im Weiteren verwendete Ausdruck „altfranzösisch" ist allgemein zu verstehen und umfasst alle im ausgehenden Mittelalter bzw. in der beginnenden Neuzeit gebräuchlichen Formen dieser Sprache. Eine weitere Hilfe bildete *Thresor de la langue françoyse* von Jean Nicot aus dem Jahre 1606, das auch im Internet zur Verfügung steht (hier zitiert durch NIC).[32]

Werden Wörter in moderner französischer Sprache zitiert, sind sie mit dem Zusatz "NEU" versehen. Auch bei diesen sind Akzente grundsätzlich weggelassen worden.

In der letzten Spalte ist die auf Grund der Textanalyse und Wortuntersuchung korrigierte Fassung des Verstextes enthalten, die für die Durchführung der Berechnungen herangezogen wurde; sie ist mit der Jahreszahl des Urtextes und dem Buchstaben c versehen.

Vers 1.1 (Textvergleich und Wortuntersuchung):

m = maskulin, f = feminin

1555	1557	1568	Wortuntersuchung	1555 c
Estant	*	*	REN: estant = NEU etant	Estant
assis	*	*		assis
de nuit	de nuict	de nuict	REN: nuit oder nuict	de nuit
secret	*	*	secret, e adj.	à secrete
estude	*	*	REN: estude,estudie m später f	estude
Seul	*	*		Seul
repouse	repose	repose	repouse REN: nicht	repouse
sus	sus	sur	REN: sus = NEU sur	sus
la selle	*	*	REN: selle f = Sitz, Schemel	la selle
d'aerain	*	*		d'aerain
Flambe	*	*	REN: flambe = NEU flamme	Flambe
exigue	*	*		exigue
sortant de	*	*		sortant de
solitude	*	*		solitude
Fait	Faict	Fait	REN: fait, faict	Fait
proferer	prosperer	prosperer	beides möglich, 1555 belassen	proferer
qui n'est	*	*		qui n'est
a croire	*	*		à croire
vain	*	*		vain

Anmerkungen zu den Korrekturen: Der Verstext enthält zwei Buchstaben c, daher sind zwei Korrekturen anzubringen. Es finden sich ein grammatikalischer und ein logischer Fehler im Vers. Manchmal konnte in den genannten Wörterbüchern die Schreibweise eines Wortes nicht gefunden werden (hier z.B. *repouse*; REN und NEU: existiert nur *repose*); dennoch wurde von einer Korrektur Abstand genommen, da die Schreibweise *repouse* nicht mit völliger Sicherheit ausgeschlossen werden kann. Altfranzösische Formen wie *estant* (statt: *etant* = seiend), *sus* (statt: *sur* = auf) u.a. wurden belassen!

1. secrete: *estude* REN: dieses Wort wurde früher männlich, später weiblich verwendet. (Auch die Schreibweise *estudie* war üblich). Im neuen Französisch ist das Wort *etude* weiblich. Bei Verwendung der weiblichen Form muss das voranstehende Adjektiv *"secrete"* lauten

2. à: logischerweise sollte es heißen: sitze nachts **bei** geheimem Studium, d.h. *à secrete estude*

Deutlich kommt hier zum Ausdruck, wie unterschiedlich schon die Originalausgaben sind! Ich habe mich bei dem zu korrigierenden Text stets an jene Ausgabe gehalten, in der der Vers zum ersten Mal veröffentlicht worden ist (nach den heute bekannten Ausgaben). Ausgaben der *Prophéties*, die nach 1568 erschienen sind, weisen noch viel mehr Unterschiede auf, ja es finden sich oft auch ganz andere Texte, so dass die Vermutung von Nachlässigkeiten beim Druck oder gar Manipulationen nahe liegt, weil Nostradamus keinen Einfluss mehr nehmen konnte. Die Ausbesserungen sollen keinesfalls den Sinn des Verses ändern.

Zur besseren Lesbarkeit nochmals der Verstext in der korrigierten Fassung:

1.1 (1555 c):   *Estant assis de nuit à secrete estude,*
               Seul repousé sus la selle d'aerain,
               Flambe exigue sortant de solitude,
               Fait proferer qui n'est à croire vain.

Ebenso verfährt man bei der Korrektur des zweiten Verses.

Vers 1.2 (Textvergleich und Wortuntersuchung):

1555	1557	1568	Wortuntersuchung	1555 c
La verge	*	*		La verge
en maĩ	en main	en main	Tilde ersetzt durch n [33]	en main
mise	*	*		mise
au milieu	au millieu	au milieu	REN: milieu, myllieu	au milieu
de	*	*		des
BRANCHES	*	*	branche f (Zweig) , hier pl.	BRANCHES
De l'onde	*	*		L'onde
il moulle	*	*	NEU: mouiller (benetzen)	il moulle
& le limbe	*	*	NEU: limbe (Rand)	& le limbe
& le pied	*	*		et le pied
Vn peur	*	*	REN, NEU: peur f (Angst)	De peur
& voix	*	*		et voix
fremissent	tremissent	fremissent	3. Pers Pl Präs von fremir	fremissent
par les	*	*		par les
manches	manche	manches	REN manche f (Ärmel)	manches
Splendeur	*	*		Splendeur
diuine	*	*		divine
Le diuin	*	*		Le divin
pres	*	*		pres
s'assied	*	*	3. Pers Sing Präs von asseoir	s'assied

Anmerkungen zu den Korrekturen: es sind 2 Korrekturen (2 c) vorzunehmen.

1. des (branches): *branche*, f., (Ast, Zweig). Da Plural, ist *des* erforderlich. Auf die von Nostradamus gewählte Doppeldeutigkeit des Namens BRANCHUS wurde schon hingewiesen.

2. de (vor *l'onde*) wird versetzt nach *peur*, wobei es *"vn"* ersetzt. *Peur* (Angst) ist auch im Französischen weiblich, es müßte daher *"une peur"* statt *"un peur"* heißen, das Wort *fremissent* heißt "sie zittern" (3. Person Präsens, Plural) und bezieht sich auf die vorhergehenden Hauptwörter *pied* und *limbe*, der Fuß und der Kleidsaum zittern: hier sollte es heißen "vor Angst", daher ist zu ergänzen *"de peur"*, wobei das *"de"* von *"de l'onde"* versetzt wird.

Der Vers in der korrigierten Fasssung lautet:

1.2 (1555 c):   *La verge en main mise au milieu des branches*
L'onde il moulle & le limbe et le pied,
De peur et voix fremissent par les manches,
Splendeur divine. Le divin près s'assied.

Ich denke, dass Nostradamus seine Divinationsschilderung nur zum Vorwand nahm, um uns die praktische Handhabung seiner Regeln nahe zu bringen. Es hat sich klar gezeigt, dass diese beiden Verse eine wichtige Funktion erfüllten:

In ihnen waren die wichtigsten Sonderfälle enthalten, bei denen die oben genannten Regeln erprobt werden konnten!

Die erste Berechnung der Jahreszahl (NOM-Reihe)

An – Das Jahr

Der Vokal A dient im Rahmen der ersten Berechnung mittels der Namensreihe zur Ermittlung der *Jahreszahl*.

Anmerkung: Die Jahreszahl ist das Jahr, auf das sich das Geschehen eines Quatrains bezieht, angenommen 1736, so ist 17 die Jahrhundertzahl und 36 die Jahreszahl. Die beiden Zahlen werden getrennt bestimmt.

Die bereits erwähnten drei Finger des Mannes auf dem Bild der Initiale ließen mich an drei Buchstaben A denken. Für die Feststellung von drei Vokalen A musste zum Vers ein Vergleichstext vorhanden sein. Ich erinnerte mich an meinen ersten Erfolg bei meinen Untersuchungen – an das Schlüsselwort in Form der drei Namen *Caesar - Nostradamus – Henri*, es sollte seine Bedeutung nun preisgeben. Die Anwendung dieses Schlüsselwortes war ein äußerst schwieriges Unterfangen bei der ganzen Untersuchung zur Entschlüsselung und soll hier zur besseren Lesbarkeit nur im Ergebnis dargelegt werden.

Variation und Tournement

Variation
Veränderung
  Tournement
  Umkehrung

Die Funktion der Buchstaben V und T liegt darin, dass das vorläufige Ergebnis, das durch die Vokale A gewonnen wurde, in ein endgültiges transponiert wird.

Warum hat Nostradamus diese beiden Funktionen vorgesehen?

Er hat zwei verschiedene Berechnungsarten für die Jahreszahl eingeführt. Eine mit Hilfe der Namensreihe, über den Buchstaben A, und eine zweite Berechnungsart mit Hilfe eines weiteren Vergleichstextes, der in lateinischer Sprache formuliert ist. Diese Berechnung wird später erklärt.

Es war natürlich nicht so einfach, die Verse so zu formulieren, dass beide Rechnungsarten, die einen starken Zwang auf die Lage von Vokalen ausübten, dasselbe Ergebnis für die Jahreszahl erbrachten. Um eine Erleichterung einzuführen, und die Buchstaben A in der ersten Berechnung leichter platzieren zu können, führte Nostradamus eine Möglichkeit zur Variation ein. Egal, wie die Buchstaben nun im Vers zu liegen kamen, durch die freie Wahl der Anzahl der Buchstaben V konnte das Ergebnis entsprechend variiert werden, so dass die tatsächlich notwendigen Ziffern des Jahres ermöglicht wurden. Genial!

Nun galt es den Vergleichstext mit den Namen zu finden. Sie erinnern sich: Das allererste Anagramm lautete:

La parolle hereditaire de l'occulte prediction est le nom
Caesar - Nostradamus - Henri - CC

Zunächst beschäftigten mich die beim Anagrammieren "übriggebliebenen" Buchstaben CC. Ich vermutete eine lateinische Abkürzung, in der Art, wie sie bei römischen Inschriften auf Denkmälern oder Grabsteinen verwendet wurde, und fand im Wörterbuch folgende Bedeutungen:

C   centurio (Centurio)
C   centum=100
C   cum (mit)
C   curriculum (Umlauf, Kreislauf)
CC   200

Da eine zyklische Vertauschung der Namen auf Grund der bisherigen Erfahrungen bei der Entschlüsselung wahrscheinlich war, nahm ich - wie sich herausstellen sollte richtigerweise - an, dass die Buchstaben bedeuten: CC = cum curriculo, was so viel heißt wie: mit Umlauf, mit zyklischer Vertauschung, also in der Form Caesar-Nostradamus-Henri, Nostradamus-Henri-Caesar etc.

Zur Vereinfachung kürze ich im Weiteren die Namen durch ihre Initialen ab. Es sind folgende 6 Variationen möglich:

CNH, CHN, HCN, HNC, NHC und NCH

Zahlreiche Versuche mit verschiedenen Variationen dieser Namensreihe bestärkten mich in der Meinung, dass diese nicht isoliert als Dreiergruppen, sondern "aneinandergekettet" zu verwenden waren, also etwa in der Form CNH-CHN-HCN-HNC-NHC-NCH. Auch hier passt der von Nostradamus verwendete, und modern anmutende Begriff *Kette*, der jedem EDV-Jünger als *Zeichenkette* selbstverständlich erscheinen wird.

Es ergibt sich eine Zeichenkette von 22 mal 6 = 132 Buchstaben, was etwa der durchschnittlichen Länge der Verse entspricht. Für die Anordnung der drei Namen in dieser Zeichenkette (im Weiteren auch Namensreihe oder kurz NOM-Reihe bezeichnet) ergeben sich rein mathematisch, nach den Regeln der Permutation von 6 Elementen, 720 Möglichkeiten! Es war nicht anzunehmen, dass Nostradamus mit einer derart großen Zahl von Namensreihen operiert hat. Es musste einen Weg zur Reduktion dieser Möglichkeiten geben. [34]

Überlegungen über zweckmäßige Reduktionsverfahren und über die wahrscheinliche Periodizität der Namensreihen sowie praktische Versuche mit Hilfe einiger Quatrains führten schließlich dazu, dass ich jene zwölf NOM-Reihen herausfiltern konnte, die Nostradamus für die Berechnung des Jahres der Quatrains bestimmt hat.

Die ersten beiden dieser zwölf NOM-Reihen, die für die ersten beiden Verse maßgebend sind und auf die wir sie anwenden wollen, lauten:

HCN-NHC-HNC-CHN-CNH-NCH
NHC-NCH-HNC-CHN-HCN-CNH

Für die Anwendung der NOM-Reihen, welche Nostradamus selbst die **erste Berechnung des Jahres** nennt, gibt er gleich zu Beginn des Briefes an Heinrich [114] folgende Regel an (Anagramm BerH01):

UF: OR VOYANT QUE PAR EFFECTS LE DECLAIRER NE M'ESTOIT POSSIBLE, IOINT AUEC MON SINGULIER DESIR DE MA TANT LONGUE OBTENEBRATION ET OBSCURITE, ESTRE SUBITEMENT ESCLARCIE ET TRANSPORTEE AU DEUANT DE LA FACE DU SOUUERAIN OEIL ET DU PREMIER MONARQUE DE L'VNIUERS, TELLEMENT QUE I'AY ESTE EN DOUTE LONGUEMENT A QUI IE VIENDROIS CONSACRER CES TROIS CENTURIES DU RESTANT DE MES PROPHETIES, PARACHEUANT LA MILIADE ET APRES AUOIR EU LONGUEMENT COGITE D'VNE TEMERAIRE AUDACE AY PRINS MON ADDRESSE ENUERS VOSTRE MAIESTE,

AF: DECLARATIONS DE **PREMIERE CALCULATION DE L'AN:**
TOUT D'ABORD CORRIGE VERS D'APRES REGLE NOMMEE DANS LETTRE A MON FILS. PUIS TRANSPORTE CHANGEABLE QUEUE DES NOMS LONGUEMENT DE TOUT QUATRAIN, AU BESOING Y ENCORE VNE FOIS AUEC QUEUE RESTANTE, IUSQU'AYANT TROIS A IOINTES; ECRIS NOMBRE DE PREMIERE ET SECONDE A, ET DIMINUE RESULTAT DE NOMBRE DES V DE PROPHETIE, EN RIEN COMPTE V Y ECRITE AU LIEU DE LETTRE U: MAIS EN CAS VERSE: FINALEMENT INUERSE RESULTAT DIMINUE, AIOUTE CET A RESULTAT RECU PAR AEIOU ET SES TROIS E IOINTES.

DF: ERKLÄRUNG DER **ERSTEN BERECHNUNG DES JAHRES:**
ZUALLERERST KORRIGIERE DEN VERS GEMÄSS DER IM BRIEF AN MEINEN SOHN GENANNTEN REGEL. DANN LEGE DIE VERÄNDERLICHE REIHE DER NAMEN ENTLANG DES GANZEN QUATRAINS AN, ERFORDERLICHENFALLS NOCH EINMAL MIT DER RESTLICHEN REIHE, BIS SICH DREI GEGENÜBERLIEGENDE A ERGEBEN. SCHREIBE DIE ZAHL DES ERSTEN UND DES ZWEITEN A AUF UND VERMINDERE DAS RESULTAT UM DIE ANZAHL DER V IN DER PROPHEZEIUNG; ZÄHLE KEINESFALLS DIE DORT AN STELLE DES BUCHSTABEN U GESCHRIEBENEN V, ABER IM UMGEKEHRTEN FALL. SCHLIESSLICH DREHE DAS VERMINDERTE RESULTAT UM, FÜGE ES DEM RESULTAT BEI, DAS MAN DURCH AEIOU UND DIE DREI GEGENÜBERLIEGENDEN E ERHALTEN HAT.

Die Berechnung für die Verse 1.1 und 1.2 (NOM-Reihe)

Das klingt zunächst reichlich kompliziert, ist jedoch in der Anwendung einfach. Das Prinzip für die Anwendung der NOM-Reihe ist ein Buchstabenvergleich, wobei mit der restlichen NOM-Reihe ein neuerlicher Durchgang vom Beginn des Verses an durchzuführen ist, sofern sich bis zum Versende noch keine drei gegenüberliegende Vokale A ergeben haben. Wir wollen die Regel am Beispiel des Verses 1.1 demonstrieren, wobei wir die schon korrigierte Fassung sowie die erste NOM-Reihe (HCN-NHC-HNC-CHN-CNH-NCH) verwenden.

1.1

Platz-Nummer	1	2	3	4	5	6	7	8	9	0	1	2	3	4	5	6	7	8	9	0	1	2	3	4	5
Verstext	E	S	T	A	N	T	A	S	S	I	S	D	E	N	U	I	T	A	S	E	C	R	E	T	E
NOM-Reihe	H	E	N	R	I	C	A	E	S	A	R	N	O	S	T	R	A	D	A	M	U	S	N	O	S

Platz-Nummer	6	7	8	9	0	1	2	3	4	5	6	7	8	9	0	1	2	3	4	5	6	7	8	9	0
Verstext	E	S	T	U	D	E	S	E	U	L	R	E	P	O	U	S	E	S	U	S	L	A	S	E	L
NOM-Reihe	T	R	A	D	A	M	U	S	H	E	N	R	I	C	A	E	S	A	R	H	E	N	R	I	N

Platz-Nummer	1	2	3	4	5	6	7	8	9	0	1	2	.	.	.	.	.	.	.	.	7	8	9	0
Verstext	L	E	D	'	A	E	R	A	I	N			.	.	.	.	.	.	.	.	V	A	I	N
NOM-Reihe	O	S	T	R	A	D	A	M	U	S			.	.	.	.	.	.	.	.	D	A	M	U	S

Die drei gegenüberliegenden A liegen auf den Plätzen 7 - 55 - 118;

die Einerstellen der ersten beiden Zahlen lauten somit : 7 5

davon ist die Anzahl der Buchstaben V im Vers abzuziehen: - 1

das ergibt: 7 4

die inverse Zahl (Umkehrung) ist die gesuchte Jahreszahl: 4 7

Für den Vers 1.1 ergibt sich auf Grund der Berechnungen die Jahreszahl 47.

Analog lässt sich mit der zweiten NOM-Reihe (NHC-NCH-HNC-CHN-HCN-CNH) für den Vers 1.2 die Jahreszahl 48 ermitteln.

1.2

Platz-Nummer	1	2	3	4	5	6	7	8	9	0	1	2	3	4	5	6	7	8	9	0	1	2	3	4	5
Verstext	L	A	V	E	R	G	E	E	N	M	A	I	N	M	I	S	E	A	U	M	I	L	I	E	U
NOM-Reihe	N	O	S	T	R	A	D	A	M	U	S	H	E	N	R	I	C	A	E	S	A	R	N	O	S

Platz-Nummer	6	7	8	9	0	1	2	3	4	5	6	7	8	9	0	1	2	3	4	5	6	7	8	9	0
Verstext	D	E	S	B	R	A	N	C	H	E	S	L	'	O	N	D	E	I	L	M	O	U	L	L	E
NOM-Reihe	T	R	A	D	A	M	U	S	C	A	E	S	A	R	H	E	N	R	I	H	E	N	R	I	N

Platz-Nummer	1	2	3	4	5	6	7	8	9	0	1	2	.	.	.	.	.	.	.	7	8	9	0
Verstext	E																						
NOM-Reihe	O	S	T	R	A	D	A	M	U	S	C	A	E	S	A	R							

Der aufmerksame Leser wird zwei weitere Plätze der drei A suchen. Nun, Nostradamus hat bereits den zweiten Vers - *par exemple* - derart konstruiert, dass die NOM-Reihe weitere Male angelegt werden muss, um die zweiten und dritten gegenüberliegenden Vokale A zu erhalten. Es deckt sich das zweite A neuerlich auf Platz 18, das dritte A auf Platz 2. Probieren Sie es einfach aus:

die Einerstellen der ersten beiden Zahlen lauten somit :	8 8
davon ist die Anzahl der Buchstaben V im Vers abzuziehen:	- 4
das ergibt:	8 4
die inverse Zahl ist die gesuchte Jahreszahl:	**4 8**

Dass ein zweiter Durchgang mit der NOM-Reihe nötig ist, erkennt man manchmal daran, dass, so wie im vorliegenden Vers, ganz wenige Vokale A im Vers vorhanden sind.

Damit war endlich der Weg zur Berechnung des Jahres für jeden Quatrain eröffnet. Doch Nostradamus war auch Mathematiker, er wusste, dass jede Rechnung einer Kontrolle bedarf. Diese Kontrolle hat er durch eine zweite Berechnungsmethode der Jahreszahl geschaffen, die in einem späteren Kapitel beschrieben wird.

Die Bestimmung des Jahrhunderts

Ère – Das Jahrhundert

Mit dem Vokal E wird die *Jahrhundertzahl* ermittelt, und zwar in ähnlicher Weise, wie mit dem Vokal A das Jahr bestimmt worden ist.

Anmerkung: Ist das Jahr, auf das sich das Geschehen eines Quatrains bezieht, angenommen 1736, so ist 17 die Jahrhundertzahl und 36 die Jahreszahl. Die beiden Zahlen werden getrennt bestimmt.

Die vielen Kombinationen, Versuche und Überlegungen, die notwendig waren, um den Inhalt der noch fehlenden Anagramme aufzuspüren, können nicht erklärt oder beschrieben werden. Diese Arbeit konnte auch keinem Computer übertragen werden - hier war viel Überlegung und Geduld, verbunden mit Intuition und einer gehörigen Portion Glück, erforderlich. Wie ich zu den weiteren Resultaten kam, kann daher nur kurz zusammenfassend erklärt werden.

Ich überlegte folgendes: Das von Nostradamus angewandte Prinzip bei der Bildung der anagrammatischen Sätze war, dass meist ganze Wörter oder Wortteile von der ursprünglichen Textfassung (UF) in die anagrammatische Textfassung (AF) zu übernehmen waren. Aus den restlichen Buchstaben wurden neue Wörter gebildet.

Ich las in den Briefen die Textstellen, die mir die Anagrammpositionen vorgaben, aufmerksam durch. Schließlich wählte ich einen Text im Brief an Heinrich [443] aus, in dem mir der Satzteil *Le tout a este composé et calculé en iours....*, insbesondere das darin enthaltene Wort *calcule* (so heißt auch - ohne Apostroph - der Imperativ: berechne!), aufgefallen war. Ich wollte ja berechnen: das Jahrhundert der Verse!

Die ursprüngliche Textfassung UF von [H443] lautet:

UF: TANT QUE MON CALCUL ASTRONOMIQUE ET AUTRE SCAUOIR S'A PEU
ESTENDRE OU LES ADUERSAIRES DE IESUS CHRIST ET DE SON EGLISE,
COMMENCERONT PLUS FORT DE PULLULER, LE TOUT A ESTE COMPOSE
ET **CALCULE** EN IOURS ET HEURES D'ELECTION ET BIEN DISPOSEES ET LE
PLUS IUSTEMENT QU'IL M'A ESTE POSSIBLE.

Zunächst bildete ich einfache Anagramme durch Umstellung und
neues Zusammenfügen bzw. übernahm ganze Wörter aus der
ursprünglichen Fassung:

UF	AF	DF
CALCULE	CALCULE	Berechne!
COMPose ET	COMPTE	Zähle !
AsTRoNomIQUe	QUATRAIN	Quatrain,Vers
IUSTEment QU'il m'A	ET IUSQU'A	und bis zu
COMMENCEront	COMMENCEMENT	Beginn
COMpose BIEN	COMBIEN, POSE	wieviel, stelle!
POSSIBLE	POSSIBLE	möglich
DE IESUS CHRIST	DE IESUS CHRIST	seit Jesus Christus

Ich fügte die Wörter wie folgt aneinander:
CALCULE......COMBIEN......COMMENCEMENT.....QUATRAIN.....ET
IUSQU'A.....
Berechne....wieviel.....Beginn.....Quatrain.....und.... bis zu.......

Demnach sollte man offensichtlich vom Beginn des Quatrains bis zu
einer bestimmten Stelle etwas berechnen! Ich bildete weitere
anagrammatische Wörter:

UF	AF	DF
LE auTRE	LET(T)RE	Brief, Buchstabe
DE P(l)US	DEPU(I)S	seit
DisPOSEes	OPPOSE	gegenübergestellt

Damit ließ sich die obige Wortfolge erweitern zu:
CALCULE....COMBIEN...LETTRES....DEPUIS....COMMENCEMENT.....QUAT
RAIN.....ET IUSQU'A.....OPPOSE
Berechne ... wieviele Buchstaben ... seit Beginn ... Quatrain.........und bis
zu.......gegenübergestellt

Demnach sollte man also Buchstaben berechnen, also zählen! Nach unzähligen Versuchen, wobei ich immer wieder die Aussage des Anagramms an Hand von Versen prüfte, in denen das Jahr explizit angegeben war oder von denen das geschichtliche Ereignis eine sichere Datierung zuließ, fand ich schließlich folgendes Anagramm:

Anagramm BerH02:

AF: CALCULE COMBIEN DE LETTRES AEIOU ON TROUUE EN QUATRAIN DE COMMENCEMENT IUSQU'A CHACUN DES TROIS E. LE RESULTAT QUI TEL EST COMPTE ET EST POSSIBLE OPPOSANT LES TEMPS DES TOUS LES PRESAGES DE L'OEUURE OU L'ON TROUUE EN LETTRE A MON FILS, PUIS EST LE SIECLE DES L'ARRIUEE DE IESUS CHRIST.

DF: BERECHNE WIEVIELE BUCHSTABEN AEIOU MAN IM QUATRAIN VOM ANFANG BIS ZU JEDEM EINZELNEN DER DREI E FINDET. DAS ERGEBNIS, DAS AUF DIESE WEISE GEZÄHLT WIRD UND GEGENÜBER DEN ZEITEN ALLER VORHERSAGEN DES WERKES MÖGLICH IST, WELCHE MAN IM BRIEF AN MEINEN SOHN FINDET, IST DANN DAS JAHRHUNDERT SEIT DER ANKUNFT VON JESUS CHRISTUS.

Zunächst sagte die Regel aus, es gäbe "drei E", wobei man **alle Vokale** bis zu jedem dieser E zählen sollte; ferner musste das Ergebnis der Zählung gegenüber dem Gesamtzeitraum, für den die Verse galten, möglich sein. Dieser Zeitraum ist im Brief an Caesar genau angegeben:

[C 1335] ...& sont perpetuelles vaticinations, pour d'yci à l'an 3797.

   ... und sind fortlaufende Prophezeiungen von jetzt an bis zum Jahre 3797.

Also musste das Ergebnis zwischen den Zahlen 14 und 38 liegen, oder, mathematisch ausgedrückt, für die gesuchte Zahl x des Jahrhunderts (Jahrhundertzahl) musste gelten:

$$\text{JHDT-Bedingung:} \quad 15 =< x <= 37$$

Wie konnte man jedoch die drei E finden? Nun, ich erinnerte mich an die Stelle im Brief an Heinrich, in der Nostradamus schreibt:

[H 2959] *& ayant suppute & calcule les presentes propheties, le tout selon l'ordre de la chaysne qui contient sa reuolution*

Die vorliegenden Prophezeiungen habe ich überschlagen und berechnet, allesamt nach der ORDNUNG DER KETTE, welche auch ihre Enthüllung enthält....

Wir haben schon oft von einer Zeichenkette gesprochen. Meine Meinung war, dass hier eine unendliche Kette der Vokale AEIOU gemeint sein müsste, da ich ja nach drei Buchstaben E suchte und Vokale zählen sollte. Daher fertigte ich mir einen Streifen mit solch einer Kette an: AEIOUAEIOUAEIOU... und legte diesen an die Verse derart an, dass sich das erste E der Kette mit dem ersten E, zweiten E usw. des Verses deckte. Dabei achtete ich darauf, ob sich zwei weitere E zwischen Kette und Text deckten. Zum besseren Verständnis sei diese Methode hier an den Versen 1.1 und 1.2 dargelegt. Weil der Inhalt dieser Verse die Lebenszeit des Sehers betraf, musste die Jahrhundertzahl 15 sein.

Die Bestimmung für die Verse 1.1 und 1.2

In der Tabelle ist folgendes eingetragen:

1. Zeile: Laufende Nummer für die Versbuchstaben (Platz-Nummer, nur Einerstelle 1 bis 0)
2. Zeile: Text des Verses, wie zuvor korrigiert (in Form einer Zeichenkette)
3. Zeile: Vokalanzahl
4. Zeile: AEIOU-Reihe; die für das Jahrhundert maßgebenden Buchstaben sind hervorgehoben

1.1

Platz-Nummer	1	2	3	4	5	6	7	8	9	0	1	2	3	4	5	6	7	8	9	0	1	2	3	4	5
Versetext	E	S	T	A	N	T	A	S	S	I	S	D	E	N	U	I	T	A	S	E	C	R	E	T	E
Vokal-Zählung	1			2			3			4			5		6	7		8		9			10		11
AEIOU												A	E	I	O	U	A	E	I	O	U	A	E	I	O

71

Platz-Nummer	6	7	8	9	0	1	2	3	4	5	6	7	8	9	0										
Verstext	E	S	T	U	D	E	S	É	U	L	R	E	P	O	U	S	E	S	U	S	L	A	S	E	L
Vokal-Zählung	12			13		14		15																	
AEIOU	U	A	E	I	O	U	A	E	I	O	U	A	E	I	O	U	A	E	I	O	U	A	E	I	O

Es decken sich drei E auf den Plätzen 13, 23 und 33. Die zugehörige Anzahl der Vokale ist 5, 10 und 15. Auf Grund der JHDT-Bedingung ergibt sich als gültige Zahl für das Jahrhundert: **15**.

> Anm.: Regelgemäß ist die AEIOU-Reihe zunächst mit dem ersten E (Platz 1) in Deckung zu bringen, dabei ergeben sich jedoch keine drei E. Daher ist das zweite E zu versuchen. Es gilt stets die erste Dreierreihe, daher kann man nach dieser die Prozedur abbrechen.

1.2

Platz-Nummer	1	2	3	4	5	6	7	8	9	0	1	2	3	4	5	6	7	8	9	0	1	2	3	4	5
Verstext	L	A	V	E	R	G	E	E	N	M	A	I	N	M	I	S	E	A	U	M	I	L	I	E	U
Vokal-Zählung		1		2			3	4			5	6			7		8	9	10		11		12	13	14
AEIOU						A	E	I	O	U	A	E	I	O	U	A	E	I	O	U	A	E	I	O	U

Platz-Nummer	6	7	8	9	0	1	2	3	4	5	6	7	8	9	0										
Verstext	D	E	S	B	R	A	N	C	H	E	S	L	'	O	N	D	E	I	L	M	O	U	L	L	E
Vokal-Zählung		15																							
AEIOU	A	E	I	O	U	A	E	I	O	U	A	E	I	O	U	A	E	I	O	U	A	E	I	O	U

Es decken sich drei E auf den Plätzen 7, 17 und 27. Die zugehörige Anzahl der Vokale ist 3, 8 und 15. Auf Grund der JHDT-Bedingung ergibt sich als gültige Zahl für das Jahrhundert: **15**.

Aus diesen beiden Beispielen ersieht man das Prinzip der Regel mit den drei E und der Auszählung der Vokale, wodurch das Jahrhundert bestimmt werden kann. Die sich deckenden Vokale E müssen dieselbe Einerstelle in der Platznummer aufweisen, zuletzt beispielsweise **7** - (1)**7** - (2)**7**, wobei sich dazwischen kein weiteres E decken darf!

Gleich ergaben sich jedoch auch Fragen bei der praktischen Handhabung:

1. Da diese Regel mit den drei E nicht bei jedem der ohnehin

wenigen Verse, bei denen die Jahreszahl als gesichert galt, funktionierte, vermutete ich, dass sie nicht für alle Verse gleichermaßen gültig sei.

2. Wie waren die Sonderzeichen (Apostroph, Tilde u. a.) zu verwenden? Bisher nahm ich an, dass ein eigener Platz benötigt wird.

3. War der Buchstabe U in "QU" separat zu betrachten und als Vokal zu zählen?

4. In vielen Versen, beispielsweise 1.49 war der Buchstabe U, der an Stelle des Buchstabens V im Wort *auant* aufschien, offensichtlich durch V zu ersetzen. War diese Umformung allgemein gültig?

In altfranzösischer Schreibweise wurden die Buchstaben u und v genau umgekehrt verwendet, z.B.: *auant, l'vniuers, l'vn etc. statt avant, l'univers* und *l'un.*

Für alle diese Fragen sollte ich die Antworten in den folgenden Anagrammen finden:

Anagramm BerC07:

UF: [1449] PRINCIPALEMENT DE DEUX CAUSES PRINCIPALES QUI SONT COMPRINSES A L'ENTENDEMENT DE CELUI INSPIRE QUI PROPHETISE L'VNE EST QUE VIENT A INFUSER, ESCLARCISSANT LA LUMIERE SUPERNATURELLE AU PERSONNAGE QUI PREDIT PAR LA DOCTRINE DES ASTRES ET PROPHETISE PAR INSPIREE REUELATION:

AF: ICI QUELQUES DECLARATIONS PRECISES AFIN D'APPRENDRE REUELATION DU SIECLE: COMPTE DIPHTONGUE, ESCRITE PAR SA VNIQUE LETTRE, SEPAREMENT, SI PAR EXEMPLE EN PAROLE AERAIN EN VERS I.I, L'APOSTROPH, U EN QU, INDICES EN SENS RESTITUANT M N PRENNENT LIEUS PARTICULIERES. APRES IL SUIT DE PLUS!

DF: HIER EINIGE GENAUE ERKLÄRUNGEN, UM DIE AUFLÖSUNG DES JAHRHUNDERTS ZU BEKOMMEN: ZÄHLE DEN UMLAUT, DER DURCH SEINEN EINZIGEN BUCHSTABEN GESCHRIEBEN IST, GETRENNT, SO BEISPIELSWEISE IM WORT 'AERAIN' IM VERS 1.1, DER APOSTROPH, U IN QU, DIE ZEICHEN ZUM ZWECK M N ZU ERSETZEN, NEHMEN EIGENE PLÄTZE EIN. ANSCHLIESSEND FOLGT NOCH MEHR!

Anm.: Mit dem "Zeichen, das MN ersetzt" ist die Tilde gemeint.

Anagramm BerH04:

UF: [814] COMME A MIS PAR ESCRIT VARRON: MAIS TANT SEULEMENT SELON LES SACREES ESCRIPTURES ET SELON LA FOIBLESSE DE MON ESPRIT EN MES CALCULATIONS ASTRONOMIQUES. APRES NOE DE LUY ET DE L'VNIUERSEL DELUGE VINT ABRAHAM ENUIRON MILLE HUICTANTE ANS LEQUEL A ESTE SOUUERAIN ASTROLOGUE SELON AUCUNS IL INUENTA PREMIER LES LETTRES CHALDEIQUES.

AF: CALCULE FAISANT L'AN DU SIECLE NOMBRES LESQUELLES RESULTE SELON LA PHRASE NOUUELLE NOMMEE LA CAUSE DES TROIS TRANCHEES E AUSSI LETTRES ECRITES AU LIEU DE LETTRE U. IL Y A NO V EN POSITIONS APRES INITIALE, HORS EN PAROLLES DANS LETTRES MAIUSCULES, COMMENT "AVGE" NOMMEE DANS QUATRAIN NOMBRE VINGT MOINS QUATRE SOUS CENTURIE PREMIERE.

DF: BERECHNE BEIM BILDEN DES JAHRES DES JAHRHUNDERTS, DIE ZAHLEN WELCHE SICH GEMÄSS DES NEUEN SATZES ERGEBEN, DER DEN GRUND DER DREI GENAU ABGEGRENZTEN E NENNT, AUCH DIE BUCHSTABEN, DIE AN STELLE DES BUCHSTABEN U GESCHRIEBEN SIND. ES GIBT KEIN V AUF POSITIONEN NACH DER INITIALE, AUSGENOMMEN BEI WORTEN IN GROSSBUCHSTABEN, WIE "AVGE", GENANNT IM QUATRAIN 20 MINUS 4 IN DER ERSTEN CENTURIE.
Anm.: Das Wort AVGE ist im originalen Vers 1.16 (=20-4) enthalten.

Anagramm BerH09:

UF: [1745] ET SERA FAICTE GRANDE PAIX, VNION ET CONCORDE ENTRE VNG DES ENFANS DES FRONS ESGAREZ ET SEPAREZ PAR DIUERS REGNES ET SERA FAICTE TELLE PAIX QUE DEMEURERA ATTACHE AU PLUS PROFOND BARATRE LE SUSCITATEUR ET PROMOTEUR DE LA MARTIALLE FACTION PAR LA DIUERSITE DES RELIGIEUX, ET SERA VNY LE ROYAUME DU RABIEUX QUI CONTREFERA LE SAGE.

AF: AVANT LA CALCULATION FIXEE PAR PHRASES DANS LETRES A FILZ ET A DIT GRAND ROY CORRIGE FAUX AUX VERS, DE MEME TANT DE ERREURS DES PAROLES DEPAREES; TRANSFORME LETTRE U ECRITE AU LIEU DE V ET A CONTRAIRE ALIGNE ABREUIATIONS, DE PAROLES GRECQUES OU ARABES ET SIGNE DU ZODIAQUE PAR EXEMPLE EFFECTIF EN CENTURIE TROYS EN PRESAGE TRENTE.

DF: VOR DER BERECHNUNG, BESTIMMT DURCH DIE SÄTZE IM BRIEF AN DEN SOHN UND AN DEN GENANNTEN GROSSEN KÖNIG, BERICHTIGE FALSCHES IM VERS, EBENSO VIELE FEHLER DER ENTSTELLTEN WÖRTER; ÄNDERE DEN BUCHSTABEN U, DER ANSTELLE DES BUCHSTABENS V GESCHRIEBEN IST, UND UMGEKEHRT. PASSE ABKÜRZUNGEN AN, GRIECHISCHE ODER ARABISCHE WÖRTER UND DIE ZEICHEN DES ZODIAKS, WIE BEISPIELSWEISE IN DER CENTURIE 3, IN DER VORHERSAGE 30.

Als weiteres Beispiel für meine Vorgangsweise bei der Auflösung bzw. Bildung der Anagramme wird noch eine wesentliche Regel behandelt, welche für die Feststellung der drei E maßgebend ist.

Ich hatte vorhin erwähnt, dass die "Kette" AEIOUAEIOUAEIOU... nicht bei jedem Vers ein Ergebnis brachte. Durch die Überlegung, dass Nostradamus keine "Regel ohne Ausnahme" anwendete, fand ich heraus, dass man bei Umkehrung jeder zweiten Vokalgruppe, also in der Form AEIOUUOIEAAEIOU... doch eine Dreiergruppe des Vokales E erhielt, die die vermutete Jahrhundertzahl lieferte. Meine Vermutung, dass die beiden "Ketten" je nach Versnummer (gerade, ungerade) anzuwenden sind, traf jedoch nicht zu, so suchte ich nach einer Regel.

Ich suchte an Hand der vorgegebenen Anagrammpositionen eine Textstelle, in der Wörter vorkamen wie: REGLE (Regel, Ordnung), CHANGER (wechseln), SECOND (zweite), INVERS (umgekehrt), LIEU (Platz, Stelle) u.a.m. Alle diese Worte fanden sich im Brief an Heinrich tatsächlich in einem Satz!

Die komplette Textstelle (UF), deren Umfang sich erst nach und nach bei der Bildung des Anagrammes ergab, lautete:

Anagramm BerH10:

UF: [2009] ET SERA LE CHEF ET GOUUERNEUR IECTE DU MILIEU ET MIS **AU HAUT LIEU** DE L'AYR IGNORANT LA CONSPIRATION DES **CONIURATEUR**S, AUEC LE **SECOND TRASIBULUS**, QUI DE LONG TEMPS AURA MANIE TOUT CECY, ALORS LES IMMUNDICITEZ, LES ABOMINATIONS SERONT **PAR GRANDE** HONTE OBIECTEES ET MANIFESTEES AUX TENEBRES DE LA LUMIERE OBTENEBRE, CESSERA **DEUERS** LA FIN DU **CHANGEMENT** DE SON **REGNE** ET LES CHEFS DE L'EGLISE SERONT EN ARRIERE DE L'AMOUR DE DIEU,

Folgende Wörter (im Text UF durch Fettdruck hervorgehoben) konnte ich übernehmen bzw. durch einfache Anagrammierung bilden:

UF	AF	DF
AU LIEU	AU LIEU	An der Stelle
REGNE	REGLE	Regel, Ordnung
CHANGEMENT	CHANGEMENT	Wechsel, Veränderung
SECOND	SECOND	Zweiter
DEUERS	INUERS; UERS	umgekehrt, Vers
CoNIuraTEUR	CENTURIe	Centurie

PAR GRANdE	ARRANGE	Bereite vor ! Stelle auf!
FIN	FIN, inFINe	Ende, unendlich
TRASibulus, ET, LA	TRAnSLATE	Verschiebe !

Die große Anzahl von Vokalen im Anagramm (UF), nämlich A=25, E=62, I=24, O=18, U=23, ließ mich annehmen, dass die Vokalreihe AEIOU im Anagramm mehrfach vorkam. Nach tagelangen, genauer gesagt nächtelangen Versuchen (obwohl ich schon eine gewisse Übung beim Anagrammieren hatte), lag das Ergebnis vor:

Anagramm BERH10:

AF: D'ABORD METS AU DESSUS DE CHACUNE DE LETTRE DU PRESAGE NOMBRE CONSECUTIF, MAIS SEULEMENT CE NOMBRE AU LIEU DE L'UNITE, OR FORME REUUES A LETTRES AEIOU INFINIES, MAIS EN SECONDE INUERSE CHACUNE DE LETTRE DE LA SECONDE PARTIE.
ARRANGE LETTRES SI TANT LE LONG DU PRESAGE IUSQU'IL Y A TROIS E AU MEME NOMBRE. UTILISE LE TOUT SELON REGLE ICY CHANGEABLE A DIX-HUIT FOIS, A DERNIERES TROIS CENTURIES CHANGE LE NOMBRE ALTERNANT A DOUZE.

DF: ZUERST STELLE ÜBER JEDEN BUCHSTABEN DER VORHERSAGE EINE FORTLAUFENDE NUMMER, ABER NUR DIE ZAHL DER EINERSTELLE. DANN BILDE UNENDLICHE BUCHSTABENREIHEN AEIOU, ABER IN DER ZWEITEN DREHE JEDEN BUCHSTABEN DES ZWEITEN TEILES UM.
ORDNE DIE BUCHSTABEN SO OFT ENTLANG DER VORHERSAGE BIS ES **DREI E** GIBT MIT DERSELBEN NUMMER. VERWENDE DAS GANZE NACH DER REGEL HIER ALTERNIEREND 18 MAL, IN DEN LETZTEN DREI CENTURIEN WECHSELT DIE ALTERNIERENDE ZAHL ZU 12.

Wieder einmal zeigte sich, dass Nostradamus den Zugang zu seinem Werk durch Variieren der Regeln erschwert hatte. Letztlich lag auch darin System - und ich hatte mich schon lange auf solche Variationsmöglichkeiten bei der Bearbeitung eingestellt.

Es gab also **zwei** „unendliche" Vokalreihen:
1. AEIOU-AEIOU   usw. im weiteren als gerade (g) Reihe AEIOU bezeichnet;
2. AEIOU-UOIEA   usw. im weiteren als ungerade (u) Reihe AEIOU bezeichnet.

Diese beiden Reihen waren in den Centurien I bis VII in Perioden von jeweils 18 Versen, in den Centurien VIII bis X in Perioden von jeweils 12 Versen zu verwenden!

Multipliziert man 18 mit 36, erhält man 648, d.i. die Anzahl der Verse in den ersten sieben Centurien, wobei für die Centurie VII insgesamt 48 Quatrains angenommen werden.

Multipliziert man 12 mit 25, erhält man 300, d.i. die Anzahl der Verse in den letzten drei Centurien.

Das stimmte mit der Gesamtzahl von **948 Versen** überein. Diese Zahl ist bereits mehrfach genannt worden und durch ein Anagramm zur Reihung des lateinischen Textes nachgewiesen worden.[35] An den exakten Angaben von Nostradamus konnte kein Zweifel bestehen! Hier sollen nun diese Regeln in einer für die Anwendung günstigen Kurzform übersichtlich zusammengestellt werden:

Nr.	Bestimmung des Jahrhunderts
1	Finde drei E durch Vokalreihen: Reihe gerade (g) : AEIOUAEIOU Reihe ungerade (u) : AEIOUUOIEA Für Centurie I - VII gilt: Periode: 18 Verse Für Centurie VIII - X gilt: Periode: 12 Verse
2	Zähle die Vokale im Vers bis zu jedem der drei E, einschließlich diesem, wobei gilt: U=V: U zählt als V Beispiel: AUANT = AVANT V=U: V zählt als U Beispiel: L'VN = L'UN (V nach Anfangsbuchstaben gibt es nur wenn Wort in Großbuchstaben geschrieben, sonst immer U) AE, OE, UE : zwei Plätze, zwei Vokale zählen , Beispiel: D'AERAIN QU: zwei Plätze, U zählt als Vokal Apostroph: belegt einen eigenen Platz Tilde: umformen, Beispiel: MAĨ = MAIN &: bei Bedarf umformen zu ET Abk., Griech., u.a.: umformen, soweit erforderlich
3	Die richtige Jahreszahl (x) ist jene, bei der als erste folgende Bedingung erfüllt ist: $15 =< x <= 37$

Der interessante Quatrain 1.17: Wendet man die Drei-E-Methode zur Berechnung des Jahrhunderts auf *alle* originalen Fassungen dieses Verses an, findet man, dass sie kein Ergebnis erbringt. Es gibt keine drei sich deckende Vokale E! Das ist ein weiteres Indiz für die Notwendigkeit der Korrektur der Verse.

Die zweite Berechnung der Jahreszahl (LAT-Reihe)

Die Berechnung für die Verse 1.1 und 1.2 (LAT-Reihe)

Es wurde bereits festgestellt, dass die Gesamtanzahl der Quatrains und jener der Buchstaben des lateinischen Vergleichstextes (LAT-Reihe) dieselbe ist. Es ist aber die Zuordnung zwischen diesen beiden Elementen noch nicht erklärt worden.

Meine erste Überlegung war, den Beginn des ersten Verses einfach auf den ersten Buchstaben des lateinischen Textes, den zweiten Vers auf den zweiten Buchstaben usw. zu setzen. Ich versuchte es wieder mit den ersten beiden Versen 1.1 und 1.2. In vorausgehenden Kapiteln ist der korrigierte Text dieser beiden Verse aufgestellt und das Jahr 1547 bzw. 1548 berechnet worden:

1.1 (1555 c):   *Estant assis de nuit à secrete estude,*
                     Seul repousé sus la selle d'aerain,
                     Flambe exigue sortant de solitude,
                     Fait proferer qui n'est à croire vain.

1.2 (1555 c):   *La verge en main mise au milieu des branches*
                     L'onde il moulle & le limbe et le pied,
                     De peur et voix fremissent par les manches,
                     Splendeur divine. Le divin près s'assied.

Stellte man die Texte der Verse dem lateinischen Vergleichstext, der LAT-Reihe, gegenüber, so fiel auf, dass sich jeweils zwei Vokale in beiden Texten gegenüber standen, also identische Platznummern hatten (hier fett hervorgehoben). Übernahm man zusätzlich die schon bei der Berechnung der Jahrhundertzahl verwendete Nummerierung der Verspositionen, so ergab sich:

1.1

Platz-Nummer	1	2	3	4	5	6	7	8	9	0	1	2	3	4	5	6	7	8	9	0	1	2	3	4	5
Verstext	E	S	T	A	N	T	A	S	S	I	S	D	E	N	U	I	T	A	S	E	C	R	E	T	E
LAT-Reihe	A	D	C	A	E	S	A	R	E	M	N	O	S	T	R	A	D	A	M	U	M	F	I	L	I

1.2

Platz-Nummer		1	2	3	4	5	6	7	8	9	0	1	2	3	4	5	6	7	8	9	0	1	2	3	4
Verstext		L	A	V	E	R	G	E	E	N	M	A	I	N	M	I	S	E	A	U	M	I	L	I	E
LAT-Reihe	A	D	C	A	E	S	A	R	E	M	N	O	S	T	R	A	D	A	M	U	M	F	I	L	I

Tatsächlich erhielt man für den ersten Vers durch den Vokal A die Jahreszahl 47 und für den zweiten Vers durch den Vokal E die Jahreszahl 48.

Man kann daraus schließen, dass Nostradamus bereits in den Jahren 1547/48 seine prophetischen Visionen gehabt hat und sie danach in Versform niederschrieb, bis er 1555 die Verschlüsselung fertiggestellt hatte und die Veröffentlichung des ersten Teiles der *Prophéties* wagte. Dies erscheint mir durchaus realistisch, da die Fassung in Versform und die damit verbundene Verschlüsselung sicher längere Zeit in Anspruch genommen hatte.

Dies führt uns auf die Frage zurück, wann Nostradamus seine Centurien verfasst haben mag. Er selbst schreibt im Brief an König Heinrich:

[H 395] *...toutefois esperant de laisser par escrit les ans, villes, citez, regions, où la plus part aduiendra, mesmes de l'annee 1585 & de l'annee 1606 accommencant depuis le temps present, qui est le 14. de Mars, 1557...*

„....trotzdem ich hoffe durch die Schrift die Jahre, Orte, Städte, Regionen zu hinterlassen, in denen sich das meiste ereignen wird, insbesondere im Jahr 1585 und im Jahr 1606, beginnend von der gegenwärtigen Zeit, also dem 14. März 1557,..."

Diese Jahreszahl wird vermutlich nicht stimmen! Der Brief an Heinrich ist mit 27. Juni 1558 datiert und wurde auch, gemeinsam mit den Centurien VIII bis X, nach heutigem Wissen wahrscheinlich im Jahre 1558 erstmals veröffentlicht. Diese 300 Centurien enthalten aber auch Verse, die ihrem Inhalt nach **vor** 1557 liegen. Dies kann beispielsweise am Vers 6.15 ersehen werden, der schon von Centurio auf den Verrat des Kurfürsten Moritz von Sachsen, 1553, gedeutet worden ist (was sich durch meine Berechnung auch bestätigt hat). Der Beginn der Prophezeiungen in den Centurien mit dem Jahre 1547, wie sich aus der (vorerst ansatzweisen) Entschlüsselung ergibt, erscheint nicht unwahrscheinlich.

Es ist interessant, dass in einigen Ausgaben der *Prophéties*, etwa in der 1668 in Paris von Jean Ribou gedruckten Edition, die sich auf Ausgaben des Jahres 1558 aus Lyon und Avignon stützt, statt 1557 tatsächlich die Jahreszahl 1547 steht.

Chavigny setzte in seinem Buch *Ianus Gallicus* den Beginn der Quatrains von Nostradamus mit 1534 an und brachte ihn mit dem Auftreten der Lehre Luthers in Frankreich in Zusammenhang.[36] Die neue Sekte aus Deutschland kommend - *une nouvelle secte...des monts Germains* sah er (übrigens: zu Unrecht) im Quatrain 3.67 beschrieben. Ich habe schon festgestellt, dass die beiden ersten Verse nicht zur Darlegung der "Methode" der Erlangung der Visionen gedacht waren, sondern etwa zur Erprobung einiger Regeln. Ich bin fest überzeugt, dass Nostradamus auch den hier vorgestellten Ansatz zur Entschlüsselung ermöglichen wollte: die beiden Verse beziehen sich ihrem Inhalt nach auf die Lebenszeit Nostradamus', sind also zeitlich mit einiger Sicherheit zwischen 1533 (Abschluss seines Medizinstudiums) und 1555 (erstmalige Veröffentlichung von Centurien) einzureihen. Auch aus diesem Grund erscheint die (bereits früher erhaltene) Jahresangabe 1547, dem Jahr, ab dem Nostradamus in Salon sesshaft geworden war, realistisch.

Nach Berechnungen aller Quatrains gemäß dem fertiggestellten Schlüssel hat sich herausgestellt, dass der erste Vers in der chronologischen Reihung (5.13) das Jahr 1526 (Vertreibung der Osmanen) betrifft. Es ist möglich, dass Nostradamus, nach seiner Initiation 1521, bereits einzelne Visionen über das Weltgeschehen gehabt hat, die er niederschrieb. Ich gehe aber eher von der Entstehungszeit der Centurien um 1547/48 aus. Die Quatrains, die Ereignisse vor diesem Datum betreffen, Ereignisse von einschneidender, klar erkennbarer historischer Bedeutung, wie etwa der *Sacco di Roma* 1527 (4.98) oder die Krönung Karl V. 1530 in Bologna (6.51), hat Nostradamus vermutlich deshalb eingefügt, dass sie als *vaticinia ex eventu*, einen gewissen „Einstieg" in die eigentlichen Prophezeiungen und in die Handhabung der Regeln ermöglichen. Derartige „aus dem Geschehen geschöpfte Vorhersagen" waren stets in allen prophetischen Werken sehr beliebt, weil sie die Richtigkeit aller anderen Vorhersagen bestätigen sollten.

Berechnung weiterer Quatrains

Ich hatte gesehen, dass das Jahr des ersten Verses mit dem Vokal A, jenes des zweiten mit dem Vokal E gebildet worden ist. Diese Methode fortsetzend, müsste beim dritten Vers der Vokal I die Jahreszahl liefern. Nach herrschender Meinung der meisten Nostradamus-Interpreten beschreibt der Vers 1.3 das durch einen Umsturz verursachte Ende der französischen Monarchie (Umstürzen der "Sänfte", als Sinnbild der Aristokratie) und die Ausrufung der Republik mit einer neuen Jahreszählung im Jahre 1792. Nostradamus sah es 240 Jahre vorher exakt voraus! Er schrieb im Brief an Heinrich:

[H 3150] *& durera ceste icy iusques a l'an mil sept cens nonante deux que lon cuydera estre vne renouation de siecle:*

…und dies wird bis zum Jahr 1792 dauern, in dem man glauben wird, bei einer Erneuerung des Zeitalters zu sein:

Der Text des diesbezüglichen Verses lautet:

1.3 (1555 Wien) F: *Quand la lictiere du tourbillon versée,*
Et seront faces de leurs manteaux couuers,
La republique par gens nouueaux vexée,
Lors blancs & rouges iugeront à l'enuers.

D: Wenn die Sänfte vom Sturmwind umgestürzt ist
Und die Gesichter von ihren Mänteln verdeckt werden,
Die Republik von den neuen Leuten gequält wird,
Dann werden sich Weiße und Rote gegenseitig verurteilen.

Ich wandte die oben erklärte Methode an: [37]

1.3

Platz-Nummer			1	2	3	4	5	6	7	8	9	0	1	2	3	4	5	6	7	8	9	0	1	2	3
Verstext			Q	U	A	N	D	L	A	L	I	C	T	I	E	R	E	D	E	T	O	U	R	B	I
LAT-Reihe	A	D	C	A	E	S	A	R	E	M	N	O	S	T	R	A	D	A	M	U	M	F	I	L	I

Tatsächlich lagen im Vers zwei Vokale I auf den numerischen Stellen 9 und 2, die 92 ergaben. Aber im lateinischen Text gab es hier keine entsprechenden Vokale I. War meine Annahme falsch?

Ich prüfte, ob es eine andere Stelle im lateinischen Text gab, wo diese Übereinstimmung vorhanden war - und fand sechs solche Stellen! Welche war die Richtige? Es musste eine Regel bzw. Anweisung geben, durch welche - nach Filterung - exakt eine von diesen Lösungen als die einzig Richtige übrig blieb. Wie konnte solch ein Filter beschaffen sein?

Die richtige Zuordnung fand ich erst nach langer Überlegung. Um den logischen Fluss der Erläuterungen des Prinzips nicht zu unterbrechen, möchte ich erst später auf die Details eingehen.

Ich werde dann nachweisen, dass es eine eindeutige Zuordnung gibt und dass diese zwischen dem Vers 1.3 und dem lateinischen Text auf dem 480. Buchstaben der LAT-Reihe besteht:

1.3

Platz-Nummer			1	2	3	4	5	6	7	8	9	0	1	2	3	4	5	6	7	8	9	0	1	2	3
Verstext			Q	U	A	N	D	L	A	L	I	C	T	I	E	R	E	D	E	T	O	U	R	B	I
LAT-Reihe	T	C	V	I	S	I	T	A	B	O	I	N	V	I	R	G	A	F	E	R	R	E	A	I	N

Die zweite Berechnungsmethode der Jahreszahl war somit im Prinzip gefunden:

Ein Quatrain ist so lange entlang des lateinischen Textes zu verschieben, bis sich der für diesen Quatrain vorausbestimmte Vokal in beiden Texten dreifach deckt.

Als Filter hat Nostradamus vorgesehen, dass sich nicht nur zwei, sondern drei Vokale decken. Denn zwei gleiche Vokale, die sich in der LAT-Reihe und im Vers decken, können bald gefunden werden. Die Verslänge beträgt durchschnittlich etwa 125 Buchstaben. Die Wahrscheinlichkeit, dass sich zwei Vokale in zwei unterschiedlichen Texten dieser Länge decken, liegt etwa bei 1:7.700. Nostradamus hat die Regel verschärft, indem er den sich deckenden Vokal dreifach fordert (die numerische Stelle des dritten Vokals ist für die Berechnung selbst ohne Bedeutung).[38] Die Wahrscheinlichkeit, dass sich drei Vokale decken, liegt etwa bei 1:300.000! Man sieht daraus, dass das Resultat vierzigfache Sicherheit gewinnt, allein durch die Einführung eines dritten deckenden Vokals. Deshalb rechnet er auch bei der NOM-Reihe und beim Jahrhundert jeweils mit drei Vokalen. Nostradamus hat die Sicherheit aber noch durch weitere Bedingungen erhöht, worüber bei der Darlegung der für die Berechnung der Jahreszahl maßgebenden Regeln noch eingegangen werden wird.

Offenbar war der Vokal, der für einen bestimmten Quatrain anzuwenden war, nach der unendlich fortgesetzten Folge A, E, I, O und U zu bestimmen. Das ließen die ersten drei Verse vermuten, bei denen sich A, E und I als maßgebend gezeigt hatten.

Ich wollte dies gleich an einem weiteren Vers prüfen und wählte mir einen aus, in dem das Jahr, 1700, von Nostradamus im Vers selbst angegeben war, nämlich den 49. Vers der ersten Centurie. Bei diesem müsste sich auf die angeführte Weise der Vokal O als ident in beiden Texten ergeben: denn dividiert man 49 durch 5 ergibt sich 9 plus 4 Rest(buchstaben). Der Restbuchstabe gab den gesuchten identen Vokal an: der 4. Buchstabe der Reihe AEIOU ist O.

Der Text des Verses lautet:

1.49 (1555 Wien) F: *Beaucoup beaucoup auant telles menées*
Ceux d'Orient par la vertu lunaire
Lan mil sept cent feront grand emmenées
Subiugant presques le coing Aquilonaire.

D: Lange, lange vor diesen Geschehnissen
Jene des Orients durch die Mondkraft
Im Jahre 1700 werden (große) Vertreibungen durchführen,
Fast die ganze nördliche Ecke unterwerfend.

Auffallend bei diesem Vers war die zweimalige Verwendung von *„beaucoup"* (viel) und das fehlende u im Wort *„subiuguant"*; *„grand"* in der dritten Verszeile passte als maskuliner Singular nicht zum femininen Plural *„emmenées"*, daher wurde es zunächst in Klammer gesetzt. Ich führe hier aber zu Demonstrationszwecken nur jene Verskorrektur durch, die zur Erzielung der Übereinstimmung der Vokale O erforderlich ist:

1.49

Platz-Nummer	1	2	3	4	5	6	7	8	9	0	1	2	3	4	5	6	7	8	9	0	1	2	3	4	5
Verstext	B	E	A	U	C	O	U	P	B	E	A	U	C	O	U	P	A	V	A	N	T	T	E	L	L
LAT-Reihe	T	E	S	E	O	R	U	M	E	T	I	N	V	E	R	B	E	R	I	B	U	S	P	E	R

Platz-Nummer	6	7	8	9	0	1	2	3	4	5	6	7	8	9	0	1	2	3	4	5	6	7	8	9	0
Verstext	E	S	M	E	N	E	E	S	C	E	U	X	D	'	O	R	I	E	N	T	P	A	R	L	A
LAT-Reihe	C	U	T	I	A	M	E	O	S	Q	U	I	A	N	O	N	E	S	T	N	O	S	T	R	U

Platz-Nummer	1	2	3	4	5	6	7	8	9	0	1	2	3	4	5	6	7	8	9	0	1	2	3	4	5
Verstext	V	E	R	T	U	L	U	N	A	I	R	E	x	x	x	x	F	E	R	O	N	T	L	'	A
LAT-Reihe	M	N	O	S	C	E	R	E	T	E	M	P	O	R	A	N	E	C	M	O	M	E	N	T	A

Platz-Nummer	6	7	8	9	0	1	2	3	4	5	6	7	8	9	0	1	2	3	4	5	6	7	8	9	0
Verstext	N	M	I	L	S	I	X	S	E	P	T	C	E	N	T	G	R	A	N	D	.	.	.		
LAT-Reihe	E	T	C	I	N	.	.	.																	

Der in die Tabelle eingetragene Verstext unterscheidet sich zum originalen Text lediglich durch die Versetzung des Wortes *„feront"* und eines (noch unbestimmten) eingeschobenen Wortes mit vier Buchstaben. Es werden hier also entsprechende Korrekturen im Vers auszuführen sein, damit sich tatsächlich zwei Vokale O , deren Platznummer die vorgegebene Jahreszahl „00" bestimmen, decken. Die vermutete Methode machte jedoch Sinn!

Die Einteilung der Felder

Herleitung der Vokal-Verteilung

Wir haben gesehen, dass die zweite Berechnung der Jahreszahl dadurch erreicht wird, dass der Quatrain entlang der Buchstabenfolge der LAT-Reihe verschoben wird, bis sich der vorausbestimmte Vokal dreimal deckt. Die Frage war nun, wodurch wird dieser Vokal vorausbestimmt? Durch zahlreiche praktische Berechnungen von verschiedenen Quatrains und paralleles Anagrammieren gelangte ich schließlich zu folgenden Regeln:[39]

BerH07: JEDE VORHERSAGE IST IN ÜBEREINSTIMMUNG MIT EINER POSITION DER BUCHSTABEN DER LATEINISCHEN WÖRTER IN DER ENDGÜLTIGEN ORDNUNG. ZÄHLE DREI VERSE NICHT, DIE AUF DEN ERSTEN UND ZWEITEN PLÄTZEN AUFSCHEINEN UND JENEN IN LATEINISCHER SPRACHE EINGEFÜGTEN; DARAUS ERGIBT SICH FÜR DIE ANZAHL DER QUATRAINS 945. FINDE FÜR DIE NICHT WIEDERHERSTELLBARE CENTURIE NUMMER VII 48 VORHERSAGEN, WOVON SECHS NACH DEM TOD DES VERFASSERS VERÖFFENTLICHT WURDEN.
DIE ANZAHL DER WÖRTER IN DEN SENTENZEN IM BRIEF AN DEN KÖNIG UND AN DEN SOHN IST GLEICH ZUR ZWEITEN REIHE. DIE REIHE, WELCHE MAN DANN DURCH DIE INITIALEN ERHÄLT, NACHDEM ALLE VERSE BERECHNET SIND, WIE NAHE VON HIER BESCHRIEBEN, IST DAGEGEN ZU DEN BEIDEN LETZTEREN UNTERSCHIEDLICH. EINIGE WÖRTER DER ZWEITEN REIHE WECHSELN DORT IHREN PLATZ, ABER ES GIBT DIE GLEICHE ANZAHL.
BEI 12 WÖRTERN DER URSPRÜNGLICHEN REIHE MUSS MAN DIE ENDUNG WEGEN DER GRAMMATIK ANGLEICHEN UND 33 WÖRTER BLEIBEN OHNE ÄNDERUNG.

BerH08: ZÄHLE DIE BUCHSTABEN DER LATEINISCHEN WÖRTER WENIGER DIE DREI, DIE KEINE PROPHEZEIUNG DARSTELLEN, TEILE (SIE) EIN IN DREI, ANSCHLIESSEND IN FÜNF PLÄTZEN VON GLEICHER LÄNGE, EINE JEDE ZÄHLT 63 BUCHSTABEN.
BESTIMME DEN BUCHSTABEN A, E, I, O, U ZUGEHÖRIG GEMÄSS DER LANG VORHER AUFGESTELLTEN REGEL. BERECHNE DAS JAHR DURCH DENSELBEN BUCHSTABEN. DIE INITALE DES LATEINISCHEN WORTES BEI DEM DER ANFANG DER VORHERSAGE BEZEICHNET EINE KONTROLLE.

Der lateinische Vergleichstext ist entsprechend dieser Regel in 3 mal 5, also 15 Felder (Kolumnen) aufzuteilen, d.h. die fünf Vokale sind drei Mal anzuordnen. Stellen wir uns dies zunächst in folgender Weise vor:

A	E	I	O	U	A	E	I	O	U	A	E	I	O	U

Jedes Feld umfasst 63 Buchstaben des Vergleichstextes. (Nostradamus starb im 63. Lebensjahr, ist die zahlenmäßige Übereinstimmung ein Zufall?) Die Gesamtsumme ist demnach 63 mal 15 gleich 945 Buchstaben.

Unter Abzug der platzmäßig bereits bestimmten Verse I/1, I/2 und des lateinischen Verses (alle drei stellen keine Prophezeiung dar) verbleiben richtigerweise 945 Verse. Jeder Vers kann somit einem Buchstaben des lateinischen Textes zugeordnet werden.

Nostradamus hat die Vokale aber nicht in der oben dargestellten Art, A-E-I-O-U, verwendet, sondern eine ganz bestimmte Reihung der Vokale und Zuordnung zu den Textfeldern vorgenommen. Dies ergibt sich aus der nächsten Regel.

BerH03: IN DEN ZENTREN DER DREI ZYKLEN SIND DIE VOKALE I, DIE ANDEREN VOKALE SIND FORTSCHREITEND ALTERNIEREND GESTELLT, DIE BUCHSTABEN O A VORHER, U UND E NACHHER IN DEN REIHEN. DREHE DIE RICHTUNG DES LETZTEN ZYKLUS UM. DIE ORDNUNG DER QUATRAINS FOLGT DER ANALOGEN REIHE, DIE ALS ERSTES DIE NUMMER DREI DEM BEKANNTEN VERBINDET.

Gemäß dieser Regel ist ausgehend von

1	2	3	4	5
A	E	I	O	U

folgendermaßen vorzugehen: Der Vokal I "befindet sich im Zentrum".

		3		
		I		

Der nächste („fortschreitend") Vokal ist O, der von diesem Zentrum aus danach, also nach dem I gestellt wird:

		3	4	
		I	O	

Der nächste Vokal ist U, der „alternierend", also vor dem I gestellt wird:

	5	3	4	
	U	I	O	

Genauso geht man mit den übrigen Vokalen A und E vor, so ergibt sich:

E	U	I	O	A

Und man erhält für alle Felder, wobei der letzte Zyklus umzudrehen ist:

E	U	I	O	A	E	U	I	O	A	A	O	I	U	E
Zyklus 1					Zyklus 2					Zyklus 3				

Die Quatrains sind gemäß der Regel BerH03 in analoger Reihenfolge anzuordnen, beginnend mit dem dritten Vers (1.3), da die ersten beiden – gemäß dem oben Gesagten - nicht im Feldbereich liegen:

E	U	I	O	A	E	U	I	O	A	A	O	I	U	E
I/12	I/10	I/8	I/9	I/11	I/7	I/5	I/3	I/4	I/6	I/16	I/14	I/13	I/15	I/17
							I/18	usw						

Auf diese Weise erhält man eine Tabelle mit der Verteilung für sämtliche 945 Verse, aus der man ersieht, welcher Vokal für einen bestimmten Vers als Vergleichsbuchstabe heranzuziehen ist und in welchem Textfeld der Vergleich durchzuführen ist.

Zur besseren Unterscheidung nummeriert man die Felder nach den drei Zyklen:

E1	U1	I1	O1	A1	E2	U2	I2	O2	A2	A3	O3	I3	U3	E3
I/12	I/10	I/8	I/9	I/11	I/7	I/5	I/3	I/4	I/6	I/16	I/14	I/13	I/15	I/17
							I/18	usw						

Ein Beispiel: Für den Vers 1.15 gilt das Textfeld U3, d.h. als Vergleichsbuchstabe dient der Vokal U und der Vergleich ist im 3. Zyklus vorzunehmen, das ist der Bereich zwischen dem 822. und 884. Buchstaben des lateinischen Vergleichstextes. Hier ist der Verstext (Anfangsbuchstabe des Quatrains) auf jeden dieser 63 Buchstaben aufzusetzen und ein Vergleich der Vokale U solange durchzuführen, bis sich drei U decken, die die gleiche Jahreszahl (in Übereinstimmung mit der zweiten Berechnung mittels der NOM-Reihe) erbringen.

Auf diese Weise hat Nostradamus eine wesentliche Einschränkung vorgenommen, die ihm selbst die Anwendung erleichterte. Nostradamus hat sich offensichtlich das Wort zunutze gemacht, das König Ludwig XI. (1461-1483) zugeschrieben wird, *„Divide et impera"* - Teile und herrsche! Indem er den gesamten LAT-Text in fünfzehn Teiltexte aufspaltet und eine Zuordnung aller Quatrains zu diesen Teiltexten (Textfeldern) vornimmt, engt er den Gültigkeitsbereich, in dem der Quatrain zu verschieben ist, gewaltig ein. Dadurch schließt er auch Mehrfachlösungen weitgehend aus. Nur in einem ganz bestimmten Feld soll der Anfangsbuchstabe des betreffenden Quatrains derart verschoben werden, bis sich der vorgegebene Vokal dreifach deckt.

In Verbindung mit dem lateinischen Text (LATReihe) sehen diese
Textfelder so aus:

	AD
E1	CAESAREMNOSTRADAMUMFILIUMABSCONDISTIHAECASAPIENTIBUSETPRUDENTIB
U1	USIDESTPOTENTIBUSETREGIBUSETENUCLEASTIEAEXIGUISETTENUIBUSNONINC
I1	LINABITURINSAECULUMSAECULINOLITESANCTUMDARECANIBUSNECMITTATISMA
O1	RGARITASANTEPORCOSNECONCULCENTPEDIBUSETCONUERSIDIRUMPANTVOSCONT
A1	ERAMERGOETCONFRINGAMETNONMISEREBORSOLINUMINEDIUINOAFFLATIPRAESA
E2	GIUNTETSPIRITUPROPHETICOPARTICULARIAPROPHETADICITURHODIEOLIMVOC
U2	ABATURVIDENSSEDQUANDOSUBMOUENDAERITIGNORANTIAPOSSUMNONERRAREFAL
I2	LIDECIPIQUIAOMNIASUNTNUDAETAPERTAETCVISITABOINVIRGAFERREAINIQUI
O2	TATESEORUMETINVERBERIBUSPERCUTIAMEOSQUIANONESTNOSTRUMNOSCERETEM
A2	PORANECMOMENTAETCINSOLUTAORATIONETRIPODEAENEOFATODEONATURAMINER
A3	UALIBERAETNONINUITAHUYHUYVTAUDIRETGEMITUSCOMPEDITORUMVTSOLUERET
O3	FILIOSINTEREMPTORUMQUODDEFUTURISNONESTDETERMINATAOMNINOVERITASF
I3	ACIEBATMICHAELNOSTRADAMUSSALONAEPERTEMPUSETINOCCASIONETEMPORIST
U3	RIUMUIRATSANCTASANCTORUMEFFUNDAMSPIRITUMMEUMSUPEROMNEMCARNEMETP
E3	ROPHETABUNTFILIJVESTRIETFILIAEVESTRAEBELLISRUBUITNAUALIBUSAEQUO
	R

Falls der Quatrain auf einen Buchstaben am Ende von E3 zu liegen
kommt, ist (nach den Regeln) der LAT-Text durch seine Umkehrung
zu ergänzen, d.h. an das letzte „R" schließt die inverse
Buchstabenfolge desselben Textes an: ....R - ROUQEASUBILA......
Auf diese Weise können auch in solchen Fällen übereinstimmende
Vokalpositionen erhalten werden.

Ich habe daher für jedes der fünfzehn Felder eine Liste („Vokalliste" genannt) aufgestellt, in der ich auf Grund der Berechnung den Quatrain dem jeweiligen Buchstaben zugeordnet habe. Die Vokalliste beispielsweise für das Feld O1 ist nachstehend auszugsweise dargestellt.

V o k a l l i s t e   Buchstabe: **O 1**

Nr.	Bst	Vers Nr.	Jahr	Nr.	Bst	Vers Nr.	Jahr	Nr.	Bst	Vers Nr.	Jahr
192	R	3.64	2019	213	O	8.22	1642	234	U	4.24	1794
193	G	10.32	1806	214	N	9.57	1593	235	E	1.69	1787
194	A	10.77	1607	215	C	9.87	1553	236	R	2.44	1813
195	R	10.17	1793	216	U	6.34	1945	237	S	5.89	1708
196	I	4.84	1987	217	L	2.14	1560	238	I	1.99	1807
197	T	8.7	1796	218	C	10.92	1555	239	D	10.62	1540
198	A	3.4	1555	219	E	8,82					
199	S	2.89	1571	220	N						
200	A	7.25	1715								
201	N	9.27									
202	T										

Ausschnitt aus der Vokalliste
für das Feld O1

Nr…Platznummer in der LAT-Reihe
Bst…Buchstabe der LAT-Reihe

Die Bestätigung der Vokal-Verteilung

Der Vorteil der Aufteilung der Felder ist unmittelbar einzusehen. Aber warum hat Nostradamus gerade die etwas umständlich wirkende Verteilung der Vokale gewählt? Diese Frage lässt sich aus der Beschaffenheit des lateinischen Textes beantworten - und damit auch unabhängig bestätigen. Es ist naheliegend, dass Nostradamus für ein bestimmtes Feld des Textes den Vokal als Vergleichsbuchstaben gewählt hat, der am häufigsten in diesem Textfeld vorkommt. Dadurch ergibt sich die größte Auswahl an Positionen und somit an Jahreszahlen, wodurch die Formulierung des Verses wesentlich vereinfacht wird.

Untersuchen wir daher die Häufigkeit der Vokale im lateinischen Vergleichstext, getrennt nach den einzelnen Textfeldern, die hier (vokalunabhängig) nur fortlaufend nummeriert sind.

Textfeld	Häufigkeit im lateinischen Vergleichstext				
	A	E	I	O	U
1	10	17	14	4	11
2	10	16	15	3	**13**
3	12	11	12	7	10
4	10	14	11	**12**	6
5	10	12	**17**	12	6
6	12	10	14	11	9
7	16	12	**16**	7	9
8	11	17	**16**	7	9
9	11	20	8	**14**	7
10	12	16	10	13	**10**
11	7	14	13	10	12
12	11	15	12	**11**	6
13	14	14	9	7	9
14	12	14	13	4	**13**
15	12	16	**18**	4	12

Die angeführte Anzahl der Vokale bezieht sich jeweils auf das betreffende Textfeld. Da aber der Vers beim Vergleich mit seinem ersten Buchstaben im schlechtesten Fall auf dem letzten Buchstaben des betreffenden Textfeldes zu liegen kommen kann, ist auch noch das jeweils nächstfolgende Textfeld mit berücksichtigt worden. Beide Felder zusammen haben insgesamt jeweils 63x2=126 Buchstaben, das entspricht ungefähr der durchschnittlichen Länge der Verse.

Erwartungsgemäß sind die Vokale A, E und I besonders stark vertreten. Sowohl in der lateinischen als auch in der französischen Sprache kommen diese Vokale wesentlich häufiger als die Vokale O und U vor. Daher sind die Vokale O und U für eine Aussage über die Reihung eher heranzuziehen. Nehmen wir aber noch den Vokal I hinzu, weil sich dadurch der Aufbau besser erkennen lässt:

Es kommt der Buchstabe O
- im 1. Zyklus (Felder 1 bis 5) im Feld 4 und Feld 5 am häufigsten vor.
- im 2. Zyklus (Felder 6 bis 10) im Feld 9 am häufigsten vor.
- im 3. Zyklus (Felder 11 bis 15) im Feld 12 am häufigsten vor.

Es kommt der Buchstabe U
- im 1. Zyklus (Felder 1 bis 5) im Feld 2 am häufigsten vor.
- im 2. Zyklus (Felder 6 bis 10) im Feld 10 am häufigsten vor.
- im 3. Zyklus (Felder 11 bis 15) im Feld 14 am häufigsten vor.

Es kommt der Buchstabe I
- im 1. Zyklus (Felder 1 bis 5) im Feld 5 am häufigsten vor.
- im 2. Zyklus (Felder 6 bis 10) im Feld 7 und Feld 8 am häufigsten vor.
- im 3. Zyklus (Felder 11 bis 15) im Feld 15 am häufigsten vor.

Stellen wir dieses Ergebnis für die 15 Textfelder folgendermaßen dar:

Zyklus 1					Zyklus 2					Zyklus 3				
1	2	3	4	5	6	7	8	9	10	11	12	13	14	15
				I		I	**I**							I
			O	O				O			**O**			
	U							U					**U**	

Der symmetrische Aufbau durch die Vokale U, O und I in den Feldern 2, 4, 8, 12 und 14 legt die Auswahl dieser Felder nahe:

Zyklus 1					Zyklus 2					Zyklus 3				
1	2	3	4	5	6	7	8	9	10	11	12	13	14	15
	U		**O**				**I**				**O**		**U**	

Diese Symmetrie lässt sich wie folgt vervollständigen, wobei auch der Vokal O im Feld 9 berücksichtigt wird:

Zyklus 1					Zyklus 2					Zyklus 3				
1	2	3	4	5	6	7	8	9	10	11	12	13	14	15
	U	**I**	**O**			**U**	**I**	**O**			**O**	**I**	**U**	

Man erkennt, dass es durch die Häufigkeit der Vokale im lateinischen Text vorteilhaft ist, die Zyklen 1 und 2 gleichartig aufzubauen, dagegen den Zyklus 3 zu spiegeln. So wie es Nostradamus auch getan hat. Die logische Fortsetzung des Zyklus 1 ist folgendermaßen:

1	2	3	4	5
E	**U**	**I**	**O**	A

94

Ebenso ist der Zyklus 2 aufgebaut, der Zyklus 3 ist dessen Spiegelbild.
Somit erhält man die endgültige Vokalverteilung:

Zyklus 1					Zyklus 2					Zyklus 3				
1	2	3	4	5	6	7	8	9	10	11	12	13	14	15
E	U	I	O	A	E	U	I	O	A	A	O	I	U	E

Mit Hilfe der Häufigkeit der Vokale im lateinischen Vergleichstext lässt sich die von Nostradamus gewählte Verteilung somit finden und begründen, wodurch die Regel BerH03 bestätigt wird. Auch die Frage, warum Nostradamus den letzten Zyklus gespiegelt hat, lässt sich damit beantworten. Stellen wir die beiden Möglichkeiten, einerseits den dritten Zyklus in der Reihung, wie sie in den Zyklen 1 und 2 vorkommt, andererseits in der gespiegelten Reihung gegenüber (die Werte sind aus obiger Tabelle zu entnehmen):

Textfeld	Reihung wie Zyklus I					Reihung gespiegelt				
	E	U	I	O	A	A	O	I	U	E
11	14					7				
12		6					11			
13			9					9		
14				4					13	
15					12					16
Vokalsumme	45					56				

Somit ergibt sich bei gespiegelter Reihenfolge eine um rund 24% höhere Anzahl an Vokalen. Damit dürfte die Frage klar beantwortet sein: Nostradamus hat wohlüberlegt mit der gewählten Reihenfolge das Maximum an Vokalen erreicht.

Der Wörterpool

Die zweifache Berechnung der Jahreszahl, die nach der Verskorrektur durchgeführt werden muss, ist an sich ein simpler Vergleich des Verstextes mit zwei verschiedenen Vergleichstexten. Man braucht „nur" den korrigierten, also den von Nostradamus ursprünglich verfassten Verstext! Vielleicht findet man doch noch irgendwann die Urschrift der *Prophéties*, man könnte dies aus dem Quatrain 3.94 schließen.

3.94 (1555 Wien)

> *De cinq cent ans plus compte lon tiendra*
> *Celuy qu'estoit l'ornement de son temps:*
> *Puis à vn coup grande clarté donrra*
> *Que par ce siecle les rendra trescontens.*

> Etwa fünfhundert Jahre später wird man das,
> Was eine Zierde seiner Zeit war, verstehen.[40]
> Dann wird mit einem Schlag große Klarheit gegeben,
> Was sie in diesem Jahrhundert sehr zufriedenstellen wird.

Ähnlich klingt Nostradamus im Brief an den Sohn: *Sed quando submovenda erit ignorantia* – aber einmal wird die Unwissenheit beseitigt werden.[41] Diese Klarheit soll meinen Berechnungen zufolge etwa ab dem Jahre 2020 herrschen. Dann nämlich, wenn man die Zusammenhänge zwischen seinen Prophezeiungen und den aktuellen Geschehnissen allgemein erkennen wird.

Auch in einem Almanach gibt Nostradamus einen ähnlichen Hinweis: [42]

Mais à fin (que je ne soye comme l'on disoit, contra Nostradamum, qui more Gygantum eripere caelum tam frustra quam impie Jovi molitur) les effets presagéz feront donner jugement opposite.

Aber am Ende (damit ich nicht wie man gegen Nostradamus sagte, so wie der Riese bin, der auf eine vergebliche Art versucht, wie ein Gottloser Jupiter den Himmel zu rauben) werden die vorhergesagten Tatsachen ein gegenteiliges Urteil abgeben.

Mangels der genannten Urschrift ist man darauf angewiesen, die richtige Korrektur der Quatrains zu finden. Das ist die schwierigste

Arbeitsphase! Sie besteht nicht nur aus der Berichtigung von orthographischen und grammatikalischen Fehlern und nicht nur aus der Auswahl der beim jeweiligen Vers zutreffenden Schreibung altfranzösischer Worte, sondern auch aus der Ergänzung fehlender Worte, die von Nostradamus herausgestrichen worden sind. Die Vornahme der richtigen Korrektur bleibt zwar mit einer gewissen Unsicherheit behaftet, die aber durch die von Nostradamus vorgesehenen Kontrollen des Systems weitgehend ausgeschaltet werden kann.

Die wichtigsten dieser Kontrollen sind einerseits die zweifache Berechnung der Jahreszahl, wobei stets (!) übereinstimmende Ergebnisse herauskommen müssen, andererseits die lückenlose Belegung der Felder. Dies sind hervorragende Kontrollmöglichkeiten für die durchgeführte Verskorrektur und für die gesamte Berechnung. Nicht zuletzt müssen die Versaussagen den historischen Fakten klar zugeordnet werden können. Vielfach zwingen die beiden Berechnungsarten zur Vornahme einer bestimmten Korrektur oder Textergänzung, die zunächst gar nicht augenscheinlich war, um überhaupt ein übereinstimmendes Ergebnis erzielen zu können.

Mit einem entsprechenden Computerprogramm und einem Großrechner, könnte man vielleicht leichter sämtliche wahrscheinliche Korrekturen berücksichtigen, bekäme mehrere Ergebnisse und könnte sodann nach dem Versinhalt die historischen Daten nachprüfen. Das dazu erforderliche Programm erscheint jedoch äußerst aufwendig, und mangels eines Großrechners habe ich diesen Vorgang in Teilvorgänge zerlegen müssen und ein spezielles Programm mehrfach angewendet. Rechnen allein genügt vielfach nicht, man braucht auch viel Intuition und, da bin ich mir sicher, die Unterstützung einer höheren Macht.

Im Folgenden werde ich eine weitere Kontrollmöglichkeit vorstellen, die Nostradamus vorgesehen hat, damit die Korrektur seiner bewusst „entstellten" Verse fehlerfrei durchführbar ist.

Wir wissen, grundsätzlich gibt die Zahl der im Vers vorhandenen Buchstaben C die Anzahl der durchzuführenden Korrekturen an. Nun kann man die Frage, wie viele C in den einzelnen Quatrains überhaupt vorkommen, ganz leicht beantworten, man muss nur zählen. Sehen wir uns die Verteilung in der ersten Centurie an:

Anzahl der C	0	1	2	3	4	5	6	7	8	Summe
Häufigkeit in Prozent	0	11	10	24	22	14	9	7	3	100%

Eine ähnliche Verteilung findet man auch für die übrigen Centurien. Am häufigsten kommen in den Centurien drei oder vier Buchstaben C vor. Immerhin kommen auch höhere Werte vor, die eine große Varianz bei der Ausbesserung darstellen, somit etwas mehr an Unsicherheit mit sich bringen. Manchmal gibt es auch gar keine Buchstaben C im Vers. Man geht aber fehl in der Annahme, dass diese Verse gar nicht zu korrigieren wären - da gibt es meist nur Vertauschungen von Buchstaben, die gemäß den Regeln nicht als Fehler anzusehen sind.

Ich habe schon in einem früheren Kapitel die wichtigsten Differenzen aufgelistet. Da sind neben orthographischen und grammatikalischen Fehlern vor allem unterschiedliche Schreibweisen von Wörtern im ausgehenden Mittelalter genannt. Es war für Nostradamus einfach, statt dem älteren *„soubs"* oder *„ceulx"* das zu seiner Zeit modernere *„sous"* oder *„ceux"* zu verwenden, das weggelassene „b" oder „l" deutete auf keine fehlerhafte Schreibweise hin. Gerade das macht die Korrektur so schwierig, weil Nostradamus, je nachdem wie er es für die Verschlüsselung brauchte, diese Buchstaben einfügte oder wegließ.

Ein noch größeres Problem sind die Präpositionen, deren Verwendung zur Zeit von Nostradamus eine vielfach andere war, als im heutigen modernen Französisch. Manche Präpositionen entsprachen anderen. Man liest etwa in REN *»par» correspond aux diverses prépositions : à, sur, avec, entre, etc.* Da war es für Nostradamus leicht, etwa zwei Präpositionen im Vers einfach zu vertauschen. Keiner konnte dies als Fehler erkennen.

Weggelassene Artikel, manchmal wegen der Verschlüsselung notwendig, manchmal aber nachträgliche Streichungen, erschweren ebenso die Korrektur. Noch mehr die Streichung ganzer Wörter. Da aber hat Nostradamus vorgesorgt, dass keine beliebigen Wörter eingefügt werden!

Es wäre keine logische Vorgangsweise bei der Verschlüsselung, wenn Nostradamus diese Wörter einfach herausgestrichen und quasi „weggeworfen" hätte. Ich vermutete, dass er sie in irgendeiner anderen seiner Schriften versteckt hatte.

Es würde der bisherigen Genauigkeit der Anweisungen von Nostradamus widersprechen, wenn er in dieser heiklen Frage, der Ergänzung gewisser Wörter im Vers, dem Interpreten völlig freie Hand gelassen hätte. In irgend einen „Topf" mussten diese Wörter gelandet sein, dachte ich. Die Suche danach war nicht einfach, aber es lassen sich objektive Merkmale finden, die meine Hypothese stützen. Im Folgenden sollen einige Gesichtspunkte dargelegt werden, die für so einen Topf sprechen; ich nenne ihn fortan den „Wörterpool".

Der erste Almanach, der auch Quatrains enthält, ist jener des Jahres 1555. Die in der Zeit von 1550 bis 1554 erschienenen Almanache und Prognostikationen sind reine Prosatexte. Was hat Nostradamus bewogen, gerade im selben Jahr, in dem er begann die Centurien zu veröffentlichen, Quatrains auch in die Almanache zu setzen? Da man davon ausgehen kann, dass er seit 1547 an seinen Centurien, sprich Quatrains arbeitete, hätte er diese Gedichtform schon in seinem ersten Almanach verwenden können. Es war eben kein plötzlicher Einfall, sondern eine logische Folge jener Phase, in der er am Ende, nach der Verschlüsselung die Quatrains zu „entstellen" begann. Wohin mit den herausgestrichenen Wörtern? Eine unauffällige Art diese der Nachwelt zu hinterlassen, waren Quatrains in anderen seiner Schriften - den Almanachen. So könnten Wörter aus den Centurien-Quatrains in Almanach-Quatrains gelandet sein!

Eine weitere Überlegung - sie wurde bereits bei der Behandlung des Briefes an König Heinrich[43] angestellt - betrifft die von Nostradamus in diesem Brief getroffene Feststellung, dass diese restlichen 300 Quatrains, die er dem König widmet, „das Tausend vollenden" - „ces trois Centuries du restant de mes Prophéties, parachevant la miliade".[44]

Zu den Centurien gehören jedoch nur 948 Quatrains, wie uns Nostradamus in einer Regel angab!

Wo sind die fehlenden 52 Quatrains? [45]

Stellen wir zunächst fest, wie viele Quatrains die Almanache enthalten. Hier zeigt sich die erste Schwierigkeit, denn es gibt nicht von allen Almanachen oder Prognostikationen heute noch die originalen Exemplare. Es waren für ein Jahr bestimmte Druckwerke, danach waren sie für die damaligen Leser uninteressant, man warf sie weg, etwa wie heute am Ende eines Jahres den Kalender. Dass wir den Wortlaut der Quatrains kennen, verdanken wir primär, wie schon festgestellt wurde, den Abschriften von Chavigny (*Ianus, Recueil*).[46]

Auf Grund dieser Abschriften, anderen Quellen und den mir zugänglichen Originaldokumenten (in der Tabelle grau gekennzeichnet) [47] kann man folgende Übersicht aufstellen:

JQ = Jahresquatrain   MQ = Monatsquatrain

Jahr	1555	1556	1557	1558	1559	1560	1561	1562	1563	1564	1565	1566	1567
JQ	2	0	0	0	1	0	1	1	1	1	1	1	2
MQ	12	0	12	12	12	12	12	12	12	12	12	12	12
Summe	14	0	12	12	13	12	13	13	13	13	13	13	14

Die Gesamtsumme aller Quatrains beläuft sich auf 155.[48] Diese Quatrains sind, soweit sie aus dem Ianus Gallicus entnommen werden konnten, meist unter dem Titel „Présages" den Centurien beigegeben worden.[49] Diese 155 Quatrains enthalten zirka 4000 Wörter. Würde man alle Wörter als Pool auffassen, hätte Nostradamus vier Wörter pro Quatrain in den Centurien herausgenommen. Das erschien mir zu viel und unwahrscheinlich. Gehen wir davon aus, dass er in jedem der 948 Quatrains höchstens ein Wort weggestrichen hat, eher in jedem zweiten. Rechnen wir also mit 0,67 Wörter im Schnitt, würde das etwa 710 Wörter für den Wörterpool bedeuten. Das heißt, dass nur etwa 18% der Wörter der Quatrains aller Almanache zum Wörterpool gehören werden. Oder aber nur einzelne Almanache dafür in Betracht kommen.

Ich überlegte weiters, wenn Nostradamus aus den Centurien Wörter herausgenommen hat und diese in einzelnen Almanachen verwendet hat, dann wird es nicht immer gelungen sein, schöne passende Sätze aus den diversen Wörtern zu formulieren, sondern die Wörter werden einfach aneinandergereiht sein. In den Quatrains der

Almanache müsste man also eine solche Aneinanderreihung merken. Tatsächlich fielen mir besonders markante Beispiele auf, etwa:

...classe, copie, eau, vent, l'ombriche craindre, mer, terre tresve...
...Rhone au cristal, eau, neige, glace teinte, la mort, mort, vent...
...niez, discord, Trion, Orient mine, poison, mis siege...
...esleu ingrat, mort, plaint ioye, alliance...
...exil, ruine, mort, faim, perplexité...

Solche Aufzählungen finden sich manchmal auch in den Centurien, aber - wie jeder nachprüfen kann - nicht so gehäuft, wie in den Almanachen.

Ich entschloss mich, die in den Quatrains der Almanache enthaltenen Wörter zu zählen, ähnlich wie in den beiden Briefen, untersuchte aber außerdem, wie häufig ein einzelnes Wort, wie häufig Doppelwörter, Wortgruppen und ganze Sätze vorkamen. Für eine einheitliche Zählung definierte ich Beispiele:

Einzelwort, z.B. *faim*
Doppelwörter, z.B. *eau & air, trésor trouvé* [50]
Wortgruppe, mehr als 2 Wörter
Satz, ganzer Satz pro Verszeile.

Auf Grund der Zählung erhielt ich folgende statistische Übersicht mit jeweils vier Säulen pro Almanach:

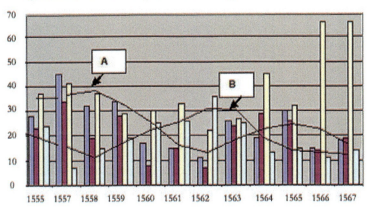

Die Kurve A bezeichnet den durchschnittlichen Trend für Einzelwörter (erste/blaue Säulen). Zu ihr (logischerweise) entgegengesetzt verläuft die Trendkurve B für ganze Sätze in einer Verszeile (vierte/hellgrüne Säulen). Der Almanach 1563 ist statistisch nicht signifikant, weil er für alle vier Fälle, also auch für Doppelwörter (zweite/rote Säulen) und Wortgruppen (dritte/gelbe Säulen) etwa gleiche Anzahl aufweist.

Nimmt man als unterste Grenze 25 Wörter haben die Almanache der Jahre 1555, 1557, 1558, 1559 und 1565 gemäß dieser Untersuchung die meisten Einzelwörter. Unter Annahme desselben Grenzwertes haben die Almanache der Jahre 1560, 1561 und 1562 die meisten ganzen Sätze pro Verszeile.

Ich versuchte zunächst den einfacheren Weg, indem ich annahm, dass Nostradamus nur in ganz bestimmten Almanachen seine ausgeschiedenen Wörter versteckt hat. Nach der Interpretation des Diagramms zog ich dafür die Almanache der Jahre 1555, 1557 und 1558 in Betracht, das sind genau jene Jahre, in denen seine Teilveröffentlichungen der „Prophéties" erschienen sind! Lag darin auch der Grund, warum er für 1556 keine Quatrains im Almanach hineingegeben hatte?

Wenn man die vorhin festgestellte Anzahl der Quatrains in diesen Almanachen zusammenzählt, so kommt man auf 14 (1555) + 12 (1557) + 12 (1558) = 38 Quatrains. Es fehlen somit auf den „Rest der Tausend" (52) noch 14 Quatrains. Es gibt nur einen einzigen Almanach in den weiteren Jahren, der die erforderlichen 14 Quatrains aufweist - jener des Jahres 1567. Dies ist der Almanach, den Nostradamus noch knapp vor seinem Tod verfasste und in Druck gab. Dessen Veröffentlichung hat er jedoch nicht mehr erlebt.

Ich stellte die Hypothese auf, dass der Wörterpool in den Almanachen der Jahre, in denen die Erstveröffentlichungen der drei Teile der „Prophéties" erfolgte, und in dem posthum erschienenen Almanach enthalten sind. Auf Grund der Wörterzählung ergaben sich 1457 Wörter.

Da die Gesamtsumme jedoch nicht der oben abgeschätzten Wortanzahl des Wörterpools, nämlich etwa 710, entsprach, können nicht alle Wörter der vier Almanache herangezogen werden. Es erschien mir auch nicht sinnvoll alle Wörter zu verwenden, da vielmehr die „kleinen" Wörter, wie Artikel, Präpositionen etc. es waren, die meistens im Text der Centurien fehlten und in den Almanachen mehrfach vorkamen.

Wie kann man bestimmte Wörter aus der Fülle der Gesamtanzahl hervorheben, damit man weiß, diese sind gemeint? Ganz einfach - durch Verdopplung bzw. Vervielfachung. Jedes Wort, das zum Wörterpool gehört, kommt mindestens zweimal vor (Mehrfachwörter). Ich zählte also alle Wörter, die diesem Kriterium entsprachen und kam so zu folgender Tabelle:

Jahr	Quatrains	Anzahl aller Wörter	Davon Mehrfachwörter
1555	14	398	211
1557	12	323	144
1558	12	308	138
1567	14	428	267
Summe	52	1457	760

Die Gesamtsumme von 760 kommt der abgeschätzten Wortanzahl nahe und erschien mir realistisch. Doch bisher war alles noch Vermutung. Ich war der festen Überzeugung, sollte meine Überlegung richtig sein, dann hat Nostradamus auch in diesem Fall - wie bisher immer - exakte Angaben hinterlassen.

Diese exakten Angaben fanden sich schließlich in den beiden Regeln für die Berechnung BerC05 und BerC06:

BerC05 (Teil): ALLE WÖRTER, DIE FEHLEN, SIND GENANNT IN DEN QUATRAINS DER PROGNOSTIKATIONEN FÜR DIE JAHRE, IN DENEN DIE BÄNDE DER CENTURIEN ERSCHIENEN (SIND), UND (DES) SCHLUSS-ALMANACHS, VERÖFFENTLICHT IM JAHR DES TODES DES VERFASSERS. VERWENDE LEDIGLICH EIN WORT, DAS DARIN MEHRFACH GESCHRIEBENEN (IST).

BerC06 (Teil): BERECHNE ALLE WÖRTER IN DEN QUATRAINS DER IV PRONOSTIKATIONEN ERHALTEN GEMÄSS DEM HIER OBEN GENANNTEN SATZ. VERDOPPLE DIE WÖRTER, DIE ICH DER PROPHEZEIUNG NICHT BEIGEFÜGT HABE, ZÄHLE ALLE HINZU, WELCHE DIE HIER VORLIEGENDE SCHRIFT ENTHÄLT, ZUSAMMEN SIND DAS 3797 PLUS 5.

Zusammengefasst: Sämtliche Wörter, die [in den Quatrains herausgestrichen worden sind] sind in den Quatrains der Prognostikationen für die Jahre enthalten, in denen die [drei] Bände der Centurien erschienen sind [1555, 1557, 1558] und im letzten Almanach [für 1567].[51] Man nehme die mehrfach geschriebenen Wörter und verdopple sie. Rechnet man diese Zahl plus der Wortanzahl des Briefes C minus 5 erhält man 3797. Tatsächlich ist:

$$
\begin{array}{lr}
760 \times 2 = & 1520 \\
+\text{Wörter im BriefC} & 2282 \\
\hline
& -\ 5 \\
\hline
& 3797
\end{array}
$$

Mit der Korrektur von 5 erreicht man somit wieder diese besondere, unrunde Zahl 3797, die wir schon beim Testament [52] von Nostradamus zur Berechnung der Gesamtanzahl der Quatrains angetroffen haben.

Neben der zahlenmäßigen Berechnung der Wörter des Pools sind wir nun durch die Regel auch in der Lage die Wörter selbst zu bestimmen.

Unter Berücksichtigung auch der restlichen Anweisungen in der Regel BERC06 [53] sind lediglich 1176 Mehrfachwörter zu verwenden, denn 124 Mehrfachwörter mit mehr als fünf Buchstaben sowie ein Rest von 220 Mehrfachwörtern sollen gemäß der Regel bei der Korrektur unberücksichtigt bleiben (1176+124+220=1520).

Nach vollständiger und richtiger Berechnung der Jahreszahl aller Quatrains der Centurien, löst sich durch sukzessives Einfügen der Wörter des Pools dieser entsprechend der Regel BERC06 völlig auf und bietet so eine wertvolle Kontrolle bei der Korrektur der Quatrains.

Es lässt sich die Zahl der Mehrfachwörter (760) auch auf eine andere Weise bestätigen. Dazu lesen Sie bitte über die dritte biblische Zeitreihe im Anhang.

Der dritte lateinische Text - LatText3

Mancher wird sich nun denken, die lateinischen Sätze, die in den Briefen an Caesar und an Heinrich enthalten sind, wurden doch schon als LatText1 und LatText2 behandelt, wo kommt ein dritter lateinischer Text her? Richtig, in den Briefen sind diese lateinischen Phrasen ein wenig durcheinandergebracht, wir haben sie mit den „Stichwörtern" neu reihen müssen, um so den lateinischen Vergleichstext (LatText2 bzw. auch LatReihe genannt) für die Berechnung zu erhalten.

Ich war selbst sehr überrascht, als ich, nachdem ich schon viele Quatrains bearbeitet hatte, auf einen neuen lateinischen Text stieß. Obwohl er, wie wir sehen werden, eigentlich gemeinsam mit dem ersten lateinischen Text entstanden sein muss, nenne ich ihn, weil er erst am Arbeitsende erkennbar war, den „dritten lateinischen Text" oder kurz „LatText3".

Erinnern wir uns: Durch Vergleich dreier gleicher Vokale in Quatrain und der LAT-Reihe bestimmt sich die Jahreszahl. Jeder Quatrain „sitzt" quasi auf einem Buchstaben der LAT-Reihe. Wenn wir uns bei jedem Quatrain den Buchstaben der LAT-Reihe notieren, auf dem der erste Buchstabe des jeweiligen Quatrains „sitzt", so erhalten wir wieder eine Buchstabenkette. Und diese ergibt (zur großen Überraschung) auch wieder einen sinnvollen Text in Latein. Dies ist die *ursprüngliche* Form des lateinischen Textes (LatText3), weil Nostradamus ja von diesem Text bei der Verschlüsselung ausgegangen ist. Man darf nie vergessen, dass Ver- und Entschlüsselung entgegengesetzt gerichtete Vorgänge sind.

Zur Verdeutlichung ein (willkürlich gewähltes) Beispiel: Angenommen dem ersten Buchstabe des Quatrains 8.45 liegt der Buchstabe V gegenüber, dem ersten Buchstaben des Quatrains 1.79 liegt der Buchstabe T gegenüber (man möge sich wieder vorstellen, der Quatrain „sitzt" quasi auf diesem Buchstaben) also:

Platz-Nummer	1	2	3	4	5	6	7	8	9	0	1	2	3	4	5	6	7	8	9	0	1	2	3	4	5
Verstext 8.45	L	A	M	A	I	N	E	S	C	H	A	R	P	E	.	.	.	.	.	.					
LAT-Reihe	V	O	C	A	B	A	T	U	R	V	I	D	E	N	S	.	.	.	.	.	.				

Platz-Nummer	1	2	3	4	5	6	7	8	9	0	1	2	3	4	5	6	7	8	9	0	1	2	3	4	5
Verstext 1.79	B	A	Z	A	Z	L	E	C	T	O	R	E	C	O	N	D	O	N	.	.	.	.	.		
LAT-Reihe	T	U	M	D	A	R	E	C	A	N	I	B	U	S	.	.	.	.	.	.	.	.			

Die Buchstaben „V" und „T" bilden das lateinische Wort VT (vt=ut=sodass). Auf diese Weise werden alle Buchstaben des LAT-Textes nochmals verwendet und bilden wieder lateinische Wörter und schließlich sinnvolle Sätze. Nachdem ich ziemlich viele Quatrains berechnet hatte, konnte man diesen neuen Text endlich erkennen.

Wozu dieser neue Text? Stellen Sie sich vor, die Berechnung der oben angeführten Verse 8.45 und 1.79 ergäbe für beide die gleiche Jahreszahl 1563. Welcher Quatrain, welches Geschehen liegt nun zeitlich zuerst? Dies lässt sich eindeutig durch die Buchstaben V und T klären. Da es nicht TV heißen kann, so gibt die Buchstabenfolge auch die Abfolge der Quatrains an, zuerst kommt eben der Vers 8.45, dann 1.79 (im Demonstrativ-Beispiel).

Auf diese Weise lassen sich mehrere Quatrains, die alle dieselbe Jahreszahl betreffen, zeitlich eindeutig reihen. Und das ist von Nostradamus konsequent durchgeführt, also chronologisch nach Monaten, manchmal selbst nach Tagen. Er spricht auch im dritten lateinischen Text von einer „tagweisen genauen" Berechnung. Diese wollte er nicht veröffentlichen und hat die Quatrains umgereiht; erst die wiederhergestellte Reihung zeigt die genaue zeitliche Darstellung.

> „…ich gieße den Geist Gottes ohne Reihung [der Verse] über euch aus, um nicht…eine genaue *tagweise* Darstellung zu geben."

Es ist von eminenter Bedeutung, diesen ursprünglichen lateinischen Text zu haben. Er ließ sich aber erst dann erkennen, als ich viele Quatrains berechnet hatte. Gewisse Teile dieses ursprünglichen Textes werden nachfolgend beispielhaft angeführt. Der nach Jahrhunderten getrennte LatText3 ist in den zugehörigen Bänden dieser Buchreihe, welche die chronologische Ordnung der Quatrains enthalten, aufgenommen.

Der LatText3 schildert, durch wen Nostradamus seine Visionen empfangen hat, warum er ihn verschlüsselt, vor allem die Zeitangaben unterdrückt hat, und vor allem welchen Zweck er mit seinem Werk verfolgte. Aus diesem neuen Text ergibt sich auch, dass Nostradamus für jedes Jahrhundert bis zum Jahr 2000 jeweils 158 Quatrains in seine Centurien aufgenommen hat. Für die restliche Zeit von 2001 bis zum Ende seiner Prophezeiungen gibt es 155 Quatrains.[54] Insgesamt also 158 x 6 = 948 Quatrains. Dieser LatText3 besteht natürlich ebenfalls aus 948 Buchstaben und ist in 6 Abschnitte geteilt, wobei jeder Abschnitt für ein Jahrhundert gilt und genau 27 Wörter aufweist.

Jahrhundert	Buchstaben	Wörter
1555-1599	158	27
1600-1699	158	27
1700-1799	158	27
1800-1899	158	27
1900-1999	158	27
2000-Ende	155	27
entfallen	3	
Summe	948	162

Die Anzahl der Wörter (162) entspricht auch jener der LAT-Reihe. Auch hier zeigt sich die Überprüfbarkeit durch gleiche Wortanzahl, wie Nostradamus dies für die Anagrammbildung angewandt hatte. Seine Prinzipien hat er stets beibehalten. Der dritte lateinische Text ist somit nichts anderes als ein riesiges Anagramm des ersten lateinischen Textes, wie er in den Briefen enthalten ist. Jedes Jahrhundert beginnt mit einem neuen Satz. Die Erfüllung dieser Texteinteilung bietet somit gleichfalls eine wichtige Prüfungsmöglichkeit für die berechneten Ergebnisse.

Diese Einteilung findet ihre Bestätigung durch eine Zahlengruppe, die der Brief an Heinrich enthält. Das Briefdatum mit diesen Zahlen 6, 27 und 158 steht augenscheinlich am Ende des Briefes an den König Heinrich.[55] Es heißt dort:

De Salon, ce 27. de Iuin, Mil cinq cens cinquante huit.

In diesem Text lassen sich die Zahlen 27, 6 (für *Iuin*) und 158 (*cens cinquante huit*) leicht erkennen. Eine einwandfreie Bestätigung des erwähnten Schemas (wenn man erst den Zusammenhang kennt).

Der gesamte LatText3 ist wie ein Brief formuliert, ein Brief an denjenigen, der die Entschlüsselung schafft. Nostradamus nennt ihn „filius" – den Sohn, den Nachkommen, was stark an seinen ersten Brief, den Brief an den Sohn Caesar erinnert. Wir haben schon früher die Meinung geäußert, dass es sich auch dabei nicht um den leiblichen Sohn César sondern um einen späteren Nachkommen, einen imaginären Sohn, handeln könnte. Das scheint bestätigt.

Daher nenne ich diesen Text auch den „dritten Brief" von Nostradamus, neben den Briefen an Caesar und an Heinrich. Alle drei enthalten wesentliche Bestandteile für die Entschlüsselung. Nostradamus selbst adressiert den Brief „Ad R" - das R bedeutet nach meiner Interpretation RESTITUTOR, zu Deutsch „Wiederhersteller", somit ist der Brief *Ad Restitutorem* – an den Wiederhersteller der chronologischen Reihung der Quatrains gerichtet.

Was schreibt ihm Nostradamus? Hier folgen Auszüge aus diesem Brief:

Ad Restitutorem
An den Wiederhersteller

Michael de Nostradamus sanctis hoc Salonae fecit.
Michael de Nostradamus hat mit Hilfe der Heiligen dies [Werk] in Salon verfasst.

In nomine sanctorum non falso obrui ibi mutatione vaticinia ni hyle gentes paveat.
Im Auftrag der Heiligen, nicht durch Irrtum, habe ich dann [nach der Verschlüsselung] durch Änderung die Prophezeiungen verdunkelt, damit die Materie die Völker nicht ängstige.

Missum tempus opinato de eventu in creato mutans correptum in numen vetum.
Die scheinbar weggelassene Zeit für das Ereignis [findet sich] im Werk, wenn man die verdunkelte in die ursprüngliche Prophezeiung ändert.

Ich denke, diese Worte des Sehers bestätigen voll und ganz das hier von mir vorgelegte Entschlüsselungssystem und sollten selbst den größten Skeptiker überzeugen.

Der neue lateinische Text ist, wie gesagt, ein riesiges Anagramm des LATTextes2. Nostradamus wird wohl praktischerweise bei der Formulierung des Textes umgekehrt vorgegangen sein: Er hat bekannte lateinische Zitate, vielfach aus der Bibel, genommen, die er zu dem neuen Text, den er wirklich für uns Nachfahren schreiben wollte, umgeformt hat. Daher hat er nur einzelne Wörter beibehalten können.

Tatsächlich gibt uns ein Anagramm die Anzahl jener unverändert übernommenen Wörter an und auch jener, die nur infolge der grammatikalischen Endung eine Änderung erfahren haben. Diese Kontrolle hat sich vollauf bestätigt (siehe Anhang).

Aus BerH07 (Teil):
DF: DIE REIHE, WELCHE MAN DANN DURCH DIE INITIALEN ERHÄLT, NACHDEM ALLE VERSE BERECHNET SIND, WIE NAHE VON HIER BESCHRIEBEN, IST DAGEGEN ZU DEN BEIDEN LETZTEREN UNTERSCHIEDLICH. EINIGE WÖRTER DER ZWEITEN REIHE WECHSELN DORT IHREN PLATZ, ABER ES GIBT DIE GLEICHE ANZAHL.
BEI 12 WÖRTERN DER URSPRÜNGLICHEN REIHE MUSS MAN DIE ENDUNG WEGEN DER GRAMMATIK ANGLEICHEN UND 33 WÖRTER BLEIBEN OHNE ÄNDERUNG.

Mit all den angeführten Hilfsmitteln sind wir nun in der Lage, die Quatrains kontrolliert zweifach zu berechnen, d.h. zu chronologisieren, mit der Historie zu vergleichen und zu interpretieren. Ein umfassendes und ausgereiftes System - und dennoch eine schwierige und langwierige Aufgabe. Auch der Computer kann nur unterstützen, aber etwa die komplexe Aufgabe der zutreffenden Verskorrektur kaum lösen. In den vielen Jahren, seit ich den Schlüssel gefunden hatte, habe ich die Berechnung aller Quatrains ausgeführt. Durch neue Erkenntnisse über die Kontrollmöglichkeiten, die ich teilweise erst während der Arbeit, nach Vorliegen eines Teiles der Ergebnisse gewonnen habe, mussten diese Ergebnisse stets neu durchgesehen und geprüft werden. Nun liegen alle Ergebnisse fertig vor und ich kann sie präsentieren. Zunächst sei die praktische Handhabung an den sieben Quatrains gezeigt, in denen Nostradamus die Jahreszahl selbst vermerkt hat.

Die sieben Kontrollverse

In den vorhergehenden Kapiteln habe ich gezeigt, dass es den Jahrhunderte lang gesuchten mathematischen Schlüssel tatsächlich gibt. Nun musste er auch der praktischen Erprobung standhalten, wodurch sich seine allgemeine Gültigkeit beweisen musste. Der Schlüssel lässt sich natürlich an jedem Vers erproben, für den das geschichtliche Ereignis auf Grund besonderer Merkmale als gesichert angenommen werden kann.

Doch Nostradamus hat für eine eindeutige Möglichkeit zur Erprobung gesorgt: Es gibt sieben Quatrains, in denen er die Jahresangabe im Vers ausdrücklich angegeben hat; diese datierten Quatrains haben die Funktion von "Kontrollversen". Es sind dies die nachstehend angeführten Verse:

1. 49 :	1700	6.54 :	1607	10.91 :	1609
3.77 :	1727	8.71 :	1607		
6.2 :	1580	10.72 :	1999		

Zunächst möchte ich die Anwendung des Schlüssels an diesen sieben Versen demonstrieren. Damit der Leser die Beweisführung für die Entschlüsselung nachvollziehen kann, ist die Anwendung detailliert angeführt. Bei den in den späteren Bänden dieser Buchreihe vorgestellten Versen habe ich dies zwecks besserer Lesbarkeit nicht mehr durchgeführt. Die Versentschlüsselungen bringen jeweils zu Beginn in einer Tabelle den *Textvergleich,* soweit der Vers in den Originalen 1555W(ien) bzw. 1555A(lbi), 1557Ut(recht) bzw. 1557Bu(dapest) und 1568 enthalten ist, die *Wortuntersuchung* und den *korrigierten Verstext (c),* der zur weiteren Berechnung heranzuziehen ist. Ein * in der Tabelle bedeutet, dass die Schreibweise mit jener der vorhergehenden Fassung identisch ist. Bei Abweichungen sind zwecks Übersichtlichkeit alle Schreibweisen angegeben. Die in der französischen Schrift üblichen Akzente auf manchen Buchstaben sind in den Texten nicht aufgenommen worden, da es sie in den originalen Texten vielfach nicht gibt und sie für die Entschlüsselung auch nicht von Bedeutung sind.

Die Abkürzungen bedeuten:

MOY: gemäß *„Dictionnaire de l'ancien français - Le Moyen Age"*, Verlag Larousse
REN: gemäß *„Dictionnaire du moyen français - La Renaissance"*, Verlag Larousse
NIC : gemäß *„Thresor de la langue française"*, Jean Nicot, 1606
NEU: gemäß Wörterbuch der modernen französischen Sprache
LAT: lateinisches Wort, Langenscheidts Großes Schulwörterbuch
m, masc.: maskulin, männlich
f, fem.: feminin, weiblich
PPP: Partizip Perfekt Passiv
nn: nicht nachweisbar

In den Anmerkungen zu den Korrekturen wird auf Besonderheiten eingegangen.

Dann erfolgt die Berechnung in Form einer Tabelle, in der die Berechnungsschritte ersichtlich sind. In den einzelnen Zeilen sind eingetragen:

1. Zeile: AEIOU-Reihe (ob gerade=g oder ungerade=u ist oberhalb der Tabelle angeführt)
2. Zeile: laufende Nummer für die Versbuchstaben (1 bis 0)
3. Zeile: Vers (gelb hervorgehoben)
4. Zeile: für Vers geltende NOM- Reihe (Nr. oberhalb der Tabelle angeführt); falls erforderlich wird ein zweiter Durchgang in einer weiteren Zeile angegeben.
5. Zeile: für Vers geltende LAT- Reihe (Vokal oberhalb der Tabelle angeführt)

Die für die Berechnungen maßgebenden Vokale sind durch Kästchen färbig hervorgehoben:

Rot   = Jahrhundert
Grün   = Ergebnis mit NOM-Reihe
Braun = Ergebnis mit LAT-Reihe

Schließlich sind die dem Vers zugeordneten historischen Ereignisse beschrieben. Dem Leser wird bereits bei der Entschlüsselung der Kontrollverse klar werden, dass die Kenntnis der Jahreszahl den Eintritt eines Ereignisses exakt bestimmt, aber für die näheren Umstände dieses Ereignisses die Interpretation des Versinhaltes weiterhin von wesentlicher Bedeutung ist, da der Versinhalt leider nicht immer glasklar und verständlich ist!

Der Versinhalt kann sich auch über einen längeren Zeitraum erstrecken. In solchen Fällen bezieht sich die errechnete Jahreszahl ausnahmslos (!) auf die Ereignisse, die in der ersten Verszeile bzw. zu Beginn des Verses beschrieben sind. Nostradamus hat zur Klarstellung dieser Regel einen "Mustervers" geschaffen. Der Vers 6.2 weist zwei Jahreszahlen auf, wobei die Berechnung die in der ersten Verszeile genannte Zahl ergibt.

In den Kontrollversen sind relativ viele Buchstaben C enthalten, daher viele Ausbesserungen zu machen (durchschnittlich 6). Man kann annehmen, dass Nostradamus dies ganz bewusst so gemacht hat, um den Bearbeiter die verschiedenen Möglichkeiten der Korrektur vor Augen zu führen. Diese Möglichkeiten reichen von der einfachen orthographischen Korrektur, über die Einfügung und Versetzung von Wörtern bis zur anagrammatischen Behandlung von Wörtern, wobei Restbuchstaben als Fehler zu zählen, umzuformen oder auszuscheiden sind.

Nochmals möchte ich betonen, dass es im Hinblick auf altfranzösische Formen, die mehrfache Schreibweisen zulassen, oftmals schwierig ist, die richtigen Korrekturen zu finden. Diese Schwierigkeit wird aber durch die zweifache Berechnung der Jahreszahl weitgehend ausgeschaltet, da Mehrfachlösungen, die auch dasselbe Rechenergebnis erbringen, eher selten sind. Je mehr Quatrains man schließlich berechnet hat, desto größer wird die Überprüfungsmöglichkeit. Denn durch den lateinischen Buchstaben in der LATReihe werden der dritte lateinische Text und ein ganz bestimmter Platz in den AEIOU-Feldern definiert. Ein nicht passender Buchstabe oder eine Doppelbelegung eines Vokalfeldes zeigt sofort eine fehlerhafte Berechnung bzw. Verskorrektur an. Das größte Verständnis für die Berechnungsmethode und die Kontrollmöglichkeiten gewinnt man durch die praktische Arbeit an den Quatrains.

Vers 1.49 - 1700

Textvergleich und Wortuntersuchung:

1555W	1555A	1557Ut	1557Bu	1568	Wortuntersuchung	1555 c
Beaucoup		*		*		Beaucoup
beaucoup			(fehlt)	(fehlt)		long
auant		*		*		avant
telles		*		*		telle
menees		*		*	REN: menee f = Machenschaft,	menee
Ceux		Ceulx	Ceux	Ceux		Frayeurs
d'Orient		*		*		de l'Orient
par la		*		*		par toute
vertu		*		*		vertu
lunaire		*		*		lunaire
Lan		Lan	L'an	L'an		Ce l'an
mil sept		*		*		mil sept
cent		cens		cens		cens
feront		*		*	(Tausch)	grands
grand		grands		grands	(Tausch)	feront
emmenees		*		*	NIC emmener: wegführen,	emmenees
Subiugant		*		*	Richtig: subiuguant	Subiuguant
presques		presque		presque	MOY pres que, NEU presque	presque
le coing		*		*	REN coin, coing m = Ecke	le coing
Aquilonaire		*		*	NEU Aquilon m = Nordwind	Aquilonaire

Anmerkungen zu den Korrekturen: Der Vers enthält 5 c (daher sind 5 Korrekturen vorzunehmen). Orthographisch falsch ist das Wort *"subiugant"*. Die Verbesserungen und Einfügungen ergeben sich bei Anwendung der Berechnungsregeln und sind zur Erzielung eines übereinstimmenden Ergebnisses in beiden Berechnungsarten erforderlich. Die Buchstabenvertauschung (s) bei *presques/presque* und *grand/Grands*) sind regelgemäß nicht als Fehler zu zählen, ebenso wie die Einfügung eines Apostrophs *(l'an)*. Hervorgehoben wird, dass auch in beiden Ausgaben 1557 und in jener von 1568 die Schreibweise *grands* (mit s) und *presque* (ohne s) vorkommt.

1.49 Berechnung:

E-Reihe: gerade	NOM-Reihe Nr: 1	LAT-Reihe Vokal: O 2

```
                                          A E I O U A E I O U A E I O U
1 2 3 4 5 6 7 8 9 0 1 2 3 4 5 6 7 8 9 0 1 2 3 4 5 6 7 8 9 0 1 2 3 4 5 6 7 8 9 0
B E A U C O U P L O N G A V A N T T E L L E M E N E E F R A Y E U R S D E L ' O
H E N R I C A E S A R N O S T R A D A M U S N O S T R A D A M U S H E N R I C A
M P O R A N E C M O M E N T A E T C I N S O L U T A O R A T I O N E T R I P O D

A E I O U A E I O U A E I O U A E I O U A E I O U A E I O U A E I O U A E I O U
1 2 3 4 5 6 7 8 9 0 1 2 3 4 5 6 7 8 9 0 1 2 3 4 5 6 7 8 9 0 1 2 3 4 5 6 7 8 9 0
R I E N T P A R T O U T E V E R T U L U N A I R E C E L ' A N M I L S E P T C E
E S A R H E N R I N O S T R A D A M U S C A E S A R C A E S A R H E N R I N O S
E A E N E O F A T O D E O N A T U R A

A E I O U A E I O U A E I O U A E I O U A E I O U A E I O U A E I O U A E I O U
1 2 3 4 5 6 7 8 9 0 1 2 3 4 5 6 7 8 9 0 1 2 3 4 5 6 7 8 9 0 1 2 3 4 5 6 7 8 9 0
N S G R A N D S F E R O N T E M M E N E E S S U B I U G U A N T P R E S Q U E L
T R A D A M U S C A E S A R N O S T R A D A M U S H E N R I N O S T R A D A M U

A E I O U A E I O U A E I O U A E I O U
1 2 3 4 5 6 7 8 9 0 1 2 3 4 5 6 7 8 9 0 1 2 3 4 5 6 7 8 9 0 1 2 3 4 5 6 7 8 9 0
E C O I N G A Q U I L O N A I R E
S C A E S A R H E N R I H E N R I
```

Berechnung des Jahrhundert (rot)	1. Berechnung der Jahreszahl: (grün)	2. Berechnung der Jahreszahl (braun)	Ergebnis:
Platz Nr.: 37...67...137	NOM- Reihe: 02		**1700**
Vokalanzahl: **17**...31...60	minus V: - 2	LAT-Reihe: **00**	
	Differenz: 00	Platz Nr. 569	
	Invers: **00**	Buchstabe: M	

Anm.: Bei dieser Darstellung der Jahreszahl ist die jeweilige dritte Ident-Stelle nicht immer gekennzeichnet.

1.49 Historisches Ereignis: 1700
Die Osmanen werden zurückgedrängt

Der korrigierte Vers lautet:

Beaucoup long avant telle menee
Frayeurs de l'Orient par toute vertu lunaire
Ce l'an mil sept cens grands feront emmenees
Subiuguant presque le coing Aquilonaire.

Sehr lange vor solcher Machenschaft
(Gab es) Schrecken des Orients wegen der starken Mondkraft.
In diesem Jahr 1700 werden die Großen Wegführungen machen [56]
Beinahe die nördliche Ecke unterwerfend.

Der Zeitpunkt der Handlung (*menee, emmenees*) liegt gemäß der
dritten Verszeile im Jahr 1700. Die Berechnung der Jahreszahl gemäß
der Entschlüsselungsmethode hat dieses Jahr ebenfalls ergeben. Vor
dieser Zeit und den geschilderten Umständen haben Furcht und
Schrecken wegen der orientalischen Angriffe geherrscht. Die
Orientalen, die Türken, die unter dem Mondeinfluss (*vertu lunaire*)
stehen, führen seit jeher den Halbmond auf ihren Fahnen. Wenn auch
der Halbmond (ein Glücksymbol) offiziell erst 1793 in die
Nationalflagge eingefügt wurde, so war er schon früher
Hoheitszeichen des Osmanischen Reiches.

Schon lange Zeit zuvor (*beaucoup long avant*) waren die Türken in
Europa der Schrecken der christlichen Welt. 1645 hatten sie (mitten
im Frieden) das venezianische Kreta überfallen und drangen über
Ungarn bis nach Wien vor (1683) etc. Man muss sich
vergegenwärtigen, dass Ende des 17. Jahrhunderts ganz Griechenland
und der Balkan sowie große Teile Ungarns (bis zum Balaton) zum
Osmanischen Reich gehörten. Die Türkengefahr war groß wie nie!

Geschockt von der gerade noch bezwungenen Gefahr, schlossen sich
1684 „die Großen", nämlich Österreich, Polen, Venedig und Malta zur
"Heiligen Liga" gegen die Türken zusammen, später kam noch
Russland dazu. Schritt für Schritt konnten die Osmanen

zurückgedrängt werden (Schlachten bei Mohacs, Zenta u.a.). Ab dem Frieden von Karlowitz 1699 mussten sie große Einbußen („Wegführungen") ihres Reiches hinnehmen. 1700 verloren sie sogar durch den Friedensschluss mit Russland Asow, das seit 1471 in ihrem Besitz gestanden hatte.

Nach diesen Kriegen war das Osmanische Reich im Jahre 1700 fast der Auflösung nahe. Jedenfalls verlor es weitgehend an Einfluss in Europa, der „nördlichen Ecke" des Reiches. Auch wenn die Osmanen 1714 anlässlich eines neuerlichen Kriegsvorstoßes zu Allah um "Segen zur Eroberung von Morea, Rom und Wien" beteten - für Europa war die Türkengefahr endlich gebannt! [57]

Vers 3.77 - 1727

Textvergleich und Wortuntersuchung:

1555W	1555A	1557Ut	1557Bu	1568	Wortuntersuchung	1555 c
Le tiers	*		*		tiers, tierce adj. dritte	L'Aries
climat	*		*			sous
soubz	*			sous	NIC: soubs, soubz REN: sous	le tiers
Aries	*		*			climat
comprins	*		*			compris
Lan	L'an		L'an			En l'an
mil sept	*		*			mil sept
cens	*		*			cens
vingt & sept	*		*			vingt & sept
en Octobre	*		*			en Octobre
Le roy	*		*			Le roy
de Perse	*		*			en Perse
par ceux	par ceulx			par ceux	REN: ceux, ceulx	par ceux
d'Egypte	*	d'Egipte	d'Egypte			d'Egypte
prins	*		*			pris
Conflict	Conflit			Conflit	MOY, REN: conflit, NIC :conflict	Conflit
mort	*		*			mort
perte	perte			perte		perte
a la croix	*		*			à la croix
grand	*		*			grand
opprobre	oprobre		*		oprobre nn	opprobre

Anmerkungen zu den Korrekturen: Der Vers enthält 8 c (daher sind 8 Korrekturen vorzunehmen). Zu den einzelnen Korrekturen gibt es keine Besonderheiten. Bei einer Wahlmöglichkeit (etwa *ceux* oder *ceulx*) wurde jene Variante gewählt, welche die Berechnung der Jahresangabe zuließ. Aus diesem Grund war auch die Umstellung der Wörter in der ersten Verszeile erforderlich. Besonders sei auf die vielfältige Bedeutung von *prins/pris* (PPP von *prendre*) hingewiesen. REN gibt über 30 Verwendungsmöglichkeiten an, wovon herausgestellt werden: beginnen, drängen, bedrängen, zusammendrücken, befolgen, vermerken, fangen, angreifen, ereignen. Es muss daher nicht notwendigerweise mit „gefangen genommen" übersetzt werden.

3.77 Berechnung:

E-Reihe: ungerade	NOM-Reihe Nr: 12	LAT-Reihe Vokal: E 2

```
        A E I O U U O I E A A E I O U U O I E A A E I O U U
1 2 3 4 5 6 7 8 9 0 1 2 3 4 5 6 7 8 9 0 1 2 3 4 5 6 7 8 9 0 1 2 3 4 5 6 7 8 9 0
L ' A R I E S S O U S L E T I E R S C L I M A T C O M P R I S E N L ' A N M I L
N O S T R A D A M U S C A E S A R H E N R I N O S T R A D A M U S H E N R I C A
T R A D A M U S C A E S A R H E N R I N O S T R A D A M U S H E N R I C A E S A
P A R T I C U L A R I A P R O P H E T A D I C I T U R H O D I E O L I M V O C A

O I E A A E I O U U O I E A A E I O U U O I E A A E I O U U O I E A A E I O U U
1 2 3 4 5 6 7 8 9 0 1 2 3 4 5 6 7 8 9 0 1 2 3 4 5 6 7 8 9 0 1 2 3 4 5 6 7 8 9 0
S E P T C E N S V I N G T & S E P T E N O C T O B R E L E R O Y E N P E R S E P
E S A R H E N R I N O S T R A D A M U S C A E S A R C A E S A R H E N R I N O S
R H E N R I N O S T R A D A M U S C A E S A R C A E S A R H E N R I N O S T R A
B A T U R V I D E N S S E D Q U A N D O S U B M O U E N D A E R I T I G N O R A

O I E A A E I O U U O I E A A E I O U U O I E A A E I O U U O I E A A E I O U U
1 2 3 4 5 6 7 8 9 0 1 2 3 4 5 6 7 8 9 0 1 2 3 4 5 6 7 8 9 0 1 2 3 4 5 6 7 8 9 0
A R C E U X D ' E G Y P T E P R I S C O N F L I T M O R T P E R T E A L A C R O
T R A D A M U S C A E S A R N O S T R A D A M U S H E N R I H E N R I C A E S A
D A M U S C A E S A R N O S T R A D A M U S H E N R I H E N R I C A E S A R N O
N T I A P O S S U M N O N E R R . . . .

O I E A A E I O U U O I E A A
1 2 3 4 5 6 7 8 9 0 1 2 3 4 5 6 7 8 9 0 1 2 3 4 5 6 7 8 9 0 1 2 3 4 5 6 7 8 9 0
I X G R A N D O P P R O B R E
R N O S T R A D A M U S N O S
S . . .
```

Berechnung des Jahrhunderts (rot)	1. Berechnung der Jahreszahl: (grün)	2. Berechnungs der Jahreszahl (braun)	Ergebnis:
Platz Nr.: 16...46...56	NOM- Reihe: 73	LAT-Reihe: 27	1727
Vokalanzahl: 8...17...19	minus V: -1	Platz Nr. 342	
	Differenz: 72	Buchstabe: P	
	Invers: 27		

Anm.: Bei dieser Darstellung der Jahreszahlen ist die jeweilige dritte Ident-Stelle nicht immer gekennzeichnet.

3.77 Historisches Ereignis: 1727 Unruhen in Persien

Die korrigierte Vers lautet:

L'Aries sous le tiers climat compris
En l'an mil sept cens vingt & sept en Octobre
Le roy en Perse par ceux d'Egypte pris
Conflit, mort, perte, à la croix grand opprobre.

Der Widder, verstanden unter dem dritten Klima,
Im Jahr 1727 im Oktober;
Der König in Persien (wird) von denen aus Ägypten angegriffen,
Krieg, Tod, Verlust, für das Kreuz große Schande.

Schon Loog [58] verweist 1921 darauf, dass die "Mystiker des Mittelalters die Länder Europas mit den Zeichen des Tierkreises bezeichneten und dass der Osten Europas (der heutige geographische Begriff Russland) unter dem Zeichen des Widders stand." Damit meint Loog, "genügendes Licht" auf die erste Zeile geworfen zu haben.

Befasst man sich ein wenig eingehender mit diesen Begriffen, stößt man auf die astrologische Lehre von Claudius Ptolemäus (100-178), die durch die babylonische Astrologie, vor allem vertreten durch Al-Kindi (800-874) und seinem Schüler Albumasar (805-886) und durch Albohazen Haly (um 1040) zur neuen Blüte gelangte.

Ptolemäus beschrieb in seinem grundlegenden astrologischen Werk *Tetrabiblos* ausführlich auf welche Weise die verschiedenen Gegenden der Erde den Gestirnen entsprechen.[59] Dem Widder *(Aries)* wies er folgende Gebiete zu: Britannien, Galatien (Zentralanatolien), Germanien, Bastarnien (nördl. Mündungsgebiet der Donau), Cava Syria (nördl. von Damaskus), Palästina, Idumaea und Judaea. Persien dagegen ist dem Stier zugeordnet.

Halys Werk *De iudiciis Astrorum* wurde 1520 in Venedig gedruckt. Es wurde bereits anlässlich der Besprechung des Briefes an Caesar erwähnt.[60]

119

Nostradamus dürfte nicht nur den Begriff der „judiziellen Astrologie" aus diesem Werk übernommen haben, sondern auch die Einteilung der „Climata". Halys Werk, das sich auf die Schriften von Ptolämeus bezieht, beschreibt sieben solche Klimate, die durch geographische Breitenkreise begrenzte Flächen von unterschiedlicher Größe darstellen. Das dritte Klima *(Le tiers climat)* erstreckt sich nach Haly etwa zwischen dem 29. und 33. Breitengrad und dehnt sich längenmäßig im Osten vom westlichen Afrika bis China aus. Haly gibt auch, getrennt nach den Klimaten, für die wichtigsten damals bekannten Ortschaften geographische Koordinaten an.

Nostradamus spricht von einem Gebiet unter dem Einfluss des Widders, das sich innerhalb des dritten Klimats befindet. Von den bei Ptolemäus genannten Gebieten kommen daher nur Palästina, Idumäa und Judäa in Frage. Diese Gebiete standen seit 1516 unter der Herrschaft der Osmanen.

Im Jahre 1727, das in der zweiten Verszeile angegeben ist, war Ashraf (1725-1729) Herrscher in Persien *(Le Roy de Perse)*. Ägypten unterstand ebenfalls seit früher Zeit, 1517, der Herrschaft, dem „Protektorat", der Türken. Nostradamus schreibt auch nicht "die Ägypter", sondern "die *aus* Ägypten" *(ceux d'Egypte)* - ein feiner, hier aber bedeutsamer Unterschied und ein Zeichen für die Präzision von Nostradamus, auch in Details. Wieder meint er die Osmanen. Was geschah zu dieser Zeit?

Zar Peter der Große von Russland hatte 1724, etwa ein Jahr vor seinem Tod, mit der Hohen Pforte, der Regierung des Osmanischen Reiches, einen Vertrag abgeschlossen, der die gemeinsame Annexion und Teilung der nordwestlichen Gebiete von Persien zum Ziele hatte. Die Türken begannen daher, nachdem ihre Expansionsbestrebungen in Richtung Europa verhindert worden waren (siehe den vorausgehenden Vers 1.49), ihre Feindseligkeiten gegen ihren östlichen Nachbarn, Persien, zu verstärken, wobei sie die Veränderungen in der Machtstruktur in Persien ausnutzten. In Persien war die sunnitische Dynastie der Afghanen an die Macht gekommen, nachdem sie die schiitischen Safawiden vernichtend geschlagen hatten. Im Jahr 1726 gelang es zwar Ashraf, die Türken zurückzuschlagen, aber in dem am 3. Oktober 1727 geschlossenen Friedensvertrag erhielt die Türkei die westlichen Gebiete Persiens, mit Täbris und Hamadan. Russland erhielt das kaspische Küstengebiet. Ashraf stimmte diesem Frieden, der für ihn einen „Gebietsverlust" *(perte)* bedeutete, unter der Bedingung zu, dass sein Königtum anerkannt würde.[61] Die letzte Verszeile fasst im Telegrammstil das Geschehen zusammen: Krieg und Tod, auch nach dem Frieden von Hamadan, zwecks Rückeroberung der persischen Gebiete. Die Schande für das Kreuz, der christlich-orthodoxen Kirche, bestand darin, dass Russland mit dem Erzfeind des Kreuzes, den Osmanen, einen Vertrag zum Länderraub abgeschlossen hatte.

Vers 6.2 - 1580

Textvergleich und Wortuntersuchung:

1555W	1555A	1557Ut	1557Bu	1568	Wortuntersuchung	1557 c
nicht		En l'an		*		En l'an
enthalten		cinq		*		cinq
		cens		*		cens
		octante		*		et octante
		plus & moins		*		plus ou moins
		On		*		On
		attendra	attend	attendra	1557 Präsens, 1568 Futur	sera attendre
		le siecle		*		le siecle
		bien		*		tant
		estrange		*		estrange
		En l'an		*		En l'an
		sept		*		sept
		cens,	cens	cens,		cens,
		& trois		*		et trois
		cieulx		cieux		cieulx
		en		en		en
		tesmoings	tesmoins	tesmoings	REN tesmoin, tesmoing m	tesmoins
		Que		*		Que feront
		plusieurs		*		plusieurs
		regnes		*		des regnes
		vn a cinq		*		un de cinq
		feront		*		--
		change		*		change

Anmerkungen zu den Korrekturen: Der Vers enthält 8 c (daher sind 8 Korrekturen vorzunehmen). Viele dieser Korrekturen sind leicht einzusehen. Die Präsensform "Man erwartet" (*On attend*) ist sicher nicht richtig, da sonst im Vers das Futurum benützt wird; besser erscheint zunächst die Fassung 1568, in der die Zukunftsform "Man wird erwarten" (*On attendra*) aufscheint. Die Berechnung der Jahresangaben erfordert aber die Einfügung von *sera,* mit dem angeschlossenen Infinitif *attendre,* und ist dann sinngemäß zu übersetzen: "Man wird zu erwarten haben". Das Wort *trois* gehört - folgt man den Ausgaben 1557Ut und 1568, in der nach *cens* ein Beistrich zu finden ist - zu *cieulx* und nicht zur vorausgehenden Zahl, die somit 1700 (und nicht 1703) lautet; *un a cinq* sollte wohl besser *un de cinq* lauten – eines von fünf Reichen macht den Wechsel.

6.2   Berechnung

E-Reihe: ungerade	NOM-Reihe Nr: 10	LAT-Reihe Vokal: E 2

A E I O

1	2	3	4	5	6	7	8	9	0	1	2	3	4	5	6	7	8	9	0	1	2	3	4	5	6	7	8	9	0	1	2	3	4	5	6	7	8	9	0
E	N	L	'	A	N	C	I	N	Q	C	E	N	S	E	T	O	C	T	A	N	T	E	P	I	U	S	O	U	M	O	I	N	S	O	N	S	E	R	A
H	E	N	R	I	C	A	E	S	A	R	N	O	S	T	R	A	D	A	M	U	S	H	E	N	R	I	N	O	S	T	R	A	D	A	M	U	S	C	A

U	U	O	I	E	A	A	E	I	O	E	U	O	I	E	A	A	E	I	O	U	U	O	I	E	A	A	E	I	O	U	U	O	I	E	A	A	E	I	O
1	2	3	4	5	6	7	8	9	0	1	2	3	4	5	6	7	8	9	0	1	2	3	4	5	6	7	8	9	0	1	2	3	4	5	6	7	8	9	0
A	T	T	E	N	D	R	E	L	E	S	I	E	C	L	E	T	A	N	T	E	S	T	R	A	N	G	E	E	N	L	'	A	N	S	E	P	T	C	E
E	S	A	R	C	A	E	S	A	R	N	O	S	T	R	A	D	A	M	U	S	H	E	N	R	I	N	O	S	T	R	A	D	A	M	U	S	H	E	N

1	2	3	4	5	6	7	8	9	0	1	2	3	4	5	6	7	8	9	0	1	2	3	4	5	6	7	8	9	0	1	2	3	4	5	6	7	8	9	0
N	S	E	T	T	R	O	I	S	C	I	E	U	L	X	E	N	T	E	S	M	O	I	N	S	Q	U	E	F	E	R	O	N	T	P	L	U	S	I	E
R	I	C	A	E	S	A	R	C	A	E	S	A	R	H	E	N	R	I	N	O	S	T	R	A	D	A	M	U	S	N	O	S	T	R	A	D	A	M	U
E	N	D	A	E	R	I	T	I	G	N	O	R	A	N	T	I	A	P	O	S	S	U	M	N	O	N	E	R	R	A	R	E	F	A	L	L	I	D	E

1	2	3	4	5	6	7	8	9	0	1	2	3	4	5	6
U	R	S	D	E	S	R	E	G	N	E	S	U	N	D	E	C	I	N	Q	C	H	A	N	G	E
S	C	A	E	S	A	R	H	E	N	R	I	H	E	N	R	I	C	A	E	S	A	R	N	O	S
C	I	P	I	Q	U	I	A	O	M	N	I	A	S	U	N	T	N	U	D	A	E	T	A	P	E	R	T	A

Berechnung des Jahrhunderts (rot)	1. Berechnung der Jahreszahl: grün)	2. Berechnung der Jahreszahl (braun)	Ergebnis:
Platz Nr.: 38...48...68	NOM- Reihe: 08	LAT-Reihe: **80**	**1580**
Vokalanzahl: **15**...19 ...27	minus V: 0	Platz Nr. 328	
	Differenz: 08	Buchstabe: R	
	Invers: **80**		

Anm.: Bei dieser Darstellung der Jahreszahlen ist die jeweilige dritte Ident-Stelle nicht immer gekennzeichnet.

6.2 Historisches Ereignis: 1580
Ein seltsames Jahrhundert

Der korrigierte Vers lautet:

En l'an cinq cens et octante, plus ou moins,
On sera attendre le siecle tant estrange.
En l'an sept cens, et trois cieulx en tesmoins,
Que feront plusieurs des regnes, un de cinq, change.

Im Jahre 580, mehr oder weniger,
Wird man das sehr seltsame Jahrhundert zu erwarten haben.
Im Jahre 700, und drei Himmel (sind) dafür Zeugen,
Dass mehrere Reiche, eines von fünf, den Wechsel vollziehen
werden.

Ein Vers, in dem (als einzigem) zwei Jahreszahlen genannt werden.
Sie umfassen eine Zeitspanne von 120 Jahren. Da die Tausenderzahl
jeweils weggelassen ist, wie es früher vielfach üblich war, wenn man
das aktuelle Jahrhundert bezeichnete, ist das sechzehnte Jahrhundert
gemeint.

Die Jahresangabe in der dritten Verszeile scheint zunächst nicht
völlig eindeutig, da in manchen Ausgaben der *Prophéties* die
Interpunktionen fehlen. Zum Vergleich:

1557Bu   *En l'an sept cens & trois cieulx en tesmoins*
         kann zweifach übersetzt werden:
         Im Jahre 1700 (,) und drei Himmel bezeugen es
         Im Jahre 1703 (, die) Himmel bezeugen es

1557Ut   *En l'an sept cens, & trois cieu(l)x en tesmoings.*
1568   Im Jahre 1700, und drei Himmel bezeugen es

Ich folge den Ausgaben 1557Utrecht und 1568, die sich im
Allgemeinen als sehr zuverlässig erwiesen haben. Die Berechnung
bestätigt dies.

Welches historische Ereignis steckt nun in diesem Vers?

Papst Gregor XIII. (1572 - 1585) setzte eine Gelehrten-Kommission ein, um eine Klärung herbeizuführen, in welcher Weise der Julianische Kalender, der noch auf Julius Caesar (45 v.Chr.) zurückging, berichtigt werden müsse. Man hatte nämlich festgestellt, dass die Frühlings-Tagundnachtgleiche anstatt auf den 21. schon auf den 11. März fiel. Dies lag darin begründet, dass der Julianische Kalender das Jahr mit 365 Tagen und 6 Stunden berechnete, was jedoch um ca. 11 Minuten zu lang war. Überdies waren die Schaltjahre schlecht angesetzt. Dadurch war der Fehler bis dahin schon auf 10 Tage angewachsen.

Die Kommission legte dem Papst ihre Vorschläge vor. Nach reiflicher Überlegung setzte Gregor XIII. mit päpstlicher Bulle "Inter gravissimas" vom 24. Februar 1582 („1580, mehr oder weniger"), die Kalenderreform in Kraft. Zur Bereinigung des entstandenen Fehlers bestimmte der Papst, dass auf den 4. Oktober 1582 gleich der 15. Oktober 1582 folgen sollte; weiters wurde eine neue Regelung für die Bestimmung der Schaltjahre getroffen. Mit dem "Gregorianischen Kalender" hat Papst Gregor XIII. seinen Namen in der Geschichte verewigt.

Italien, Spanien, Portugal, Frankreich und die katholische Schweiz haben noch im selben Jahr den neuen Kalender eingeführt. Die übrigen katholischen Länder führten ihn bis 1585 ein. Die protestantischen und orthodoxen Länder blieben jedoch beim Julianischen Kalender. Sie lehnten "des Papstes Schlangenverstand und Fuchslist" ab.[62]

Damit dürfte auch die - etwas ironische - Formulierung der „drei Himmel" verständlich sein, gemeint ist - der katholische, der protestantische und der orthodoxe „Himmel".

Dadurch brach tatsächlich "ein sehr seltsames Jahrhundert" *("le siecle tant estrange")* in Europa an! Rechnete man doch etwa im katholischen Deutschland anders als im protestantischen.

Exakt im Jahre 1700 gingen das protestantische Deutschland und die skandinavischen Länder vom Julianischen Kalender ab. Nostradamus weist aber darauf hin, dass in diesem Jahr erst ein Fünftel („*un de cinq*") der Reiche den neuen Kalender übernehmen werden. Und es stimmt! Beispielsweise änderte Großbritannien seinen

Kalender erst 1752. Das große Russland führte den Gregorianischen Kalender erst 1918, Griechenland 1923, Rumänien 1924 ein.

Ich sehe diesen Quatrain, in dem zwei ganz verschiedene Jahreszahlen genannt sind, auch als Musterbeispiel dafür an, dass stets das in der ersten Verszeile genannte Ereignis die Zeitangabe eines Quatrains, das zu berechnende Jahr, bestimmt.

Vers 6.54 - 1607

Textvergleich und Wortuntersuchung:

1555W	1555A	1557Ut	1557Bu	1568	Wortuntersuchung	1557 c
nicht		Au		*		A
enthalten		poinct	point	poinct		pointe
		du iour		*		du iour
		au		*		Mars à
		second chant		*		second chant
		du coq		*		du coq
		Ceulx		*	REN ceux, ceulx (beides möglich)	De ceux
		de Tunes,		*		de Tunes
		de Fez,		*		Fez
		& de Bugie		*		& Bugie
		Par les		*		Et par les
		Arabes		*		Arabes
		captif		*		captifs
		le Roy	le roy	le Roy		le Roy
		Maroq		*		de Maroq
		L'an		*		A l'an
		mil six cens		*		mil six cens
		& sept		*		sept
		de		*		de trouvee
		Liturgie		*		Liturgie

Anmerkungen zu den Korrekturen: Der Vers enthält 7 c (daher sind 7 Korrekturen vorzunehmen).
"Au point" wäre zu übersetzen mit: "auf der Stelle, auf der Spitze" ; somit *"au point du iour"* im übertragenen Sinne "zur Spitze des Tages", also zu Mittag. Dies widerspricht jedoch dem "zweiten Hahnenschrei" *("second chant du coq")*! Es gibt noch folgende Phrasen: *"à point"* (rechtzeitig) und *"à pointe du iour"* (bei Tagesanbruch); letztere erscheint im Kontext sinnvoll. Die Worteinfügungen *"Mars"* und *"trouvée"* ergeben sich durch die Berechnung, sind jedoch nicht sinnändernd, vielmehr verdeutlichen sie den Verstext. Weiters musste durch die Berechnung das Zeichen & versetzt werden (*„Et/& par les Arabes…"*: Sind &-Zeichen am Zeilenbeginn der Verse in der Berechnung notwendig, werden diese bei der Zitierung des Verses wegen des schöneren Schriftbildes stets ausgeschrieben; gilt für die gesamte Buchreihe).

6.54 Berechnung

E-Reihe: gerade	NOM-Reihe Nr: 11	LAT-Reihe Vokal: O3

```
            A E I O U A E I O U A E I O U A E I O U A
1 2 3 4 5 6 7 8 9 0 1 2 3 4 5 6 7 8 9 0 1 2 3 4 5 6 7 8 9 0
A P O I N T E D U I O U R M A R S A S E C O N D C H A N T D U C O Q D E C E U X
N O S T R A D A M U S C A E S A R H E N R I C A E S A R H E N R I N O S T R A D
E S T D E T E R M I N A T A O M N I N O V E R I T A S F A C I E B A T M I C H A

E I O U A E I O U A E I O U A E I O U A E I O U A E I O U A E I O U A E I O U A
1 2 3 4 5 6 7 8 9 0 1 2 3 4 5 6 7 8 9 0 1 2 3 4 5 6 7 8 9 0 1 2 3 4 5 6 7 8 9 0
D E T U N E S F E Z & B U G I E & P A R L E S A R A B E S C A P T I F S L E R O
A M U S N O S T R A D A M U S H E N R I C A E S A R C A E S A R N O S T R A D A
E L N O S T R A D A M U S S A L O N A E P E R T E M O U S E T I N O C C A S I O

1 2 3 4 5 6 7 8 9 0 1 2 3 4 5 6 7 8 9 0 1 2 3 4 5 6 7 8 9 0 1 2 3 4 5 6 7 8 9 0
Y D E M A R O Q A L ' A N M I L S I X C E N S S E P T D E T R O U V E E L I T U
M U S H E N R I H E N R I N O S T R A D A M U S C A E S A R H E N R I C A E S A
N E T E M P O R I S T R I U M V I R A T S A N C T A S A N C T O R U M

1 2 3 4
R G I E
R N O S T R A D A M U S
```

Berechnung des Jahrhunderts (rot)	1. Berechnung der Jahreszahl: (grün)	2. Berechnung der Jahreszahl (braun)	Ergebnis:
Platz Nr.: 36...46...56	NOM-Reihe: 71	LAT-Reihe: 07	1607
Vokalanzahl: 16...21 ...25	minus V: 1	Platz Nr. 731	
	Differenz: 70	Buchstabe: E	
	Invers: 07		

Anm.: Bei dieser Darstellung der Jahreszahlen ist die jeweilige dritte Ident-Stelle nicht immer gekennzeichnet.

6.54 Historisches Ereignis: 1607 Machtkampf in Marokko

Der korrigierte Vers lautet:

À pointe du iour Mars à second chant du coq
De ceux de Tunes, Fez & Bugie
Et par les Arabes captifs, le roy de Maroq
À l'an mil six cens sept de trouvee Liturgie.

Bei Tagesanbruch, Krieg beim zweiten Hahnenschrei,
Durch jene von Tunis, Fez und Bugie.
Und durch die Araber Gefangene, der König von *Maroq*
Im Jahr 1607, der geltenden Liturgie.

Beginnen wir die Untersuchung des Versinhaltes bei den genannten Orten, bezogen auf das Jahr 1607: Tunis war bereits im 16. Jahrhundert die Hauptstadt des gleichnamigen Landes Tunis (Tunesien), das seit 1574 unter türkischer Hoheit stand. Fez war nach Marrakesch wichtigste Stadt von Marokko, welches unter der Dynastie der Saadier (ab 1549) einen politischen und wirtschaftlichen Aufschwung erlebte. Bugie ist das heutige Bejaia in Algerien, bis 1963 Bougie genannt; die im Golf von Bejaia liegende Stadt war im Mittelalter ein wichtiger Handelshafen, zeitweise ein gefürchteter Seeräuberhafen. Zur Zeit von Nostradamus, nämlich von 1509 bis 1555, war es spanisch besetzt und führte den Namen Bugia. Dann wurde es von den Türken erobert.

Am 25. August 1603 starb der mächtige Sultan Ahmed al-Mansur, „der Siegreiche", (1578-1603), unter dem Marokko eine wirtschaftliche Blüte erlebt hatte. Politisch konnte er sich in seinen späteren Regierungsjahren weitgehend vom osmanischen Machtbereich abgrenzen. Das Land hatte sich unter seiner Regierung erweitert und er unternahm Vorstöße bis nach Senegal. Nach seinem Tod, infolge der Pest, entbrannte unter seinen Söhnen ein Bruderkrieg um die Herrschaft, der das Land in die Anarchie stürzte. Die Dynastie spaltete sich in eine Herrschaft in Fez und eine in Marrakesch. In diesem Krieg um die Macht mischten sich auch die Nachbarstaaten, die unter osmanischer Oberhoheit standen, begierig ein.

Die verwirrenden Ereignisse, die die arabischen Quellen leider nicht immer in gleicher Weise schildern, können folgendermaßen zusammengefasst werden: Zunächst wurde des verstorbenen Sultans Sohn, Zidan, in Fes zum neuen Herrscher ausgerufen. Die Hauptstadt Marrakesch anerkannte jedoch Zidan nicht und rief seinen Halbbruder Abou Fârès zum Sultan aus. Marrakesch hieß französisch *Maroc*, das aus der arabischen Bezeichnung stammte und dem ganzen Land den Namen gab.

Der dritte im Kampf um den Thron war Eccheikh ein weiterer Halbbruder Zidans und der leibliche Bruder von Abou Fârès. Eccheikh war schon in den Jahren 1579 und 1584 von seinem Vater, Al-Mansour, zum Nachfolger bestimmt worden. Sein liederlicher Lebenswandel und seine Auflehnung gegen den Vater veranlassten diesen jedoch, Eccheikh seiner Ämter zu entheben und ihn in der Stadt Méquinez (Meknes) einzukerkern, sowie Zidan in Fez und Abou Fârès in Marrakesch zu seinen Stellvertretern zu ernennen. Nach dem Tod des Sultans Al-Mansour befreite Abou Fârès seinen Bruder Eccheikh, jedoch nicht aus Bruderliebe, sondern aus Eigennutz. Zunächst kerkerte er ihn in Marrakesch ein, ließ ihn aber dann frei, denn er sollte für ihn gegen Zidan in den Kampf ziehen. Es scheint, als hoffte Abou Fârès, dadurch mindestens einen seiner beiden Rivalen aus dem Weg räumen zu können. Eccheikh ging aus dem Kampf als Sieger hervor, Zidan musste aus Fez, das von ihm abfiel, fliehen und Eccheikh zog in die Stadt ein, dessen Einwohner ihn mit Freuden als neuen Herrscher aufnahmen. Doch Eccheikh wollte nicht nur einen Teil des Kuchens. Er stellte ein Heer auf, gab seinem Sohn Abdallah den Oberbefehl und schickte ihn gegen Marrakesch, um Abou Fârès abzusetzen. Abdallah zog am 22. Dezember 1606 siegreich in Marrakesch ein, Abou Fârès floh, Eccheikh schien sein Ziel erreicht zu haben. Doch Abdallah übte eine fürchterliche Schreckensherrschaft in Marrakesch aus, sodass die Bewohner Zidan zu Hilfe riefen.

Die Geschichte hat nun das Jahr 1607 erreicht und das im Quatrain geschilderte Geschehen. Zidan hatte aus der unter algerischer Hoheit stehenden Stadt Tlemcen den Widerstand gegen seine Halbbrüder organisiert und dabei die Unterstützung der Osmanen in Algier (Bugie) und Tunis gefunden. Überraschend fiel er kurz nach Mitternacht, „frühmorgens, wenn die Hähne krähen" in die Stadt Marrakesch (Maroc) ein.

Nostradamus nennt im Quatrain die Streitparteien im Kampf um den Thron von Marokko: auf der einen Seite (zweite Verszeile) die Zidan treu gebliebenen Anhänger aus Fez, verstärkt durch Truppen aus Tunesien und Algerien; auf der anderen Seite (dritte Verszeile) Eccheikh und seine Gefolgsleute, die Gefangenen, „par les Arabes captifs" durch die eigenen Leute, nämlich durch den Vater und den Bruder festgesetzt, und „le roy de Maroq" - Abou Fârès. Maroq im Quatrain ist also nicht das Land Marokko, sondern die Stadt Marrakesch.

Besondere Beachtung sei dem Zusatz *de trouvée liturgie* in der letzten Verszeile geschenkt, über den frühere Interpreten viel gerätselt haben. Manche sahen darin nicht die geläufige Zeitrechnung und verlegten das Ereignis in die Zukunft.

Dem im Quatrain angegebenen Jahr wollte offenbar niemand wirklich Glauben schenken. Natürlich bedarf es einer gründlichen Recherche.

Der Sachverhalt liegt einfacher: Der Inhalt des gesamten Verses bezieht sich - anders als in den meisten Versen der Centurien - auf Ereignisse in Afrika, in den Ländern der arabischen Welt, in der auch eine andere Zeitrechnung, ein anderer Kalender gültig ist. Die islamische Zeitrechnung beginnt mit dem Jahr der Hedschra (Hedjra), also der Auswanderung Mohammeds aus Mekka nach Medina (622 n.Chr.). Zur Klarstellung, dass die Jahresangabe im Quatrain nicht nach dem islamischen, sondern eben dem römischen Kalender angegeben ist, hat Nostradamus den für manche Interpreten "eigenartigen" Zusatz gemacht. "Liturgie" bedeutet im engeren Sinn die Form und den Inhalt des christlichen Gottesdienstes im Ablauf eines Kirchenjahres. Die Gleichsetzung dieses Begriffes mit dem Kalenderjahr erscheint jedoch durchaus zulässig. Durch die Anwendung der Berechnungsregeln ergibt sich der Zusatz „*trouvée*", die „vorgefundene", also die geltende Liturgie. Tatsächlich war der Kalender im Jahre 1607 ein anderer als jener, der zu Lebzeiten von Nostradamus gegolten hatte. Papst Gregor XIII. hatte inzwischen die Kalenderreform eingeführt (1582).

Vers 8.71 - 1607

Textvergleich und Wortuntersuchung:

1555W	1555A	1557Ut	1557Bu	1568	Wortuntersuchung	1568 c
				Croistra		Croistra
				le nombre		si grand
	nicht		nicht	si grand		le nombre
	enthalten		enthalten	des		des
				astronomes		astronomes
				-		Prins,
				Chassez,	PPP von chasser verfolgen	chassez
				bannis	PPP von bannir verbannen	& bannis
				& liures	livres m pl Bücher, Werke (REN)	livre
				censurez.		censure.
				L'an mil		En l'an mil
				six cens		six cens
				& sept		& sept
				par		par
				sacre	Plural-s fehlt	sacres
				glomes	LAT glomus: Knäuel, Haufen	glomes
				Que		Que
				nul		nul lieu
				aux sacres		des sacres
				ne seront		sera
				asseurez.		asseure.

Anmerkungen zu den Korrekturen: Der Vers enthält 6 c (daher sind 6 Korrekturen vorzunehmen). Die meisten Ausbesserungen und Ergänzungen ergeben sich bei der Anwendung der Entschlüsselungsregeln bzw. sind grammatikalisch bedingt; etwa *"ne seront"* soll lauten *"ne sera"* (es wird nicht sein"); bei *"sacre glomes"* fehlt das Plural-s, das von *asseure(s)* übernommen wird (z=s).
Schwierig zu "übersetzen" ist *glomes*, ein Wort, welches in der französischen Sprache nicht existiert. Siehe die nachfolgenden geschichtlichen Erläuterungen.

8.71 Berechnung

E-Reihe: ungerade	NOM-Reihe Nr: 3	LAT-Reihe Vokal: I 3

									A	E	I	O	U	U	O	I	E	A	A	E	I	O	U	U	O	I	E	A	A	E	I	O	U
1	2	3	4	5	6	7	8	9	0	1	2	3	4	5	6	7	8	9	0	1	2	3	4	5	6	7	8	9	0	1	2	3	4	5	6	7	8	9	0
C	R	O	I	S	T	R	A	S	I	G	R	A	N	D	L	E	N	O	M	B	R	E	D	E	S	A	S	T	R	O	N	O	M	E	S	P	R	I	N
C	A	E	S	A	R	N	O	S	T	R	A	D	A	M	U	S	H	E	N	R	I	C	A	E	S	A	R	H	E	N	R	I	N	O	S	T	R	A	D
E	T	I	N	O	C	C	A	S	I	O	N	E

U	O	I	E	A	A	E	I	O	U	U	O	I	E	A	A	E	I	O	U	U	O	I	E	A	A	E	I	O	U
1	2	3	4	5	6	7	8	9	0	1	2	3	4	5	6	7	8	9	0	1	2	3	4	5	6	7	8	9	0
S	C	H	A	S	S	E	Z	&	B	A	N	N	I	S	L	I	V	R	E	C	E	N	S	U	R	E	E	N	L	'	A	N	M	I	L	S	I	X	C
A	M	U	S	H	E	N	R	I	C	A	E	S	A	R	N	O	S	T	R	A	D	A	M	U	S	N	O	S	T	R	A	D	A	M	U	S	C	A	E
		E	F	F	U	N	D	A	M	S	P	I	R	I	T	U	M

U	O	I	E	A	A	E	I	O	U	U	O	I	E	A	A	E	I	O	U	U	O	I	E	A	A	E	I	O	U
1	2	3	4	5	6	7	8	9	0	1	2	3	4	5	6	7	8	9	0	1	2	3	4	5	6	7	8	9	0
E	N	S	&	S	E	P	T	P	A	R	S	A	C	R	E	S	G	L	O	M	E	S	Q	U	E	N	U	L	L	I	E	U	D	E	S	S	A	C	R

1	2	3	4	5	6	7	8	9	0	1	2	3	4	5	6	7	8	9	0	1	2	3	4	5	6	7	8	9	0
E	S	S	E	R	A	A	S	S	E	U	R	E

Berechnung des Jahrhunderts: (rot)	1. Berechnung der Jahreszahl: (grün)	2. Berechnung der Jahreszahl (braun)	Ergebnis:
Platz Nr.: 17...47...67			1607
Vokalanzahl: 6...16...23	NOM- Reihe: 71	LAT-Reihe: 07	
	minus V: -1	Platz Nr. 800	
	Differenz: 70	Buchstabe: E	
	Invers: 07		

Anm.: Bei dieser Darstellung der Jahreszahlen ist die jeweilige dritte Ident-Stelle nicht immer gekennzeichnet.

8.71 Historisches Ereignis: 1607 Verfolgung der Astronomen

Der korrigierte Vers lautet:

Croistra si grand le nombre des astronomes
Prins, chassez & bannis, livre censure.
En l'an mil six cens & sept par sacres glomes
Que nul lieu des sacres sera asseure.

Die Zahl der Astronomen wird derart ansteigen;
(Sie werden) gefangen, verfolgt und verbannt, das Werk zensuriert.
Im Jahre 1607 durch heilige Versammlungen,
Sodass kein Platz vor den Geweihten sicher sein wird.

Der Inhalt des Verses ist eigentlich ziemlich klar. Es geht um die kirchliche Verfolgung der Astronomen, die durch ihre Neuentdeckungen das von der Kirche gestützte geozentrische Weltbild, in dessen Mittelpunkt der von Gott geschaffene Mensch und seine Erde standen, erschütterten. Im 17. Jahrhundert erzielte die Astronomie ihren größten Fortschritt durch die Erfindung des Fernrohrs. Das dioptrische Fernrohr (aus Linsen und Prismen bestehend, zum Unterschied vom Spiegelfernrohr) wurde um 1608 wahrscheinlich vom niederländischen Brillenmacher H. Lipperhey erfunden. Seine Erfindung, eine Konvex- und Konkavlinse in einem Rohr, dürfte sich schnell herumgesprochen haben. Die Priorität seiner Erfindung wurde vielfach angezweifelt. Galileo Galilei (1564-1642) baute sein Fernrohr nach den aus den Niederlanden erhaltenen Angaben selbst. Johannes Kepler (1571-1630) lieferte dann 1610/11 die optische Theorie des Fernrohres, auf deren Grundlage 1611 das nach ihm benannte astronomische Fernrohr von C. Scheiner gebaut wurde.[63] Nach anderer Quelle soll es schon 1590 ein italienisches Modell eines Teleskops gegeben haben, das vom holländischen Glasschleifer Janssen kopiert worden sei.[64] Diese Erfindung öffnete den Himmel und ermöglichte neue Erkenntnisse über die Planeten und deren Bewegungen; insbesondere erkannte man, dass auch die himmlischen Objekte nicht frei von Veränderung und Vergänglichkeit sind. Die katholische Kirche sah jedoch in der Unveränderlichkeit des Himmels die Allmacht Gottes. Noch immer galt zu Anfang des 17.

Jahrhunderts das geozentrische Weltbild des Ptolemäus, der in seinem Buch "Almagest" ca. 150 n. Chr. festgeschrieben hatte, dass die Erde der Mittelpunkt des Universums sei. Von ihm stammt auch die Epizyklentheorie. Diese Theorie erklärt die (scheinbare) Rückläufigkeit der Planeten damit, dass jeder Planet sich auf einem kleinen Kreis bewegt, dessen Mittelpunkt sich wiederum auf einem großen Kreis um die Erde bewegt.

Nikolaus Kopernikus (1473-1543) formulierte, angeregt durch alte griechische Schriften - Aristarchos von Samos beispielsweise äußerte bereits 265 *vor* Chr. solche Gedanken - das heliozentrische Weltbild, in dessen Zentrum die Sonne steht. Doch erst Kepler konnte die Ellipsenbahnen der Planeten an Hand des umfangreichen Beobachtungsmaterials von Tycho Brahe (1546-1601) nachweisen.

Einer der ersten belegten Prozesse in der Frage des neuen Weltbildes war jener von Giordano Bruno (1548-1600). Bruno war Dominikanermönch und ließ schon früh seine wissenschaftliche Begabung erkennen. Seine Anerkennung des kopernikanischen Weltbildes brachte ihn in Widerspruch zur kirchlichen Anschauung. Nach der Anklage wegen Ketzerei floh er, wurde jedoch 1592 durch Verrat von der Inquisition gefasst und sieben Jahre eingekerkert. Am 17. Februar 1600 wurde er in Rom am Scheiterhaufen verbrannt.

Im Februar 1616 erließ die Kirche das Dekret gegen Kopernikus, mit dem sein grundlegendes Werk über seine bahnbrechenden Erkenntnisse *De revolutionibus orbium coelestium* ("Über die Kreisbewegungen der Himmelskörper"), das kurz vor seinem Tode 1543 erschienen war, auf den Index gesetzt wurde. Erst dreihundert Jahre später, 1835, wurde es wieder im Index gestrichen. Der "Index" war ein Verzeichnis der verbotenen Bücher (*Index librorum prohibitorum*), das unter Papst Pius IV. 1559 erstellt worden ist. Der Index untersagte das Lesen und jegliche Verbreitung der betreffenden Bücher. Er wurde erst 1967 (!) außer Kraft gesetzt.

Galilei veröffentlichte seine Entdeckungen (1610) über den Saturnring (den er allerdings für zwei kleinere Begleiter des Saturns hielt) und über die Phasen der Venus; die Jesuitenprofessoren des Collegium Romanum hielten 1611 in Gegenwart Galileis Festveranstaltungen ihm zu Ehren ab, und Kardinal Maffo Barberini, der spätere Papst Urban VIII., feierte ihn in einem Lobgedicht - solange er nur wissenschaftlich tätig war und nicht versuchte, die "biblischen Wahrheiten" umzudrehen! Galilei musste 1616 gegenüber kirchlichen Stellen versprechen, solche Versuche zu unterlassen. Von seinem Versprechen ging er jedoch ab, als er 1632 seinen "Dialog über die beiden Weltsysteme, das ptolemäische und das kopernikanische" veröffentlichte, der ihn vor die Inquisition brachte. Galilei wurde erst 350 Jahre nach seinem Tod durch Papst Johannes Paul II. rehabilitiert!

Zurück zum Vers des Nostradamus! Natürlich ließ die Erfindung des Fernrohres die Zahl der Astronomen ansteigen. Wie wir gesehen haben, wurde Giordano Bruno 1600 zum Tode verurteilt, wurden 1616 Kopernikus' wissenschaftliche Arbeiten verurteilt und wurde 1616 Galilei zum Stillschweigen "verbannt". Das Jahr 1607, das Nostradamus angibt, liegt ziemlich in der Mitte dieser Ereignisse! Für die Wahl genau dieser Jahreszahl liegt noch ein anderer Grund nahe: Wie auch in anderen Versen, zeigt Nostradamus hier die Ursache eines Ereignisses auf, er weist also auf die Wurzeln der Verfolgungen hin! Diese waren einerseits die Erfindung des Fernrohrs (veröffentlicht 1608) und andererseits die bahnbrechende Entdeckung Keplers (veröffentlicht 1609). Da Entdeckungen nicht sofort veröffentlicht werden (Versuche und Prüfungen gehen voraus), ist die Annahme naheliegend, dass sich beide Ereignisse im Jahre 1607 anbahnten.

Als Detail am Rande sei folgendes bemerkt: das Wort *"glomes"* gibt es in der französischen Sprache nicht. Fontbrune [65] und Allgeier[66] übersetzen *"sacres glomes"* ohne Angabe von Gründen mit "heilige Bullen"; Loog [67] und Centurio [68] schreiben ebenso ohne Begründung "Priestergerichte". Pfändler [69] greift auf das lateinische „*glomus*" zurück, und übersetzt „Versammlungen" (er weist jedoch dem Vers die Jahre 3161/62 zu). In den lateinischen Wörterbüchern findet sich bei "*glomus*" der Verweis auf die Nebenform "*globus*", was u.a. auch die Bedeutungen *Haufen, Vereinigung, Ansammlung, Versammlung* zulässt. Ein anderes lateinisches Wort für *Versammlung* ist "congregatio". Somit ist mit sehr großer Wahrscheinlichkeit die *Congregatio Sancti Officii*, das "Heilige Officium", die 1542 für die Inquisition errichtete höchste Kurialbehörde für Glaubensfragen, gemeint. Ich bin mir jedoch sicher, dass Nostradamus, in seiner manchmal sarkastisch-doppelsinnigen

Art, das Wort *"glomes"*, das phonetisch gleich mit *"gnomes"* (REN=Erdgeister, NEU=Gnome, Gartenzwerge) ist, bewusst gewählt hat. Er charakterisiert damit hervorragend die Einstellung der damaligen Kirchengrößen, die, dem geozentrischen (also auf die Erde bezogenen) Weltbild verhaftet, neuen Erkenntnissen als "Kleingeister" ablehnend gegenüberstanden.

Vers 10.72 - 1999

Textvergleich und Wortuntersuchung:

1555W	1555A	1557Ut	1557Bu	1568	Wortuntersuchung	1568 c
				L'an		En l'an
nicht		nicht		mil neuf		mil neuf
enthalten		enthalten		cens		cens
				nonante		nonante
				neuf		neuf
				-		faits
				sept mois		sept mois
				Du ciel		Du ciel
				viendra		viendra
				vn grand Roy		un grand
				Roy		Roy
				d'effraieur		d'effraieur
				Resusciter	ressusciter=auferwecken	Ressuscitera
				le grand		le grand
				Roy		Roy
				d'Angolmois	(siehe weitere Ausführungen)	d'Angoumois
				Auant		Avant
				apres		apres
				Mars	Bedeutungen: Mars, März, Krieg	Mars
				regner		regner
				par		par
				bon heur	REN bon heur = Erfolg, Glück	bon heur

Anmerkungen zu den Korrekturen: Der Vers enthält 3 c (daher sind 3 Korrekturen vorzunehmen).

Das Wort *effraieur* war nicht nachweisbar; es findet sich in

REN   das Verb *effrayer, effroyer* = erschrecken und
das Nomen *effroi, esfroi* m = Schrecken

NEU   das Verb effrayer = erschrecken
das Nomen *frayeur* f = Schrecken

Das Wort wird von Nostradamus in den Centurien mehrfach verwendet, wobei die Berechnung keine Notwendigkeit für eine Korrektur aufkommen ließ, so dass die Schreibweise belassen wurde.

138

10.72 Berechnung

E-Reihe: gerade	NOM-Reihe Nr: 1	LAT-Reihe Vokal: O 2

```
                                          A E I O U A E I O U A E I O U A
1 2 3 4 5 6 7 8 9 0 1 2 3 4 5 6 7 8 9 0 1 2 3 4 5 6 7 8 9 0 1 2 3 4 5 6 7 8 9 0
E N L ' A N M I L N E U F C E N S N O N A N T E N E U F F A I T S S E P T M O I
H E N R I C A E S A R N O S T R A D A M U S N O S T R A D A M U S H E N R I C A
R B E R I B U S P E R C U T I A M E O S Q U I A N O N E S T N O S T R U M N O S

E I O U A E I O U A E I O U A E I O U A E I O U A E I O U A E I O U A E I O U A
1 2 3 4 5 6 7 8 9 0 1 2 3 4 5 6 7 8 9 0 1 2 3 4 5 6 7 8 9 0 1 2 3 4 5 6 7 8 9 0
S D U C I E L V I E N D R A U N G R A N D R O Y D ' E F F R A I E U R R E S S U
E S A R H E N R I N O S T R A D A M U S C A E S A R C A E S A R H E N R I N O S
C E R E T E M P O R A N E C M O M E N T A E T C I N S O L U T A O R A T I O N E

E I O U A E I O U A E I O U A E I O U A E I O U A E I O U A E I O U A E I O U A
1 2 3 4 5 6 7 8 9 0 1 2 3 4 5 6 7 8 9 0 1 2 3 4 5 6 7 8 9 0 1 2 3 4 5 6 7 8 9 0
S C I T E R A L E G R A N D R O Y D ' A N G O U M O I S A V A N T A P R E S M A
T R A D A M U S C A E S A R N O S T R A D A M U S H E N R I N O S T R A D A M U
T R I P O D E A E N E O F A T O D E O .

E I O U A E I O U A E I O U A E I O
1 2 3 4 5 6 7 8 9 0 1 2 3 4 5 6 7 8 9 0 1 2 3 4 5 6 7 8 9 0 1 2 3 4 5 6 7 8 9 0
R S R E G N E R P A R B O N H E U R
S C A E S A R H E N
```

Berechnung des Jahrhunderts: (rot)	1. Berechnung der Jahreszahl: (grün)	2. Berechnung der Jahreszahl (braun)	Ergebnis:
Platz Nr.: 26...46...136	NOM-Reihe: 01	LAT-Reihe: 99	1999
Vokalanzahl: 10...**19**...53	minus V: -2	Platz Nr. 523	
	Differenz: 99	Buchstabe: R	
	Invers: **99**		

Anm.: Bei dieser Darstellung der Jahreszahlen ist die jeweilige dritte Ident-Stelle nicht immer gekennzeichnet.

10.72 Historisches Ereignis: 1999
Das Jahrtausend klingt aus

Der korrigierte Vers lautet:

En l'an mil neuf cens nonante neuf faits sept mois
Du ciel viendra un grand Roy d'effraieur.
Ressuscitera le grand Roy d'Angoumois.
Avant apres Mars regner par bon heur.

Im Jahr 1999, vollendet sieben Monate,
Wird ein großer König des Schreckens vom Himmel kommen.
Es wird den großen König des Angoumois wiedererwecken.
Vorher (und) nachher wird Krieg mit Erfolg herrschen.

Welche Verwirrung stiftete dieser Quatrain am Ende des vergangenen Jahrtausends! Schreckensszenarien, einem Weltuntergang gleich, wurden von manchen Interpreten entworfen. Das britische Wettbüro Hill registrierte damals eine große Zunahme an Wetten auf den Untergang der Welt.[70] Zum Glück blieben wir von den erwarteten Ereignissen verschont.

Wenn ich auch auf Grund dieses und ähnlicher Quatrains größere Umwälzungen vermutete, so stellte ich mich schon damals gegen die Theorie des Weltunterganges, der ja keinesfalls aus dem Versinhalt herauszulesen ist. Was prophezeit der Quatrain tatsächlich?

Folgendes scheint klar: Der Zeitpunkt des Ereignisses ist das Jahr 1999, und zwar ab dem Juli. Beim „Schreckenskönig" wird es sich wohl nicht um einen realen „König" handeln, der vom Himmel kommt, sondern vielmehr dürfte Nostradamus ein Sinnbild für ein himmlisches Ereignis, mit dem großer Schrecken verbunden ist, verwendet haben. Der König von „Angolmois" (ursprünglicher Verstext) wird wiedererweckt - wird ein neuer französischer König eingesetzt? Vor und nach dem genannten Zeitpunkt (1999) wird Krieg herrschen.

Mit dem himmlischen Ereignis könnte die am 11. August 1999 stattgefundene große Sonnenfinsternis gemeint sein. Sollte Nostradamus das Datum des Ereignisses nicht visionär gesehen haben, sondern (wie er allgemein in seinen Briefen betont) astronomisch berechnet haben, verblüfft die exakte Datumsangabe - man bedenke, 450 Jahre vorher! Wenn auch eine derartige Berechnung mit Hilfe der sogenannten „Saros-Periode", nach der sich Finsternisse wiederholen, d.s. 6585 1/3 Tage, schon in sehr früher Zeit bekannt war, so spricht die genaue Angabe im Quatrain doch für die Qualitäten Nostradamus' als Astronom. Einer, der nicht einmal „das ABC der Astronomie kann", wie Videl behauptete (siehe Band 1 dieser Buchreihe), kann Nostradamus also doch nicht gewesen sein.

Setzt Nostradamus diese Sonnenfinsternis einem "schrecklichen König" gleich? Sie ist wohl astrologisch von besonderer Bedeutung, weil sie eine totale ist; darüber hinaus stehen der Kriegsplanet Mars und der Planet Saturn, der das Prinzip des „Schattens" darstellt und belastende Lebenssituationen heraufbeschwört, in Opposition zueinander. Weiters bilden die beiden verfinsterten Lichter (Sonne und Mond) mit Mars und Saturn sowie dem Revolutionsplaneten Uranus ein Quadrat.

Kestranek [71] schreibt hierzu: "Das ist wohl eine der übelsten, auf Krieg determinierten Mundankonstellationen, welche die Menschheit jemals erlebt hat."

Horoskop
vom 11. August 1999
11 Uhr 08 WZ
(nach Kestranek)

☉ = Sonne
☽ = Mond
♂ = Mars
♄ = Saturn
⚷ = Uranus

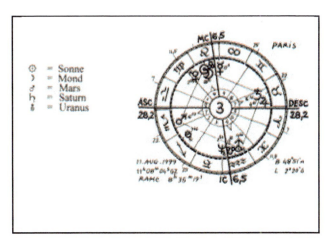

Nun, im August 1999 war der Krieg in Jugoslawien schon zu Ende. Aber das „erschreckende Ereignis" muss kein Krieg sein. Dies wurde meist fälschlich im Zusammenhang mit der vierten Verszeile kombiniert.

141

Aber am 17. August, wenige Tage nach der Sonnenfinsternis, ereignete sich im Nordwesten der Türkei ein verheerendes Erdbeben der Stärke 7,6 mit dem Epizentrum nahe der Stadt Izmit, das etwa 18.000 Tote und 44.000 Verletzte forderte. Izmit ist Verwaltungszentrale der Provinz Kocaeli.

Ich denke, Nostradamus weist auf dieses furchtbare Ereignis hin, das er in Zusammenhang mit der Sonnenfinsternis und der astrologischen Konstellation stellt - dem Schrecken vom Himmel. Sollte gar im lateinischen Wort für Himmel *caelum, caeli neutr* ein Hinweis auf die Örtlichkeit Ko*caeli* vorliegen?

Auch der Begriff "d'Angolmois" gab manchen Interpreten Anlass zur Spekulation. Cheetham [72] deutete ihn gar auf die Mongolen (ANGOLMOIS ergibt anagrammatisch MONGOLAIS). Ovason [73] bezog das Wort auf den Erzengel Michael, Beherrscher der Sonne.

Ich sehe (wie Fontbrune [74]) keinen Grund, in das Wort mehr hinein zu interpretieren, als offensichtlich gemeint ist: die frühere Grafschaft Angoumois in Westfrankreich (Aquitanien), heute das Département Charente mit der Hauptstadt Angoulême. Sie war 1308 vom französischen König Philipp IV., dem Schönen, eingezogen worden und diente später mehrfach als Apanage königlicher Nebenlinien.

Deutet die Wiedererweckung eines Königs von Angoumois auf die Rückkehr Frankreichs zur Monarchie hin? Unvorstellbar? Centurio schreibt, dass auch der Heilige Augustin in seinem Traktat *De Antichristo* eine Prophezeiung des Märtyrers Methodius erwähnt, "nach der ein französischer König das alte römische Reich in seiner ganzen Ausdehnung besitzen würde. Es sei dies der letzte und größte aller Könige, der seine Krone auf dem Ölberg niederlegen und vom Antichristen abgelöst werden würde".[75]

Der "große König des Angoumois" könnte ein künftiger französischer Herrscher sein, der stark an Franz I., den großen König von Frankreich im 16. Jahrhundert, erinnert wird. Dieser wurde 1494 in der Stadt Cognac im westfranzösischen Angoumois geboren. Er war als Dauphin Graf des Angoumois und erhob dieses nach seiner Thronbesteigung zum Herzogtum. Franz I., aus dem Hause der Valois, gilt als der erste französische König der Renaissance. Während seiner Herrschaft kam es zu einer bedeutenden Entwicklung der Künste in Frankreich. Franz I. war ein absolutistischer Herrscher, der die Macht zunehmend in Paris zentralisierte. Am 15. August 1539 erließ der König die Verordnung von Villers-Cotterêts, mit der das Französische das Latein als Kanzleisprache ersetzte. Seither ist Französisch Amtssprache in Frankreich. In der Politik war der König weniger erfolgreich. Seine fortgesetzten Kriege, vor allem in Italien gegen Kaiser Karl V., und seine zahlreichen Bauvorhaben belasteten die Staatskasse und das Land schwer.

Wird der neue Monarch des Angoumois ebenfalls ein König des Krieges sein? Aber es kam im Jahre 1999 kein König zur Regierung in Frankreich. Schreibt Nostradamus dies wirklich? Der Ausdruck *ressusciter* (wiedererwecken) muss nicht unbedingt als Regieren, als Machtergreifung verstanden werden - eher als Erneuerung. Was geschah im Jahre 1999?

Dazu muss vorausgeschickt werden, dass das französische Königshaus bei Einführung der Republik im Zuge der Revolution 1848 zwar die Regierungsgewalt verlor, aber natürlich nicht aufgehört hat zu existieren. Man zählt daher weiterhin die Thronprätendenten so als wären sie regierende Fürsten. Im Juni 1999 starb Henri VI. aus dem Haus Orléans (früher Bourbon-Orléans).[76] Ihm folgte sein Sohn als Henri VII. (1933 geboren) nach. Man kann diesen Wechsel in der Führung des französischen Königshauses durchaus im Sinne der dritten Verszeile von 10.72 auffassen, ohne dramatische Ereignisse für das Land damit zu verbinden. Man könnte aber auch daran denken, dass aus der Familie von Henri VII. der Grundstein für einen künftigen französischen Herrscher gelegt wird, der das Haus Bourbon-Orléan/Angoumois zur neuen Blüte führen wird.

Zur vierten Verszeile sei vermerkt, dass das französische Wort *Mars* den Monat März oder den Planeten Mars bedeutet. Im Lateinischen wird *Mars* als Bezeichnung für den Kriegsgott, auch für den Krieg selbst verwendet. Nostradamus übernimmt vielfach in seinen Quatrains die lateinische Bedeutung des Wortes *Mars* für den Krieg. Die französische Pluralform ist gleichlautend. Die Übersetzung der ganzen Zeile ist deshalb so schwierig, weil keine Interpunktionen gesetzt sind. Stellen wir den französischen Worten (ich gehe dabei vom originalen Text aus) einfach die deutschen gegenüber - dies gibt die Gewähr, dass man nicht von vornherein einen bestimmten Sinn in den Satz hineinlegt. Aus diesem Grund sind auch die so beliebten „Paraphrasen" mancher Interpreten abzulehnen, die eigentlich nur das Unvermögen einer eindeutigen Übersetzung darlegen.

Avant	après	Mars	regner	par bon heur
Vorher	nachher	Krieg	herrschen	mit Erfolg

Es ist oftmals so, dass Nostradamus nur die Nennform schreibt, aber die Form der Zukunft meint. Hier ist *regner* (= zu herrschen, um zu herrschen) als *viendra regner* (= er/sie/es wird kommen zu herrschen, wird herrschen) zu verstehen. Auch in der dritten Verszeile hat er nur *ressusciter* geschrieben, das im Zuge der Berechnung zu *ressuscitera* geändert wurde. Die Phrase *„par bon heur"* wird von manchen Interpreten „durch Glück", „wohlgefällig" oder „zu guter Stunde" übersetzt. In Altfranzösisch hat es auch die Bedeutung „mit Erfolg", was hier entschieden besser passt.

Die Worte *„avant après"* - vorher, nachher können sich nur auf das im Quatrain angegebene Jahr 1999 beziehen. Somit erhält die Verszeile folgenden Sinn: Vor und nach 1999 wird der Kriegsgott mit Erfolg herrschen.

Betrachtet man die Zeit unmittelbar vor und nach 1999 findet man – leider - Kriege genug, auf die sich diese Verszeile beziehen kann; die folgende Liste ist nur ein Ausschnitt:

17. 1. 1991 2. Golfkrieg, massive Bombardements
 1. 3. 1991 2. Golfkrieg, Beginn der Waffenruhe
12. 4. 1991 2. Golfkrieg, offizielles Ende
16.12.1998 Amerikanisch-englische Bombardements von Bagdad
24. 3. 1999 Jugoslawien: NATO-Luftangriffe beginnen
27. 3. 1999 Jugoslawien: Bodentruppen greifen ein
11. 6. 1999 Jugoslawien: Ende der Kämpfe
11. 9. 2001 Anschlag in New York (WTC)
20. 3. 2003 3. Golfkrieg (Irakkrieg) beginnt (USA, England u.a.)

Ich denke, Nostradamus bezieht sich auf die Golfkriege, die auch in den zu 10.72 vorausgehenden und nachfolgenden Quatrains behandelt werden.[77] Der Zusatz „mit Erfolg" deutet wohl an, dass die Kriege aus der Sicht eines Franzosen, also für die westliche Welt, erfolgreich ausgehen. Nun, wenigstens aus dem Irakkrieg 2003 hat sich Frankreich herausgehalten.

Vers 10.91 - 1605

Textvergleich und Wortuntersuchung:

1555W	1555A	1557Ut	1557Bu	1568	Wortuntersuchung	1568 c
nicht		nicht		Clerge		--
enthalten		enthalten		Romain		--
				l'an mil		En l'an mil
				six cens		six cens
				& neuf		et cinq
						Crys, le
						clerge Romain
				Au chef	A+le chef REN : chef, chief	en chief
				de l'an		d'an
				feras		fera
				election		election
				D'vn		plus
				gris & noir		Qu'oncques
				de la		ne fut
				Compagne	la Campagne, Gebiet um Rom	si maling
				yssu		D'un
				Qui onc		neuf & noir
				ne feut	NEU: ne fut (Hist.Perfekt)	de la
				si maling	REN: malin, maligne	compagnie
						yssu

Anmerkungen zu den Korrekturen: Der Vers enthält 6 c (daher sind 6 Korrekturen vorzunehmen).

Dieser Vers stellt eine seltsame Ausnahme gegenüber den anderen Versen der *Prophéties* dar: Er ist nicht gereimt! Auch die angegebene Jahreszahl 1609 ist offensichtlich nicht richtig, da in diesem Jahr keine Papstwahl - von einer solchen handelt der Vers offenbar - stattgefunden hat! Dies war jedoch im Jahre 1605 der Fall. Natürlich ist es denkbar, dass sich Nostradamus bei seinen astrologischen Berechnungen auch einmal geirrt hat - aber warum hat der Vers keinen Reim? Siehe Erläuterungen im Teil "Historisches Ereignis".

Ich stellte die Sätze um und ergänzte das Wort *plus*, das sich auf y*ssu* reimt. Die ergänzten Wörter, insbesondere das Wort *cinq*, sind alle dem Wörterpool entnommen, der sich auf Grund der Regeln für die Berechnung ergeben hatte. Damit ist auch die richtige Jahreszahl (1605) erhalten worden.

10.91 Berechnung

| E-Reihe: gerade | NOM-Reihe Nr: 6 | LAT-Reihe Vokal: I 1 |

```
                      A E I O U A E I O U A E I O U A E I O U A E I O U A
1 2 3 4 5 6 7 8 9 0 1 2 3 4 5 6 7 8 9 0 1 2 3 4 5 6 7 8 9 0 1 2 3 4 5 6 7 8 9 0
E N L ' A N M I L S I X C E N S E T C I N Q C R Y S L E C L E R G E R O M A I N
C A E S A R H E N R I N O S T R A D A M U S C A E S A R N O S T R A D A M U S H
N S A E C U L U M S A E C U L I N O L I T E S A N C T U M D A R E C A N I B U S
```

```
E I O U A E I O U A E I O U A E I O U A E I O U A E I O U A E I O U A E I O U A
1 2 3 4 5 6 7 8 9 0 1 2 3 4 5 6 7 8 9 0 1 2 3 4 5 6 7 8 9 0 1 2 3 4 5 6 7 8 9 0
E N C H I E F D ' A N F E R A E L E C T I O N P L U S Q U ' O N C Q U E S N E F
E N R I N O S T R A D A M U S C A E S A R H E N R I H E N R I C A E S
N E C M I T T A T I S M A R G A R I T A S
```

```
1 2 3 4 5 6 7 8 9 0 1 2 3 4 5 6 7 8 9 0 1 2 3 4 5 6 7 8 9 0 1 2 3 4 5 6 7 8 9 0
U T S I M A L I N G D ' U N N E U F & N O I R D E L A C O M P A G N I E Y S S U
```

```
1 2 3 4 5 6 7 8 9 0 1 2 3 4 5 6 7 8 9 0 1 2 3 4 5 6 7 8 9 0 1 2 3 4 5 6 7 8 9 0
```

Berechnung des Jahrhunderts (rot)	1. Berechnung der Jahreszahl: (grün)	2. Berechnung der Jahreszahl (braun)	Ergebnis:
Platz Nr.: 46...56...76	NOM- Reihe: 50	LAT-Reihe: 05	1605
Vokalanzahl: 16....20...28	minus V: 0	Platz Nr. 139	
	Differenz: 50	Buchstabe: N	
	Invers: 05		

Anm.: Bei dieser Darstellung der Jahreszahlen ist die jeweilige dritte Ident-Stelle nicht immer gekennzeichnet.

10.91   Historisches Ereignis: 1605
Zweifache Papstwahl in diesem Jahr

Der korrigierte Vers lautet:

En l'an mil six cens et cinq
Crys le clerge Romain en chief d'an fera election plus
Qu'oncques ne fut si maling
D'un neuf & noir de la compagnie yssu.

Im Jahre 1605 Tränen.
Der römische Klerus wird in der Mitte des Jahres eine Wahl mehr machen,
Die niemals so schlecht war,
Von einem Jungen und Bösen aus der Gesellschaft stammend.

Am 5. März 1605 starb Papst Klemens VIII. Schon zu Zeiten seines Pontifikats kränklich, hatte er die Führung der Geschäfte zeitweilig seinem Neffen Pietro Aldobrandini überlassen. Dieser errang 1603 die absolute Macht. Als Kardinal konnte er sie mit Hilfe der französischen Partei in Rom auch nach dem Tode seines Onkels aufrechterhalten. Mit ihrer Hilfe wurde der siebzigjährige Kardinal Alessandro Octavian, ein Mitglied der dem französischen Königshaus nahestehenden Familie Medici (Seitenlinie), zum Papst gewählt, der sich Leo XI. nannte. Ihm war jedoch nur ein Pontifikat von 26 Tagen beschieden. Am 27. April 1605 raffte ihn der Tod dahin. Daher spricht der Vers davon, dass eine weitere Papstwahl (*election plus*) im Jahre 1605 notwendig sein wird.

Auch bei der zweiten Wahl hatte Kardinal Aldobrandini seine Hände im Spiel. Am 16. Mai wurde Kardinal Camillo Borghese (Paul V.), gebürtig aus Rom, gewählt, gegen den keine Partei einen Einwand erhob, da er bislang ohne politisches Engagement war. Borghese ging durch alle Grade kirchlicher Würden. Zuletzt war er Bischof von Jesi (bei Ancona), ab 1603 Kardinalsvikar in Rom und Inquisitor. Als solcher gehörte er der päpstlichen Kurie an, was im Vers vermutlich mit dem Ausdruck der *compagnie* bezeichnet wird.

Sein unscheinbares Auftreten änderte sich jedoch mit der Papstwürde. Die Bezeichnung *neuf* - „neu, jung" bedeutet, dass mit

Borghese das jüngste Mitglied des Kardinalskollegiums, im Alter von 47 Jahren, zum Papst gewählt worden ist. Auch *noir* hat zwei Bedeutungen, nicht nur „schwarz", sondern auch „bösartig" – und so ist Paul V. in seiner Amtsführung von Anfang an. Ranke schreibt:[78]

"Andere Päpste pflegten ihre Thronbesteigung mit Gnaden zu bezeichnen; Paul V. begann mit einem Richterspruch, der noch heute Grauen erregt."

Papst Paul V. ließ nämlich kurz nach seinem Amtsantritt einen armen Autor, Piccinardi, der es gewagt hatte, Papst Clemens VIII. in einer Lebensbeschreibung mit Kaiser Tiberius zu vergleichen, auf der Engelsbrücke enthaupten. In das Pontifikat Pauls V. fällt auch der erste Prozess gegen Galilei und die Verurteilung des kopernikanischen Weltsystems. Während des 16jährigen Pontifikats mehrte der Papst die Macht und den Reichtum seiner eigenen Familie. Es gelang ihm weder, der Verfolgung der Katholiken in England ein Ende zu bereiten, noch den Ausbruch und die Gräuel des 30jährigen Krieges zu verhindern. Insofern kann man die Ansicht Nostradamus' verstehen, wenn er die Wahl dieses Papstes als Unheil ansah ("niemals war eine [Wahl] so schlecht").

Es wurde schon erwähnt, dass dieser Quatrain in zweierlei Hinsicht eine besondere Ausnahme gegenüber allen anderen Versen darstellt:
- er ist nicht gereimt und
- das ausdrücklich angeführte Datum (1609) ist falsch.

"Hier irrt Nostradamus!" schreibt Centurio, beinahe triumphierend.[79] Sollte Nostradamus wirklich und nur in diesem offensichtlichen und nachweisbaren Fall irren? Im Brief an Caesar ist zu lesen:

"Nicht dass ich mir den Titel noch die Macht der Prophetie zumessen möchte, aber [ich bin] als sterblicher Mensch durch die offenbarte Eingebung nicht weniger mit dem Verstand im Himmel, als mit den Füßen auf der Erde. *'Possum non errare*, falli, decipi' (*Ich kann mich nicht irren*, noch täuschen, noch getäuscht werden)."[80]

Natürlich will ich nicht ausschließen, dass sich Nostradamus auch einmal irren hätte können.[81] Doch gerade bei einem Vers, in dem er die Jahreszahl *expressis verbis* angibt? Und warum ist der Vers nicht gereimt?

Ich bin davon überzeugt, dass uns Nostradamus durch diesen offensichtlichen Fehler einen Hinweis geben wollte: "Ändert diesen Vers!" - und damit auf die erforderliche Korrektur **aller** Verse aufmerksam macht. Nicht zufällig gibt es im „Wörterpool" auch das erforderliche Korrekturwort *cinq,* das Nostradamus aus dem Vers entfernt hat. Bewusst hat er diesen Vers, der von einer Papstwahl handelt, gewählt. Hier gibt es keinen Zweifel am Inhalt des Verses. Jeder Interpret hat noch erkannt, dass diese Jahreszahl falsch sein muss, weil es 1609 keine Papstwahl gegeben hat - aber niemand hat bisher die richtigen Schlüsse daraus gezogen!

Quatrains mit astronomischen Daten

Besondere Bedeutung sind jenen Quatrains beizumessen, die astronomische Angaben aufweisen, etwa Konjunktionen von Planeten, die ja zeitlich bestimmt werden können. Dadurch lässt sich das errechnete Datum, auf das sich der Quatrain bezieht, kontrollieren.

Es gibt im Gesamten etwa 50 Quatrains, die astronomische bzw. astrologische Hinweise enthalten. An Hand solcher Hinweise kann nicht nur das errechnete Jahr bestätigt werden, sondern auch die Zuverlässigkeit der astronomischen Daten, die Nostradamus angibt, geprüft werden. Sie sind somit auch ein Gradmesser für die Qualität des Sehers als Astronom.

Das Zutreffen einer angegebenen Konstellation wurde bei solchen Quatrains stets überprüft. Das Prüfergebnis ist bei der Behandlung des jeweiligen Quatrains in den nachfolgenden Bänden der Buchreihe festgehalten.

Die Almanache ergänzen die Centurien

Jeder, der sich mit Nostradamus befasst, kennt nicht nur seine berühmten Prophezeiungen in den Centurien sondern auch seine Almanache (auch Prognostikationen genannt).[82] Dabei handelt es sich nach landläufiger Meinung um kalenderartige Jahresschriften, wie man sie damals gerne las und zum Teil auch heute noch kennt. Sie enthalten Angaben über Planetenkonstellationen, über Mondphasen, Wettervorhersagen, aber auch Vorhersagen über politisches Geschehen.

Nostradamus hat zwischen den Jahren 1550 und 1566 jährlich mindestens einen solchen Almanach verfasst; im Herbst sind sie gedruckt erschienen, damit die Leser die Hinweise für das jeweils nächste Jahr frühzeitig erfahren.

Aber diese Almanache gelten, wie ich herausgefunden habe, primär *nicht* für die auf den Titelseiten angegebenen Jahre des 16. Jahrhunderts, sondern enthalten prophetische Hinweise auf das 21. Jahrhundert! Offenbar sind sie eine Mischung aus Angaben für das tatsächlich angegebene Jahr und aus Vorhersagen für die Zukunft.

Erstmals soll hier der innere Zusammenhang des Prosatextes aller Almanache und der Zusammenhang dieses Textes mit den Centurien dargestellt werden. Nicht die von manchen Forschern untersuchten und wegen der Fehlerhäufigkeit kritisierten astrologischen Daten über die Mondphasen und planetarischen Konstellationen [83] sind die interessanten Teile der Almanache, sondern jene eingeschobenen Prophezeiungen, die sich auf unsere unmittelbare Zukunft beziehen. Es besteht eindeutig eine Parallelität zwischen manchen Aussagen der Almanache und den Quatrains der Centurien.

Insgesamt hat Nostradamus in den genannten siebzehn Jahren fast vierzig Almanache verfasst, wovon sich nur ein Teil erhalten hat. Liest man diese Schriften, die anfangs nur wenige Seiten, dann zunehmend mehr aufwiesen, manche enthalten über hundert Seiten, liest man sie also genau, glaubt man, immer denselben Inhalt gelesen zu haben.

So findet man beispielsweise in den Almanachen für die Jahre 1555 und 1559 folgendes markante Ereignis:

P 329.55 [84] *Le discours de la Fera pessima [la Bête immonde] fera sortir le Crocodile...*
Der Streit über die gemeine Bestie wird das Krokodil veranlassen, wegzugehen...

P 452.55 *Le Crocodile sortira de l'eau...*
Das Krokodil wird das Wasser verlassen...

P 46.59 *Le Crocodile ne tardera de sortir."*
Das Krokodil wird nicht zögern, wegzugehen.

Es ist schwer vorstellbar, dass dieses Geschehen, "das Krokodil geht weg", sich innerhalb des Jahres 1555 wiederholt, und dann auch noch nach vier Jahren! Logisch erscheint vielmehr, dass diese Vorhersagen ein und dasselbe Ereignis beschreiben.

Bei eingehender Untersuchung aller verfügbaren Almanache lassen sich viele solche "identische Ereignisse" feststellen. Beispielsweise kommen die Begriffe *conflagration, inflammation* und *chaleur*, alleinstehend oder auch verschiedenartig kombiniert in den Almanachen fast aller (!) Jahre vor, oft sogar mehrfach.

Ausdruck	Im Almanach für das Jahr 15..
conflagration	55, 56, 57, 65
inflammation	56, 57, 58, 59, 61, 62, 63, 65, 66, 67
chaleur	57, 62, 63, 65, 66

Ein anderes Beispiel bietet der Ausdruck *feu du ciel*, das Feuer vom Himmel, das auf Schiffe und ein Palais fällt. Auch das ist mehrfach in Almanachen ganz verschiedener Jahre genannt.

Ausdruck	Im Almanach für das Jahr 15..
feu du ciel/du ciel feu	54, 55, 56, 57, 58, 67
feu...naves/palais/chasteau	54, 55, 56, 57, 67

Auch die Ausdrücke *paix, union, concorde* und *amour* in den verschiedensten Kombinationen scheinen mehrfach auf.

Ausdruck	Im Almanach für das Jahr 15..
paix/union/concorde/amour	55, 57, 58, 59, 61, 62, 65, 66,

Solche vielfachen Wiederholungen in ganz verschiedenen Jahren müssen einem zu denken geben. Es ist mehr als wahrscheinlich, dass hier immer ein und dasselbe Ereignis gemeint ist. Damit löst sich aber die Zuordnung der Geschehnisse zum Jahr des Almanachs von selbst auf.

Dass diese Ereignisse in unserer Zukunft liegen könnten, erhärtet folgende Überlegung. Es finden sich etwa Begriffe in den Almanachen, die auch in den Centurien vorkommen, die sich dort, auch nach herrschender Meinung vieler anderer Experten, auf Zukünftiges beziehen.

So ist etwa in der Fachwelt weitgehend unumstritten, dass *Chyren*, der in den Centurien, beispielsweise in den Quatrains 6.27, 6.70, 9.41 u.a., genannt ist, ein *zukünftiger* großer Herrscher Frankreichs sein wird. Eben dieser Name taucht aber auch in den Almanachen für die Jahre 1556 und 1557 auf! Wir lesen in:

P 96.56 *Aura le grand CHYREN une plus que prompte celerité de faire amas de legions...*
Der große Chyren wird in mehr als raschem Eifer einen Heerhaufen aufgestellt haben...

P 230.57 *Prion DIEU... donner vie longue à ce grand CHYREN.*
Wir bitten Gott...er möge dem großen Chyren ein langes Leben schenken.

Auch *Ogmion*, von namhaften Interpreten als Mitstreiter des großen *Chyren* angesehen, und der Name *Solin* (in den Centurien *Selin* genannt) findet sich in verschiedenen Vorhersagen der Almanache.

Damit ist meiner Meinung zur Genüge gezeigt, dass die Vorhersagen der Almanache, zumindest einige ganz bestimmte, einen eindeutigen Bezug zu unserer Zukunft haben. Diese Prophezeiungen in Prosa sind aber derart in den Almanachen verstreut, dass eine Rekonstruktion des Gesamtgeschehens nur schwer, aber dennoch möglich ist. Die Entdeckung dieses inneren Zusammenhangs der Almanache, ermöglichte mir eine ziemlich detaillierte Auflistung des zukünftigen Geschehens.

So bestätigt sich das Wort von Nostradamus im Brief an seinen Sohn Caesar:[85]

...& mille autres auantures...comme plus à plain i'ay redigé par escript aux miennes autres propheties qui sont composées tout au long IN SOLUTA ORATIONE.

...und tausend andere Ereignisse,... wie ich es viel direkter in meinen anderen Prophezeiungen geschrieben habe, die ausführlich verfasst sind, in Prosa.

Niemand hat bisher in Betracht gezogen, dass die Vorhersagen gar nicht für das 16. Jahrhundert, wie die Jahresangaben glauben machen, gelten, sondern für eine ganz andere Zeit, nämlich für das 21. Jahrhundert! Damit sind sie brandaktuell, betreffen sie doch, wie sich ergab, unsere eigene Zukunft.

Im Almanach "für das Jahr 1557"[86] findet sich der bemerkenswerte Satz:

Ie trouve que d'icy à l'an 1559 les astres font indication de tant & si divers troubles que la charte ne seroit suffisante pour en recevoir les discours qui s'en peuvent faire, mais ce sera pour un autre temps & loisir.

Ich finde, dass die Sterne von jetzt an bis zum Jahr 1559 so viele und verschiedene Schwierigkeiten anzeigen, dass das Horoskop nicht ausreicht, um die Ausführungen aufzunehmen, die sich dabei zeigen ließen, aber das wird für eine andere Zeit und Situation sein.

Meint Nostradamus hier tatsächlich, dass die Aussagen in seinen Almanachen (zumindest in jenen der Jahre 1557 bis 1559) für eine andere Zeit gelten, und könnte diese Zeit das 21. Jahrhundert sein?

Ich meine ja, denn dies zeigen die bereits angeführten klaren Hinweise in den Almanachen, die beim genauen Lesen auf unsere Zukunft hindeuten. Dass die Almanache inhaltlich zusammengehören, bestätigt eine weitere Feststellung, die Nostradamus im Almanach „für das Jahr 1557"[87] trifft:

Unus erit omnibus fabula.
Allein einer wird die Geschichte für alles sein.

Einer der vielen Almanache enthält also die gesamte Prophezeiung, woraus man folgern kann, dass die anderen nur Teile davon aufweisen. Diese Teile an Hand des Ganzen zu einer sinnvollen Gesamtdarstellung zusammenzusetzen, war eine diffizile Aufgabe. Die Rekonstruktion der Gesamtdarstellung, die Nostradamus uns vermitteln wollte, ist mir jedoch gelungen, wodurch auch eine klare inhaltliche Zuordnung von Quatrains der Centurien vorgenommen werden konnte.

Vielleicht wird sich mancher Leser fragen, wozu Nostradamus diese fragmentarische Verteilung von zukünftigem Geschehen in den Almanachen vorgenommen hat? Es gibt eine logische Antwort darauf: Bei den Quatrains der Centurien, die heute bereits Vergangenes beschreiben, kann das berechnete Jahr an Hand des historischen Geschehens überprüft werden. Diese Kontrolle entfällt naturgemäß beim Zukunftsgeschehen. Da gibt der aus den Almanachen rekonstruierbare Ablauf eine gute Hilfestellung, um die zeitliche Reihung der berechneten Quatrains zu überprüfen.

Um dem Leser eine ungefähre Vorstellung über die aufwändige Rekonstruktion des Ablaufes des Geschehens des 21. Jahrhunderts zu vermitteln, ist im Anhang (Nr. 19) ein vereinfachtes Exzerpt enthalten.

Damit hat sich auch bestätigt, dass der Seher aus Salon nichts dem Zufall überlassen hat. Alles in seinem umfangreichen Werk, ob Prosa oder Dichtung, gehört und passt zusammen. Eine großartige Planung liegt dem gesamten Werk zugrunde.[88] Das zusammengefügte Puzzle bestätigt letztlich die in dieser Buchreihe dargelegten Forschungsergebnisse, die teilweise bereits 1998 in Buchform, ab 2006 im Internet und 2018 neuerlich gedruckt veröffentlicht worden sind.

Anhang

Anmerkungen: Internet-Links wurden zuletzt 2014 recherchiert.

[1] Die letzten 300 Quatrains sind König Heinrich gewidmet. Die Zahl in eckiger Klammer gibt die Wortanzahl, vom Anfang der Widmung gezählt, an. Text der Widmung und nähere Ausführungen hierzu siehe Band 2 dieser Buchreihe „Nostradamus - Seine Schriften".

[2] Die endgültige Anzahl der lateinischen Sätze im Brief an Heinrich ist hier vorweggenommen. Zu Beginn meiner Arbeit war diese Anzahl (12) noch zweifelhaft und ergab sich erst aus den ersten Anagrammen.

[3] Loog C., „Die Weissagungen des Nostradamus, Erstmalige Auffindung des Chiffreschlüssels und Enthüllung der Prophezeiungen über Europas Zukunft und Frankreichs Glück und Niedergang, 1555-2200" 4.-5. Auflage, Verlag J. Baum, Pfullingen, 1921, Seite 118ff

[4] Erst später wurden mir die Textausgaben 1555 (von Wien und Albi) zugänglich,
die meine Textversion der lateinischen Sätze bestätigte.

[5] In der Edition 1555 (Budapest) fehlt am Briefende folgende Passage: *nonobstant que sous nuee seront comprinses les intelligences: SED QUANDO SUBMOUENDA ERIT IGNORANTIA, le cas sera plus esclarci. Faisant fin mon filz, prens donc ce don de ton pere M. Nostradamus, esperant toy declarer vne chascune prophetie des quatrains ici mis.*

[6] Die Texte findet man im Band 2 dieser Buchreihe „Nostradamus – Seine Schriften".

[7] Im Original lautet diese Stelle:... *que prouient à fato: mais à Deo, à natura* Loog hatte die drei „a" vor den lateinischen Wörtern mitgezählt. Sie weisen aber Akzente auf, sodass sie als französische Wörter aufzufassen sind.

[8] Es war etwas schwierig, diese Wörter als lateinische zu identifizieren, Loog hatte sie als solche nicht erkannt (die Interjektion *hui* bedeutet etwa ach was!). Ihre Zugehörigkeit zum lateinischen Block bestätigte sich jedoch durch die von Nostradamus angegebene Gesamtanzahl der Quatrains und durch die weitere Arbeit.

[9] Die nachfolgenden Anagramme sind im Allgemeinen Arbeitsfassungen. Die endgültigen Formulierungen sind hier im Anhang enthalten.

[10] Beim Anagrammieren bleiben die Akzente unberücksichtigt, um den Vergleich mit den lateinischen Buchstaben ausführen zu können. Nostradamus schrieb selten Akzente.

[11] Diese Frage beantwortet eine Anagrammstelle im Brief an Caesar, die später behandelt wird.

[12] Da sind die Verse, die sich im „Nachlass" von Nostradamus gefunden haben, nicht eingerechnet. Siehe das diesbezügliche Kapitel im Band 2 dieser Buchreihe „Nostradamus - Seine Schriften".

[13] Eine interessante Synchronisation findet man im Internet unter http://pages.infinit.net/moribios/

[14] Hieronymus, Kirchenlehrer und Heiliger, geb. um 347 Stridon, Dalmatien, gest. 419 oder 420 Bethlehem; Studium in Rom, um 379 Priester, lebte seit 386 in Bethlehem als Leiter eines Mönchsklosters. Seine größte Leistung war die lateinische Bibelübersetzung (Vulgata). Sein historisches Hauptwerk „De viris illustribus" behandelt 135 Kirchenschriftsteller.

[15] Laut Gen. 5,3-5,32

[16] Es gibt noch eine dritte biblische Zeitreihe, die Nostradamus im Almanach für das Jahr 1566 aufstellte. Siehe diesbezüglich im Anhang („Die dritte biblische Zeitreihe").

[17] Es handelt sich um das Anagramm BerH13. Es beginnt beim Wort [2724] des Briefes an Heinrich, genau dort, wo die 2. biblische Zeitreihe beginnt.

[18] Die Positionen der Anagramme sind im Anhang („BriefC" und „BriefH") angegeben.

[19] Die Identitätsprüfung findet sich im Anhang unter „Identprüfungen".

[20] Unterscheide: LatText1 (=erster lateinischer Text, laut der Reihung in den Briefen), LatText2 (zweiter lateinischer Text, gereiht nach Stichworten) und LAT-Reihe (ist die zur Berechnung erforderliche Zeichenkette des LatTextes2); textlich sind LatText2 und LAT-Reihe identisch.

[21] Brind'Amour versichert dies in seinem Buch „Les Premières Centuries", Droz, 1996, S 1

[22] Siehe Kapitel „Das geheime Erbwort"

[23] Siehe Band 2 dieser Buchreihe „Nostradamus - Seine Schriften"

[24] Eine ganz andere Reihung, die allerdings keinen Bezug zur Entschlüsselung hat, findet man im Anhang („Mit Gott!").

[25] Diese Kontrolle wird im Kapitel über den Wörterpool behandelt.

[26] Für die weitere Bearbeitung habe ich die Bezeichnungen „Jahrhundertzahl" und „Jahreszahl" gewählt. Beispielsweise hat das Jahr 1656 dieser Festlegung zufolge, die Jahrhundertzahl 16 und die Jahreszahl 56. Davon zu unterscheiden ist der allgemeine deutsche Sprachgebrauch, der in diesem Fall vom „17. Jahrhundert" spricht.

[27] Centurio (1953) S 95

[28] Allgeier (1992) S 2

[29] Brennan (1994) S 16

[30] Iamblichus, griechischer Philosoph, * um 250, † um 330; verband den Neuplatonismus mit dem Polytheismus und begründete eine neue Form der Platon-Exegese (aus Bertelsmann- Lexikon).

[31] Siehe die diesbezügliche Erklärungen im Band 2 dieser Buchreihe „Nostradamus-Seine Schriften"

[32] http://www.lib.uchicago.edu/efts/artfl/projects/dicos/

[33] Künftig wird die Tilde nicht mehr angezeigt, sondern sogleich ersetzt.

[34] Für den daran interessierten Leser sind nähere Angaben im Anhang enthalten.

[35] Siehe das Anagramm LatH11 hier im Anhang

[36] Chavigny, Ianus (1594) S 20

[37] Die Verskorrektur wird hier nicht ausgeführt, sie betrifft nicht den Versbeginn.

[38] Auf die Darstellung der dritten Identstelle wird daher hier verzichtet.

[39] Auf eine detaillierte Herleitung wird verzichtet, um den Text hinsichtlich der AEIOU-Felder klarer zu gestalten. Jede Anagrammierung lief im Prinzip gleichartig ab, wie sie bereits in den vorhergehenden Kapiteln geschildert wurde.

[40] *tenir*=halten, fassen; hier:"es fassen" im Sinne von „es verstehen"

[41] Siehe Brief an Caesar [2235] im Band 2 dieser Buchreihe "Nostradamus – Seine Schriften"

[42] Text siehe Chevignard (1999), S 254, P(résage) 15.56; Über den Zusammenhang zwischen Centurien und Almanachen siehe spätere Ausführungen.

[43] Siehe Band 2 dieser Buchreihe "Nostradamus – Seine Schriften"

[44] Siehe Brief an Heinrich [164] im Band 2 dieser Buchreihe "Nostradamus – Seine Schriften"

[45] Benazra schreibt 1990 (RCN, S 9) mit Bezug auf diese Briefstelle, dass man die Zahl 1000 nur dann erhält, wenn man zur Zahl der 940 (sic) Quatrains der Centurien die Quatrains der Almanache der Jahre 1555 bis 1559, also 5 mal 12 = 60 Quatrains hinzuzählt. Dies setzt voraus, dass zum Zeitpunkt der Abfassung des Briefes an Heinrich (27. Juni 1558) die Centurien fertiggestellt waren und dass in den Almanachen für diese Jahre jeweils 12 Monatsverse enthalten sind. Diese Rechnung kann nicht aufrechterhalten werden, weil einerseits die Almanache 1555 und 1559 auch drei Jahresverse enthalten, andererseits aus dem Almanach 1556 überhaupt keine Quatrains bekannt sind.

[46] Siehe Band 1 dieser Buchreihe „Nostradamus – Leben und Zeit".

[47] Die Exemplare aus 1555 und 1560 aus der privaten Bibliothek von Daniel Ruzo sind erst vor kurzem allgemein zugänglich.

[48] Benazra vermerkt in seinem RCN (S 6), dass der zweite Jahresvers für das Jahr 1555, mit dem Titel „*De l'epistre liminaire sur l'an 1555* ", im Almanach 1555 (nach Ruzo) nicht aufscheint und es möglich wäre, dass Chavigny selbst diesen Vers verfasst hat. Ein zum Jahresvers ähnlicher Text findet sich allerdings im Quatrain 2.59 der Centurien.

[49] Erstmals dürfte dies im Jahre 1605 (141 Quatrains) erfolgt sein, siehe Benazra, RCN (1990), S 156.

[50] Das &-Zeichen kann unterdrückt werden, im Wesentlichen handelt es sich nur um zwei Worte.

[51] Die Almanache für ein bestimmtes Jahr sind jeweils im Vorjahr erschienen. Der letzte Almanach für das Jahr 1567 somit im Todesjahr des Sehers.

[52] Siehe Band 2 dieser Buchreihe "Nostradamus – Seine Schriften"

[53] Siehe im Anhang die Beilage „Anagramme für die Berechnung im BriefC"

[54] Beachte die drei entfallenen Quatrains, die keine Prophezeiung enthalten; siehe Kapitel „Die Einteilung der Felder"

[55] Auf diesen Zusammenhang habe ich bereits im Jahre 2006 in meiner Homepage hingewiesen.

[56] Manche Interpreten übersetzen „große Beute", „große Raubzüge" oder „große Expeditionen", indem sie unzulässigerweise die maskuline und singulare Form des Adjektivs „*grand*" mit dem weiblichen Plural des Substantivs „*emmenées*"

verbinden. Nostradamus verwendet die Form *Grand* vor einem femininen Substantiv auch in anderen Quatrains, dann ebenso im Sinne von „der Große".

[57] Historischer Abriss gemäß „Die Geschichte Ungarns", Hsg. P. Hanák, Corvina 1988 und „Das Osmanische Reich", J. Matuz, Primus 1996.

[58] Loog, 1921, S.27

[59] Ptolemaeus, Claudius, Tetrabiblos, Buch II, in der Übersetzung von Erich Winkel, Linser-Verlag, Berlin 1923, S. 89

[60] Das Buch liegt in der ONB unter der Signatur 72.D.38 auf.

[61] Historischer Abriss gemäß „Das Osmanische Reich", J. Matuz, Primus 1996.

[62] Zitiert nach Centurio 1953, Seite 131

[63] Brockhaus, Enzyklopädie, 19. Auflage 1988

[64] Döbler Hannsferdinand, Kultur- und Sittengeschichte der Welt, Schrift - Buch - Wissenschaften, Verlag Bertelsmann, Gütersloh, 1973, Seite 204

[65] Fontbrune (1991), Seite 72

[66] Allgeier (1992), Seite 435

[67] Loog (1921), S 18

[68] Centurio (1992), Seite 140

[69] Pfändler (1997), Seite 617

[70] http://www.ekd.de/ezw/publ/ftexte/info0699-02.html

[71] Kestranek Wilhelm, „Der Prophet Michael Nostradamus", Vortragsreihe abgedruckt in der Publikation der Österreichischen Astrologischen Gesellschaft „Tradition & Fortschritt der klassischen Astrologie", Wien, 2. Band, September 1983, S 48.

[72] Cheetham Erika, "The Final Prophecies of Nostradamus", 1989, siehe zum Beispiel http://www.crystalinks.com/quatrainsinterpretations.html

[73] Ovason David, „Das letzte Geheimnis des Nostradamus" Verlag Heyne, München, 1997, S 364ff.

[74] Fontbrune (1991), S 506

[75] Centurie (1953), S 226

[76] http://www.heraldique-europeenne.org/Genealogies/Genealogie_Capetienne/Bourbon_Orleans.htm

[77] Die betreffenden Quatrains werden im chronologischen Teil dieser Zeit behandelt.

[78] Ranke, Leopold, "Die Päpste", Verlag Vollmer/Phaidon, Essen, 1996, S 497

[79] Centurio (1953), S. 230

[80] Siehe Brief an Caesar [1255] im Band 2 dieser Buchreihe „Nostradamus – Seine Schriften"

[81] Ich kann feststellen, dass ich keinen Irrtum im ganzen Werk gefunden habe.

[82] Siehe Band 2 dieser Buchreihe „Nostradamus – Seine Schriften"

[83] Siehe meine Untersuchung des Almanachs für das Jahr 1562

[84] Die Nummerierung der Présages der Almanache (P) entspricht jener, die Chavigny, der Sekretär von Nostradamus, in seinem *Recueil des Présages prosaiques de M. Michel de Nostradame* vorgenommen hat, teilweise veröffentlicht in *Présages de Nostradamus* durch B. Chevignard, 1999. Für die darin nicht enthaltenen Jahrgänge der Almanache habe ich eine eigene Nummerierung eingeführt.

[85] Siehe Brief an Caesar [2174] im Band 2 dieser Buchreihe „Nostradamus – Seine Schriften"

[86] *Almanach pour l'an 1557*, Paris, Kerver, gewidmet Katharina von Medici

[87] *Les Présages merveilleux pour l'an 1557*, Paris Kerver, gewidmet Heinrich II.

[88] Es sei nur kurz erwähnt, dass auch die Sechszeiler von Nostradamus (Sixains) in das Gesamtwerk passen.

Abkürzungsverzeichnis

Die Abkürzungen gelten für die gesamte Buchreihe.

A	Albi
AD	Anno Domini
AdV	Anmerkung des Verfassers
AM	Anno Mundi
AQR	Wassermann
ARI	Widder
BMLyon	Bibliothèque Municipial de Lyon
Bu	Budapest
CAN	Krebs
CAP	Steinbock
CNC	Krebs
DMF	Le Dictionnaire du Moyen Français, http://cnrtl.fr/dictionnaires/anciens/
EV	Erstes Viertel
f, fem	Feminin
Fn	Fußnote
geb.	geboren
GEM	Zwilling
gest.	gestorben
LAT	Lateinisches Wort, Langenscheidts Großes Schulwörterbuch
LEO	Löwe
LIB	Waage
LV	Letztes Viertel
M	Monat(e)
m, masc	Maskulin
MF	Mikrofilm
MOY	Dictionnaire de l'ancien français - Le Moyen Age, Larousse
MS	Manuskript
Mt	Evangelium nach Matthäus, Bibel
N	Nord

n.Chr.	nach Christi Geburt
NEU	Pons Wörterbuch der modernen französischen Sprache
NIC	Thresor de la langue française, Jean Nicot, 1606
NM	Neumond
nn	nicht nachweisbar
O	Ost
ÖAG	Österreichische Astrologische Gesellschaft
oD	Ohne Datumsangabe
Offb	Offenbarung des Johannes, Bibel
ONB	Österreichische Nationalbibliothek
PPP	Partizip Perfekt Passiv
PSC	Fische
RA	Rektazension
REN	Dictionnaire du moyen français - La Renaissance, Verlag Larousse
S	Seite, Seiten oder Süd
SCO	Skorpion
SGR	Schütze
T	Tag(e)
TAU	Stier
TKZ	Tierkreiszeichen
u.a.	und anderes, unter anderem
u.s.w.	und so weiter
Ut	Utrecht
u.v.a.	unter vielen anderen
v.Chr.	vor Christi Geburt
vergl.	vergleiche
VIR	Jungfrau
VM	Vollmond
W	Wien oder West
z.B.	zum Beispiel

Bibliographie

Die bibliographischen Hinweise gelten für die gesamte Buchreihe.

Allgeier (1992)	Kurt Allgeier, Die Prophezeiungen des Nostradamus, 21. Auflage, Heyne, 1992
Anglade (1913)	Joseph Anglade, Reprint des Buches von *Iehan de nostre Dame (Jean de Nostredame): Les vies des plus célèbres et anciens poètes provencaux,* Paris, 1913
Astruc (1767)	Jean Astruc, *Mémoires pour servir à l'histoire de la faculté de médecine de Montpellier,* Paris, 1767
Benazra (Internet)	Robert Benazra, Internetseite http://michel.nostradamus.free.fr/ http://nostredame.chez-alice.fr/biograph.html#2
Benazra, RCN (1990)	Robert Benazra,*Répertoire Chronologique Nostradamique (1545-1989)*, Paris, 1990
Berkel (Internet)	T.W.M. van Berkel, Astrology and the Bible, http://www.nostradamusresearch.org/en/home/00.htm
Bernier (1993)	Oliver Bernier, Ludwig XIV., Knaur, 1993
Boeser (1994)	Knut Boeser (Hrg.), Die Elixiere des Nostradamus, ein Rezeptbuch. Rowohlt, 1994
Bouvier (1996)	Bernhard Bouvier, Nostradamus, Ewert-Verlag, Lathen 1996
Brantôme (1858)	Pierre de Bourdeilles, S. de Brantôme, Œuvres completes, veröffentlicht von Jannet, 1858-1895
Brennan (1994)	J.H.Brennan, Nostradamus, Visionen der Zukunft, Heyne, 1992
Brind'Amour (1993)	Pierre Brind'Amour, *Nostradamus astrophile, Les astres et l'astrologie dans la vie et l'oeuvre de Nostradamus*, Les Presses de l'Université d'Ottawa, 1993
Brind'Amour (1996)	Pierre Brind'Amour, *Nostradamus – Les premières Centuries ou Prophéties*, Genf, 1996

Cartulaire (1890)	*Cartulaire de l'Université de Montpellier, Tome 1 (1181-1400),* 1890
Castelot (1992)	André Castelot, Heinrich IV., Heyne 1992
Centurio (1953)	Centurio N. Alexander, Nostradamus - Prophet der Weltgeschichte, Berlin, 1953
Centurio (1992)	Centurio, N. Alexander, Die großen Weissagungen des Nostradamus - Prophetische Weltgeschichte bis zum Jahr 2050, München, 17. Auflage 1992 (erstmals erschienen 1977)
César,Histoire (1614)	César de Nostredame, *L'histoire et chronique de Provence,* Vorwort datiert 18.5.1613, Lyon, 1614
Chavigny,Ianus (1594)	Jean-Aimé de Chavigny, *Brief discours sur la vie de M. Michel de Nostredame* in *Premiere face du Ianus François,* - „Ianus Gallicus", Lyon, 1594
Chevignard (1999)	Bernard Chevignard, *Présages de Nostradamus,* Seuil, 1999
Dinzinger (1991)	Ludwig Dinzinger, Nostradamus: Die Ordnung der Zeit, 1991
Dinzinger (1997)	Ludwig Dinzinger, Kurze Erläuterung zum Horoskop des Michel Nostradamus (1565) für den späteren Kaiser Rudolf II., 1997, http://enostopos.com/files/rudcomm.pdf
Dufresne (1999)	Michel Dufresne, Nostradamus, France Loisirs, 1999
Dupèbe (1983)	Jean Dupèbe, Nostradamus, Lettres inédites, Genf, 1983
Erbe (1993)	Michael Erbe, Geschichte des niederländischen Raumes, Kohlhammer, 1993
Erlanger (1966)	Philippe Erlanger, Bartholomäusnacht-Die Pariser Bluthochzeit am 24. August 1572, Laokoon, 1966
Erlanger (1977)	Philippe Erlanger, Richelieu, Societäts-Verlag, 1977
Erlanger (1996)	Philippe Erlanger, Ludwig XIV., Bechtermünz, 1996

Ernst (1986)	Ernst R. Ernst, Nostradamus, Astrologe-Magier-Wunderheiler, Heyne, München, 1986
Ferdinandy (1977)	Michael de Ferdinandy, Philipp II., Pressler, 1977
Flate/Prutz	Th, Flate und Hans Prutz, Die Französische Revolution, Vollmer, o.D.
Fontbrune (1991)	Jean-Charles de Fontbrune, Nostradamus-Historiker und Prophet, 5. Auflage, Wien 1991
Fournier (1913)	August Fournier, Napoleon I., Vollmer/Phaidon, Essen, 1913
Fuchs (1995)	Eberhard Fuchs, Nostradamus, Ullstein, 1995
Germain (1871)	Alexandre Germain, La Renaissance à Montpellier, Montpellier, 1871
Germain (1877)	Alexandre Germain, Les Étudiants de l'École de Médecine de Montpellier au XVIe siècle, in Revue historique, Paris 1877
Gouron (1957)	Marcel Gouron, Matricule de l'Université de Médecine de Montpellier, 1503 -1599, Droz, Genf 1957
Gruber (2003)	Elmar R. Gruber, Nostradamus- sein Leben, sein Werk und die wahre Bedeutung seiner Prophezeiungen, Scherz, Bern, 2003
Guinard (Internet)	Patrice Guinard, Corpus Nostradamus, auf Internetseite http://cura.free.fr
Guth (1984)	Paul Guth, Mazarin, Societäts-Verlag, 1984
Haton (1857)	Claude Haton, Mémoires contenant le récit des événements accomplis de 1553 à 1582, veröffentlicht durch Bourquelot, 1857, Band I, S 102
Hèritier (1964)	Jean Héritier, Katharina von Medici, Kohlhammer, 1964
Herre (2004)	Franz Herre, Bismarck, Albatros, 2004

Jean, Chronique (1575)	Jean de Nostredame, LaChronique de Provence, Lyon, 1575
Kerver (1543)	Orus Apollo de Aegypte de la signification des notes Hieroglyphiques des Aegyptiens... Nouvellement traduict de grec en francoys & imprime avec les figures a chascun chapitre, Autor unbekannt, Paris
Kirchhoff (2000)	Jochen Kirchhoff, Giordano Bruno, rowohlt rm 50285, 6. Auflage 2000.
Landurant (1988)	Alain Landurant, Montgomery, le régicide, Tallandier, Paris, 1988
LBL, Gral (1993)	Lincoln/Baigent/Leigh, Der Heilige Gral und seine Erben - Ursprung und Gegenwart eines geheimen Ordens. Sein Wissen und seine Macht. Bastei Lübbe, TB 60182, 6. Auflage 1993.
Lemesurier (2003)	Peter Lemesurier, The Unknown Nostradamus, Hunt 2003
Leoni (2000)	Edgar Leoni, Nostradamus and His Prophecies, 2000 (first published 1961)
Leroy (1993)	Edgar Leroy, Nostradamus, ses origines, sa vie, son oeuvre, Laffite, 1993; AdV: Leroy hat u.v.a. bereits 1941 herausgegeben: Les Origines de Nostradamus (1503-1566)
Loog (1921)	Carl Loog, Die Weissagungen des Nostradamus, Baum Verlag, 1921
Lötscher (1976)	Felix Platter, Tagebuch (1536-1567), hrg. von Valentin Lötscher, Basel, 1976
Mahoney (1997)	Irene Mahoney, Katharina von Medici, Diederichs, 1997
Madol (1928)	Hans Roger Madol, Der Schattenkönig, Insel-Verlag, 1928
Matuz (1996)	Josef Matuz, Das Osmnaische Reich, Primus, 1996
Maurois (1966)	André Maurois, Napoleon, Rowohlt-Bildmonographie Band Nr. 112, Hamburg, 1966

Miquel (1980)	Pierre Miquel, Les Guerres de Religion, Fayard, 1980
Nostradamus, Brief Caesar	Michel Nostradamus, Brief an den Sohn César, der Edition der Centurien 1555 vorangestellt. Die Zahl in eckiger Klammer gibt die Stelle im Brief (Wortanzahl) an.
Nostradamus, Traité (1555)	Michel Nostradamus, Traité des fardemens et confitures, eine Abhandlung über Schönheitsmittel und Konfitüren, die Antoine Volant unter dem Titel Excellent & moult utile Opuscule à touts necessaire, qui desirent avoir cognoissance de plusieurs exquises Receptes herausgegeben hat, mit dem Zusatz "nouuellement composé par maistre Michel de Nostredame, docteur en médecine de la ville de Salon-de-Craux, en Prouence", Lyon, 1555
Orieux (1973)	Jean Orieux, Talleyrand, Societäts-Verlag, 1973
Orieux (2000)	Jean Orieux, Katharina von Medici, Bechtermünz, 2000
Ovason (1997)	David Ovason, Das letzte Geheimnis des Nostradamus, Heyne,1997
Petrie (1965)	Charles Petrie, Philipp II. von Spanien, Kohlhammer, 1965
Pfändler (1997)	Jean-Claude Pfändler, Nostradamus-seine Prophezeiungen, Laredo 1997
Prévost (1999)	Roger Prévost, Nostradamus le mythe et la réalité, R. Laffont, Paris, 1999
Randi (1993)	James Randi, The mask of Nostradamus, Prometheus Books, Amherst, NY, 1993
Ranke (1996)	Leopold von Ranke, Die Päpste, Phaidon, 1996
Ranke (2002)	Leopold von Ranke, Englische Geschichte, Phaidon, 2002
Rieder (1998)	Heinz Rieder, Napoleon III., Diederichs, 1998

Rollet (1968)	Pierre Rollet, Nostradamus, Interprétation des Hiéroglyphes de Horapollo, Texte inédit établi et commenté par Pierre Rollet, Edicioun Ramoun Bereguié, 1968
Ruzo (1982)	Daniel Ruzo, Le testament de Nostradamus, Édition du Rocher, 1982
Saulnier (1957)	V.L.Saulnier, Médecins de Montpellier au temps de Rabelais, Genf, 1957
Schellhorn (1982)	Maurus Schellhorn, Der heilige Petrus und seine Nachfolger, Amalthea, 1982
Schneider (1957)	Reinhold Schneider, Philipp der Zweite, Hegner,1957
Steffe (1996)	Albert Martin Steffe, Die Hugenotten, Macht des Geistes gegen den Geist der Macht, Verlag Weltbild, 1996
Taillandier (2004)	Saint-René Taillandier, Heinrich IV., Diederichs, 2004
Videl,Abus (1558)	Déclaration des abus ignorances et séditions de Michel Nostradamus, 1558
Vieilleville (1822)	Maréchal de Vieilleville, Mémoires, veröffentlicht von Foucault, 1822, Band 26, S 413ff
Wöllner (1926)	Dr. Christian Wöllner (alias Dr. Karl Weidner), Das Mysterium des Nostradamus, Astra-Verlag, 1926

Beilagen

1. Anagramme für die Reihung der LAT-Texte im BriefC

<table>
<tr><td colspan="3">In dieser Tabelle sind sämtliche Anagramme des Briefes an CAESAR aufgelistet, die für die Reihung der lateinischen Texte maßgeblich sind. Es bedeutet:
UF = Ursprüngliche Fassung (Brief; stets durch Interpunktionen begrenzt)
AF = Anagrammatische Fassung (Regel französisch)
DF = Deutsche Fassung (Übersetzung von AF)
In der Spalte 3 ist die tatsächliche und in Klammer die errechnete Position (Wortanzahl im Brief) angegeben, bei der das Anagramm beginnt.
Spalte 4: Anzahl der Wörter (in UF und AF gleich)
Spalte 5: Anzahl der Apostrophe (in UF und AF gleich)</td><td colspan="2">Lat C

11 Regeln</td></tr>
<tr><td>Name</td><td colspan="2">Text</td><td></td><td></td><td></td></tr>
<tr><td>1</td><td colspan="2">2</td><td>3</td><td>4</td><td>5</td></tr>
</table>

Name	Text	3	4	5
UF: LatC011	."AD CAESAREM NOSTRADAMUM FILIUM" VIE ET FELICITE TON TARD ADUENEMENT CESAR NOSTRADAME MON FILZ, M'A FAICT METTRE MON LONG TEMPS PAR CONTINUELLES VIGILATIONS NOCTURNES REFERER PAR ESCRIPT, TOY DELAISSER MEMOIRE, APRES LA CORPORELLE EXTINCTION DE TON PROGENITEUR, AU COMMUN PROFIT DES HUMAINS DE CE QUE LA DIUINE ESSENCE PAR ASTRONOMIQUES REUOLUTIONS M'ONT DONNE CONGNOISSANCE.	9 (11)	54	2
AF: LatC012	MOT PARTICULIER DE PHRASES LATINES EST ENGAGE IDENTICQUE OU MOINS CONFORMEMENT DANS PRESAGES DE CENTURIE V, ET AUCUNE ALTRE. NOM DE MON FILS EN "AD CAESAREM NOSTRADAMUM FILIUM" NOMME, ON ECRIT FRANÇAIS, DANS QUATRAIN SIX DENOMME PREMIERE PLACE. RECOIS L'ORDRE CORRECT D'ESCRIPT EN LANGUE LATINE FORMANT RESULTAT COMPLET OPPOSITE REUOLUTION. ONZE VOYEULS IOINTS SONT CONFIRMATION.		54	2
DF: LatC012	EIN SPEZIELLES WORT DER VORLIEGENDEN LATEINISCHEN SÄTZE IST GLEICHLAUTEND ODER WENIGER ÜBEREINSTIMMEND IN DEN VORHERSAGEN DER CENTURIE V EINGEFÜGT, UND KEINER ANDEREN. DER NAME MEINES SOHNES IN "AD CAESAREM NOSTRADAMUM FILIUM" IST, MAN SCHREIBT FRANZÖSISCH, IM QUATRAIN 6 GENANNT, BESTIMMT DEN ERSTEN PLATZ. ERHALTE DIE KORREKTE REIHUNG DER LATEINISCHEN SCHRIFT, BEI GEGENÜBERSTELLUNG DES KOMPLETTEN ERGEBNISSES ZUR UMKEHRUNG. ELF VERBUNDENE VOKALE SIND DIE BESTÄTIGUNG.			

UF: LatC021	:ET QUE LE TOUT EST REGI ET GUBERNE PAR LA PUISSANCE DE DIEU INEXTIMABLE, NOUS INSPIRANT NON PAR BACCHANTE FUREUR, NE PAR LYMPHATIQUE MOUUEMENT, MAIS PAR ASTRONOMIQUES ASSERTIONS, "SOLI NUMINE DIUINO AFFLATI PRAESAGIUNT, ET SPIRITU PROPHETICO PARTICULARIA."	146 (141)	37	0
AF: LatC022	MOT NET DANS PRESAGE BIBLIQUE, AU PLUSPART ANONYME, LANGUE TRANSMUE EN FRANCAIS COMME SUIT "ESPRIT DE PROPHETIE", SE TROUUE EN QUATRAIN CINQUANTE-TROIS ET PHRASE "SOLI NUMINE DIUINO AFFLATI PRAESAGIUNT, ET SPIRITU PROPHETICO PARTICULARIA" AU LIEU NOMBRE SIX.		37	0
DF: LatC022	DAS KLARE WORT IN EINER BIBLISCHEN VORHERSAGE, DEN MEISTEN UNBEKANNT, DIE SPRACHE ÜBERSETZT IN FRANZÖSISCH WIE FOLGT "ESPRIT DE PROPHETIE", FINDET SICH IM QUATRAIN 53 UND DER SATZ "SOLI NUMINE DIUINO AFFLATI PRAESAGIUNT, ET SPIRITU PROPHETICO PARTICULARIA"AUF PLATZ NUMMER 6.			
UF: LatC031	:CONSYDERANT AUSSI LA SENTENCE DU VRAY SAUUEUR "NOLITE SANCTUM DARE CANIBUS, NEC MITTATIS MARGARITAS ANTE PORCOS NE CONCULCENT PEDIBUS ET CONUERSI DIRUMPANT VOS" QUI A ESTE LA CAUSE DE FAIRE RETIRER MA LANGUE AU POPULAIRE ET LA PLUME AU PAPIER:	304 (306)	39	0
AF: LatC032	IL Y A AUPRES LA PAROLLE DEDANS "NOLITE SANCTUM DARE CANIBUS, NEC MITTATIS MARGARITAS ANTE PORCOS NE CONCULCENT PEDIBUS ET CONUERSI DIRUMPANT VOS" Y RAUI SANCTUM, FORMEE DANS PRESAGE QUARANTE ET III. A CAUSE RESULTAT PREUU: REUUE NEUUE A PLACE IV.		39	0
DF: LatC032	ES GIBT NAHEBEI DAS WORT IN "NOLITE SANCTUM DARE CANIBUS, NEC MITTATIS MARGARITAS ANTE PORCOS NE CONCULCENT PEDIBUS ET CONUERSI DIRUMPANT VOS" DAVON VERWENDET "SANCTUM", GEBILDET IN DER VORHERSAGE 43 BEGRÜNDET DAS VORGESEHENE ERGEBNIS: DIE NEUE REIHE HAT PLATZ 4.			
UF: LatC041	,ET DES BONS ANGES ONT RECEU L'ESPRIT DE VATICINATION PAR LEQUEL ILZ VOYENT LES CAUSES LOINGTAINES ET VIENNENT A PREUOYR LES FUTURS ADUENEMENTZ,CAR RIEN NE SE PEULT PARACHEUER SANS LUY,	382 (386)	31	1
AF: LatC042	ON TROUUE ICY VNE PAROLE DANS MULTITUDE NON Y EN VERS PLUS DANS LE PRESAGE TRENTE ET VN, QU'EN LANGUE FRANCAISE SAPIENCE; RESULTAT: LA SENTENCE RECOYT LIEU II SOUBZ TREIZE PHRASES LATINES.		31	1

171

DF: LatC042	MAN FINDET HIER EIN WORT IN EINER MENGE, DORT NICHT IN VERSEN, UND IN DER VORHERSAGE 31, WELCHES IN FRANZÖSISCHER SPRACHE „SAPIENCE" (HEISST). RESULTAT: DER SATZ ERHÄLT PLATZ 2 UNTER DEN DREIZEHN LATEINISCHEN SÄTZEN.			
UF: LatC051	.QUANT A NOUS QUI SOMMES HUMAINS NE POUUONS RIEN DE NOSTRE NATURELLE COGNOISSANCE ET INCLINATION D'ENGIN CONGNOISTRE DES SECRETZ OBSTRUSES DE DIEU LE CREATEUR,	467 (466)	24	1
AF: LatC052	"NOSCERE", QUI SUIT DESSOUBS ENGAGE DANS PHRASE OINGTE, EST ENCOR CONTENU, REDUICT MUTILE SELON RIMES "CONNISSE", DANS QUATRAIN NUMERO NONANTE; L'ON ESCRIT LIEU DOUZE.		24	1
DF: LatC052	"NOSCERE", DAS UNTEN EINGEFÜGT IM GEHEILIGTEN SATZ FOLGT, IST AUCH IM QUATRAIN NUMMER 90 ENTHALTEN, WEGEN DER REIME VERÄNDERT RÜCKGEFÜHRT AUF "CONNISSE". MAN VERZEICHNET PLATZ 12.			
UF: LatC061	,DE QUI TOUTE BONTE PROCEDE. ENCORES MON FILZ QUE I'AYE INSERE LE NOM DE PROPHETE, IE NE ME VEUX ATRIBUER TILTRE DE SI HAULTE SUBLIMITE POUR LE TEMPS PRESENT: CAR QUI "PROPHETA DICITUR HODIE, OLIM VOCABATUR VIDENS":	636 (632)	37	1
AF: LatC062	IL Y A MOT "HODIE" ET D'ANTIQUE ET DE LETTRE PLUS PRES, MEME ECRIT EN FRANCAIS "CE IOUR", EN PROPHETIE NOMBRE LIX, QUE POUR QUEUE "PROPHETA DICITUR HODIE, OLIM VOCABATUR VIDENS" DEVIENT LE LIEU NOMBRE SEPT SOUBS TREIZE.		37	1
DF: LatC062	ES GIBT DAS WORT "HODIE", SOWOHL DER ANTIKE ALS AUCH DES BRIEFES, GANZ NAH, EBENSO GESCHRIEBEN IN FRANZÖSISCH "CE IOUR" IN DER PROPHEZEIUNG NUMMER 59, SODASS FÜR DIE REIHE "PROPHETA DICITUR HODIE, OLIM VOCABATUR VIDENS" PLATZ NUMMER 7 UNTER DEN DREIZEHN FOLGT.			
UF: LatC071	:EN PRESENCE DE LAQUELLE LES TROYS TEMPS SONT COMPRINS PAR ETERNITE, REUOLUTION TENANT A LA CAUSE PASSEE PRESENTE ET FUTURE: "QUIA OMNIA SUNT NUDA ET APERTA ETC." PARQUOY MON FILZ TU PEULX FACILEMENT NONOBSTANT TON TENDRE CERUEAU, COMPRENDRE QUE LES CHOSES QUI DOIUENT AUENIR SE PEUUENT PROPHETIZER PAR LES NOCTURNES ET CELESTES LUMIERES,	1204 (1202)	53	0

AF: LatC072	EN SENTENCE "QUIA OMNIA SUNT NUDA ET APERTA ETC." DANS LETTRE A PLUS CHER FILZ YCY TOUT PRES ON TROUUE PAROLES, LESQUELLES SONT CONTENUES, TRANSMUTEES PAR "TOUT NUD", EN PROPHETIE NUMERO SOIXANTE-SEPT; POUR CAUSE PUIS APPARAIT LE PRENOMME RESULTAT CORRECT, LEQUEL AFFIRME QUE SENTENCE PREND LIEU NOMBRE IO, EN QUEUE DE TREIZE SENTENCES LATINES		53	0
DF: LatC072	IN DER SENTENZ "QUIA OMNIA SUNT NUDA ET APERTA ETC." GANZ NAH IM BRIEF AN DEN TEUREN SOHN FINDET MAN WÖRTER, DIE IN DER PROPHEZEIUNG NUMMER 67, ÜBERSETZT DURCH "TOUT NUD" ENTHALTEN SIND; AUS DIESEM GRUND ERSCHEINT DANN DAS VORBESTIMMTE KORREKTE RESULTAT, DAS BESTÄTIGT, DASS DIE SENTENZ DEN PLATZ 10 IN DER REIHE DER DREIZEHN LATEINISCHEN SÄTZE EINNIMMT.			
UF: LatC081	:NON QUE IE ME VUEILLE ATTRIBUER NOMINATION NI EFFECT PROPHETIQUE, MAIS PAR REUELEE INSPIRATION, COMME HOMME MORTEL ESLOIGNE NON MOINS DE SENS AU CIEL, QUE DES PIEDZ EN TERRE "POSSUM NON ERRARE, FALLI, DECIPI:"	1255 (1253)	34	0
AF: LatC082	LE MOT "ERRARE", NOMME SOUS SENTENCE QUI SUIT EN LANGUE LATINE, "POSSUM NON ERRARE, FALLI, DECIPI", LE MEME MODIFIE EN PROPHETIE EN NOMBRE CINQUANTE PLUS TREIZE, DENOMME LE FOND CROIRE, QUE PHRASE A POSITION VIIII		34	0
DF: LatC082	DAS WORT "ERRARE", IM FOLGENDEN SATZ IN LATEINISCHER SPRACHE GENANNT, "POSSUM NON ERRARE, FALLI, DECIPI", DAS GLEICHE MODIFIZIERT IN DER PROPHEZEIUNG IN NUMMER 63. ES BESTIMMT DEN GRUND ANZUNEHMEN, DASS DER SATZ DIE POSITION 9 HAT.			
UF: LatC091	,ET LE MOUUEMENT SUPERIEUR QUI NOUS REND LA TERRE STABLE ET FERME, "NON INCLINABITUR IN SAECULUM SAECULI:" HORS MIS QUE QUAND SON VOULOIR SERA ACCOMPLI, CE SERA, MAIS NON POINT AULTREMENT:	1894 (1892)	31	0
AF: LatC092	LE MOT "SAECULUM" EN PHRASE "NON INCLINABITUR IN SAECULUM SAECULI" NOMME COMME "SIECLE" EN VERS DU NOMBRE QUARANTE-UN TEL QUE POUR RESULTAT RASSEURE A LA FIN DROIT RIEN QUE POSITION TROIS.		31	0
DF: LatC092	DAS WORT "SAECULUM" IM SATZ "NON INCLINABITUR IN SAECULUM SAECULI" (IST) IM VERS NUMMER 41 ALS "SIECLE" GENANNT, DERART DASS FÜR DAS RESULTAT SICH SCHLIESSLICH NICHTS ANDERES FÜR RICHTIG ERWEIST, ALS DIE POSITION 3.			

UF: LatC101	:ET AUSSI A DIT "VISITABO IN VIRGA FERREA INIQUITATES EORUM, ET IN VERBERIBUS PERCUTIAM EOS." CAR LA MISERICORDE DU SEIGNEUR NE SERA POINCT DISPERGEE VN TEMPS MON FILZ,	2133 (2132)	28	0
AF: LatC102	GRAND MOT ICI APRES "VISITABO IN VIRGA FERREA INIQUITATES EORUM, ET IN VERBERIBUS PERCUTIAM EOS" SI DIRIGE COMME DERNIER DANS SEPTANTE PLUS V, SUR CE SE FAIT LIEU ONZE.		28	0
DF: LatC102	EIN BEKANNTES WORT HIER DANACH "VISITABO IN VIRGA FERREA INIQUITATES EORUM, ET IN VERBERIBUS PERCUTIAM EOS", SO ANGEFÜHRT ALS LETZTES IM (VERS) 75, WORAUF SICH DER PLATZ 11 ERGIBT.			
UF: LatC111	,QUE LA PLUS PART DE MES PROPHETIES SERONT ACOMPLIES ET VIENDRONT ESTRE PAR ACCOMPLIMENT REUOLUES. ALORS PAR PLUSIEURS FOYS DURANT LES SINISTRES TEMPESTES, "CONTERAM ERGO" DIRA LE SEIGNEUR "ET CONFRINGAM, ET NON MISEREBOR:" : ET MILLE AUTRES AUANTURES QUI AUIENDRONT PAR EAUX ET CONTINUELLES PLUIES COMME PLUS A PLAIN I'AY REDIGE PAR ESCRIPT AUX MIENNES AUTRES PROPHETIES QUI SONT COMPOSEES TOUT AU LONG "IN SOLUTA ORATIONE" LIMITANT LES LIEUX, TEMPS ET LE TERME PREFIX QUE LES HUMAINS APRES VENUS, VERRONT COGNOISSANTS LES AUENTURES AUENUES INFALLIBLEMENT, COMME AUONS NOTE PAR LES AUTRES PARLANS PLUS CLAIREMENT: NONOBSTANT QUE SOUS NUEE SERONT COMPRINSES LES INTELLIGENCES: "SED QUANDO SUBMOUENDA ERIT IGNORANTIA,"	2149 (2148)	106	1
AF: LatC112	EN LETTRE ICY PLUS PRES EST VNE PLURALITE DES SENTENCES LATINES: "CONTERAM ERGO ET CONFRINGAM, ET NON MISEREBOR", "SED QUANDO SUBMOUENDA ERIT IGNORANTIA", "IN SOLUTA ORATIONE". LA TRANSLATEE EN LANGUE FRANCAISE COMME SUIT "A DIRE VRAY", SE TROUUE EN PROPHETIE NUMERO NONANTE-SIX. PAR LAQUELLE EST PREMIER RESULTAT: MOTS NOMMENT PLACE XIII. SOUS LES SEPT ET CINQ PAROLES LATINES PLUS PRES, SONT ECRITES LES MOTS "CONTERAM" PLUS "SUBMOUENDA", LESQUELS SE TROUUE, TRANSLATES RELATIUEMENT EN LANGUE FRANCAISE COMME SUIT "DEFAITS" PLUS "SUBIUGUERA", L'EN PRESAGE NUMERO QUARANTE PLUS VIII PLUS PRESAGE NUMERO SOIXANTE PLUS I. LE SECOND RESULTAT NOMME PREPARER A DEUX PHRASES LES POSITIONS: POSITION NUMERO CINQ PLUS POSITION NUMERO HUIT.		106	1

DF: LatC112	HIER IM BRIEF GANZ NAH IST EINE VIELZAHL VON LATEINISCHEN SÄTZEN: "CONTERAM ERGO ET CONFRINGAM, ET NON MISEREBOR", "SED QUANDO SUBMOUENDA ERIT IGNORANTIA", "IN SOLUTA ORATIONE". DIESER, IN DIE FRANZÖSISCHE SPRACHE WIE FOLGT ÜBERSETZT "A DIRE VRAY" FINDET SICH IN DER PROPHETIE NUMMER 96. DADURCH IST DAS ERSTE RESULTAT: DIE WÖRTER BENENNEN PLATZ 13. UNTER DEN SIEBEN UND FÜNF LATEINISCHEN WORTEN GANZ NAH SIND DIE WORTE "CONTERAM" UND "SUBMOUENDA" GESCHRIEBEN, WELCHE SICH, ANNÄHEREND ÜBERSETZT IN DIE FRANZÖSISCHE SPRACHE WIE FOLGT "DEFAITS" UND "SUBIUGUERA", IN DER VORHERSAGE NUMMER 48 UND DER VORHERSAGE NUMMER 61 FINDEN. DAS ZWEITE RESULTAT BESTIMMT, FÜR BEIDE SÄTZE DIE POSITIONEN VORZUBEREITEN. POSITION NUMMER 5 UND POSITION NUMMER 8.		

2. Anagramme für die Reihung der LAT-Texte im BriefH

	LatH

In dieser Tabelle sind sämtliche Anagramme des Briefes an HEINRICH aufgelistet, die für die Reihung der lateinischen Texte maßgeblich sind. Es bedeutet:
    UF = ursprüngliche Fassung (Brief; stets durch Interpunktionen begrenzt)
    AF = anagrammatische Fassung (Regel französisch)
    DF = Deutsche Fassung (Übersetzung von AF)
In der Spalte 3 ist die tatsächliche und in Klammer die errechnete Position (Wortanzahl im Brief) angegeben, bei der das Anagramm beginnt.
Spalte 4: Anzahl der Wörter (in UF und AF gleich)
Spalte 5: Anzahl der Apostrophe (in UF und AF gleich)
	LatH
	
	11 Regeln

Name	Text	3	4	5
1	**2**	**3**	**4**	**5**
UF: LatH011	.ET LE TOUT "MINERUA LIBERA, ET NON INUITA", SUPPUTANT PRESQUE AUTANT DES ADUENTURES DU TEMPS ADUENIR, COMME DES EAGES PASSEZ, COMPRENANT DE PRESENT, ET DE CE QUE PAR LE COURS DU TEMPS PAR TOUTES REGIONS L'ON COGNOISTRA ADUENIR TOUT AINSI NOMMEMENT COMME IL EST ESCRIT, N'Y MESLANT RIEN DE SUPERFLU, COMBIEN QUE L'ON DIE: "QUOD DE FUTURIS NON EST DETERMINATA OMNINO VERITAS."	486 (490)	62	3
AF: LatH012	MOTS TOUT PRES NOMMENT EN LANGUE FRANCAISE COMME "DELIURER" ET "DETERMINE"; PUIS QU'IL Y A LES MOTS PRUDEMMENT DE MEME DANS PRESAGE NOMBRE II, SEPTANTE-UN, SECOND DANS PRESAGE TROIS, NONANTE ET SEPT, EN TOUT EST SUR, QU'EN DOUZE QUEUES ET PLACE TROIS POUR CECI DICT "MINERUA LIBERA, ET NON INUITA", POUR CELA "QUOD DE FUTURIS NON EST DETERMINATA OMNINO VERITAS" D'AUTANT DU PLUS.		62	3
DF: LatH012	DIE WÖRTER GANZ IN DER NÄHE LAUTEN IN FRANZÖSISCHER SPRACHE ANNÄHERND „DELIURER" UND „DETERMINE", WEIL ES DIE WÖRTER WOHLÜBERLEGT EBENSO IN DER VORHERSAGE NR. II/71 GIBT, DAS ZWEITE (WORT) IN DER VORHERSAGE III/97, IST ES INSGESAMT SICHER, DASS ES IN DEN 12 REIHEN FÜR DIESEN SPRUCH "MINERUA LIBERA, ET NON INUITA" PLATZ 3 GIBT, FÜR JENEN "QUOD DE FUTURIS NON EST DETERMINATA OMNINO VERITAS" UM EBENSOVIEL MEHR.			

UF: LatH021	,ET LE COURAGE DE TOUTE CURE, SOLICITUDE, ET FACHERIE PAR REPOS ET TRANQUILITE, DE L'ESPRIT. LE TOUT ACCORDE ET PRESAGE L'VNE PARTIE "TRIPODE AENEO".	568 (570)	24	2
AF: LatH022	"SELLE D'AERAIN" DE VERS ECRIT A CETTE PAGE "TRIPODE AENEO", FAICT, QU'ON RECOLTE POUR PETITE PHRASE LIEU I. PRIE. TOUTE LETTRE ACCORDE REGLES DU TOUT.		24	2
DF: LatH022	"SELLE D'AERAIN" DES VERSES, AUF DIESER SEITE "TRIPODE AENEO" GESCHRIEBEN, BEWIRKT, DASS MAN FÜR DIE KLEINE PHRASE DEN ERWÜNSCHTEN PLATZ I ERZIELT. DER GANZE BRIEF ENTHÄLT DIE REGELN FÜR DAS GANZE.			
UF: LatH031	:MAIS L'INIURE DU TEMPS, O SERENISSIME ROY, REQUIERT QUE TELS SECRETS EUENEMENS NE SOYENT MANIFESTEZ, QUE PAR AENIGMATIQUE SENTENCE, N'AYANT QU'VN SEUL SENS ET VNIQUE INTELLIGENCE, SANS Y AUOIR RIEN MIS D'AMBIGUE N'AMPHIBOLOGIQUE CALCULATION : MAIS PLUSTOST SOUS OBNUBILEE OBSCURITE PAR VNE NATURELLE INFUSION APPROCHANT A LA SENTENCE D'VN DES MILLE ET DEUX PROPHETES QUI ONT ESTE DEPUIS LA CREATION DU MONDE IOUXTE LA SUPPUTATION ET CHRONIQUE PUNIQUE DE IOEL, "EFFUNDAM SPIRITUM MEUM SUPER OMNEM CARNEM ET PROPHETABUNT FILIJ VESTRI, ET FILIAE VESTRAE."	998 (1000)	82	6
AF: LatH032	DES ANNEES, CONTENUES EN II SUPPUTATIONS, QUI SUIUENT DES TEMPS MI-BIBLIQUES DEPUIS CREATION DU MONDE IUSQU'A IESUS CHRIST SONT EGALES AUX INTERUALLES, COMPTE LES PAROLLES, DES POSITIONS APPROXIMATIUES D'VNE CHAQUE SENTENCE ANAGRAMMIQUE, EN LETTRE YCY A MON FILS ET LAQUELLE AU ROY HENRY: L'ON TROUUE MIS LE VIEIL MOT "CARNEM", L'ENGAGE EN SENTENCE SUIUANTE D'VNE PROPHETIE BIBLIQUE, "EFFUNDAM SPIRITUM MEUM SUPER OMNEM CARNEM ET PROPHETABUNT FILIJ VESTRI, ET FILIAE VESTRAE", EN QUATRAIN DE NOMBRE NEUF, QUARANTE ET VI, QU'IL SUIT POUR SENTENCE POSITION ONZE.		82	6

DF: LatH032	JAHRE, DIE IN ZWEI BERECHNUNGEN ENTHALTEN SIND, WELCHE HALBBIBLISCHEN ZEITEN SEIT DER ERSCHAFFUNG DER WELT BIS ZU JESUS CHRISTUS FOLGEN, SIND GLEICH ZU DEN INTERVALLEN, ZÄHLE DIE WORTE, DER UNGEFÄHREN POSITIONEN EINES JEDEN ANAGRAMMATISCHEN SATZES, HIER IM BRIEF AN MEINEN SOHN UND IN JENEM AN KÖNIG HEINRICH. MAN FINDET VERMERKT DAS ALTE WORT "CARNEM", DAS EINGEFÜGT (IST) IN DER FOLGENDEN SENTENZ EINER BIBLISCHEN PROPHEZEIUNG "EFFUNDAM SPIRITUM MEUM SUPER OMNEM CARNEM ET PROPHETABUNT FILIJ VESTRI, ET FILIAE VESTRAE", IM QUATRAIN NUMMER 9/46, SODASS FÜR DIESE SENTENZ POSITION 11 FOLGT.			
UF: LatH041	:MOY EN CEST ENDROICT IE NE M'ATTRIBUE NULLEMENT TEL TILTRE. IA A DIEU NE PLAISE, IE CONFESSE BIEN QUE LE TOUT VIENT DE DIEU, ET LUY EN RENDS GRACES, HONNEUR, ET LOUANGE IMMORTELLE, SANS Y AUOIR MESLE DE LA DIUINATION QUE PROUIENT A FATO:	1095 (1100)	44	1
AF: LatH042	IL Y A LE MOT "DESTINATION" OU BIEN MUE "FATO" NON SEULEMENT EN LETTRE AU ROY HENRY DU SUIUANT D'ICI, MAIS ENCORES EN CENTURIE I, DEDANS LE PRESAGE SEPTANTE ET VI, OU LEQUEL EST ECRIT DE LANGUE LATINE, QUE LEDIT "FATO" NORME LE LIEU NOMBRE II.		44	1
DF: LatH042	ES GIBT DAS WORT "SCHICKSAL" ODER VERWANDELT "FATO" NICHT NUR IM BRIEF AN KÖNIG HEINRICH, GEMÄSS DEM HIER FOLGENDEN, SONDERN AUCH IN DER CENTURIE I, IN DER VORHERSAGE 76, WO DIESES IN LATEINISCHER SPRACHE GESCHRIEBEN IST, SODASS DAS GENANNTE "FATO" DEN PLATZ NUMMER 2 BESTIMMT.			
UF: LatH051	.PUIS LE GRAND EMPYRE DE L'ANTECHRIST COMMENCERA DANS LA ATILA ET ZERSES DESCENDRE EN NOMBRE GRAND ET INNUMERABLE, TELLEMENT QUE LA VENUE DU SAINCT ESPRIT PROCEDANT DU 48. DEGREZ FERA TRANSMIGRATION, DESCHASSANT A L'ABOMINATION DE L'ANTECHRIST, FAISANT GUERRE CONTRE LE ROYAL QUI SERA LE GRAND VICAIRE DE IESUS CHRIST, ET CONTRE SON EGLISE ET SON REGNE "PER TEMPUS ET IN OCCASIONE TEMPORIS" ET PRECEDERA DEUANT VNE ECLIPSE SOLAIRE LE PLUS OBSCUR ET LE PLUS TENEBREUX, QUE SOIT ESTE DEPUIS LA CREATION DU MONDE IUSQUES A LA MORT ET PASSION DE IESUS CHRIST,	1569 (1570)	91	3

AF: LatH052	LE MOT "IN-OCCASIONE" ENGAGE DANS LA SENTENCE "PER TEMPUS ET IN OCCASIONE TEMPORIS" ESCRITE SUS VN GRAND PRESAGE BIBLIQUE, QUEL TRANSCRIT DANS LETTRE DEDIEE AU ROY HENRY SECOND, DIT DANS LANGUE FRANCAISE COMME CA "MAL'HEURE" EST ECRIT DANS PRESAGE NOMBRE IV, VERS SEPTANTE-DEUX. IL RESULTE PAR LE DIT LA POSITION DROITE DU NOMBRE HUIT. IL Y A DANS L'OUURAGE NEUF CENT PLUS 48 QUATRAINS; C'EST EN PARALLELE TRES CORRECT LE MESME NOMBRE DES LETTRES DANS TREIZE ET DOUZE PHRASES DE LANGUE LATINE, QUI EST RECU DROIT EN CHASSANT LES DERNIERS MOTS "PETREAE PROUINCIAE"		91	3
DF: LatH052	DAS WORT "IN-OCCASIONE", EINGEFÜGT BEIM AUSSPRUCH "PER TEMPUS ET IN OCCASIONE TEMPORIS", GESCHRIEBEN IN EINER GROSSEN BIBLISCHEN VORHERSAGE, WELCHES ÜBERNOMMEN (IST) IN DEN BRIEF GEWIDMET KÖNIG HEINRICH II., IN FRANZÖSISCHER SPRACHE WIE FOLGT GENANNT "MAL'HEURE", IST GESCHRIEBEN IN DER VORHERSAGE NUMMER IV, VERS 72. ES ERGIBT SICH DURCH DAS GESAGTE DIE RICHTIGE POSITION AUF NUMMER 8. ES GIBT IM WERK 948 QUATRAINS, DAS IST IM VERGLEICH ZU DEN BUCHSTABEN DER 13 UND 12 SÄTZE IN LATEINISCHER SPRACHE GANZ GENAU DIESELBE ANZAHL, DIE BEI STREICHUNG DER LETZTEN WÖRTER "PETREAE PROUINCIAE" RICHTIG ERHALTEN WIRD.			
UF: LatH061	‚ET MIS A MORT PROFLIGEZ ET LE RESTE EN FUITE ET SES ENFANS DE PLUSIEURS FEMMES EMPRISONNEZ ET PAR LORS SERA ACCOMPLIE LA PROPHETIE DU ROYAL PROPHETE, "VT AUDIRET GEMITUS COMPEDITORUM, VT SOLUERET FILIOS INTEREMPTORUM",	2449 (2450)	35	0
AF: LatH062	MOT "MIS A MORT" EN PROPHETIE TROYS, L PLUS SEIZE, EST MIS ENTRE PROSE SUR LA PHRASE GETTEE "VT AUDIRET GEMITUS COMPEDITORUM, VT SOLUERET FILIOS INTEREMPTORUM". PAROLLE AFFIRME PLACE EN ELUE PAR DIFFERENCE DOUZE MOINS SEPT.		35	0
DF: LatH062	DAS WORT "MIS A MORT" (ERMORDET) IN DER PROPHEZEIUNG 3/66 (50 PLUS 16), IST ENTHALTEN IN DER PROSA ÜBER DEM EINGEFÜGTEN SATZ "VT AUDIRET GEMITUS COMPEDITORUM, VT SOLUERET FILIOS INTEREMPTORUM". DAS WORT BESTÄTIGT DEN DAFÜR AUSGEWÄHLTEN PLATZ DURCH DIE DIFFERENZ 12 WENIGER 7 (=5).			

UF: LatH071	,ET SERONT TOUS CES ROYS ORIENTAUX CHASSEZ PROFLIGEZ EXTERMINEZ NON DU TOUT PAR LE MOYEN DES FORCES DES ROYS D'AQUILON ET PAR LA PROXIMITE DE NOSTRE SIECLE PAR MOYEN DES TROIS VNYS SECRETTEMENT CERCHANT LA MORT ET INSIDIES PAR EMBUSCHES L'VN DE L'AUTRE ET DURERA LE RENOUUELLEMENT DU TRIUMUIRAT SEPT ANS, QUE LA RENOMMEE DE TELLE SECTE FERA SON ESTENDUE PAR L'VNIUERS ET SERA SOUBSTENU LE SACRIFICE DE LA SAINCTE ET IMMACULEE HOSTIE,	2509 (2510)	73	4
AF: LatH072	ON TROUUE L'ORDRE DES PHRASES DE LANGUE LATINE PAR TREIZE MOTS-CLE EN LETTRE A FILS, ET MOT EXACT OU APPROXIMATIF DEDANS CENTURIE CINQ; SOUBS DOUZE EN LETTRE AU ROY HENRY, SANS DEUX MOTS FINALS, ET TOUTES LES CENTURIES. NOMBRES DES CENTURIES ET VERS DETERMINENT L'ORDRE. CAR "TRIUMUIR" EST DANS CENTURIE CINQ, VERS SEPT, L'A LIEU NEUF. OPPOSE L'ORDRE A LA TREIZIEME PHRASE CHASSEE YCY DANS MESME LETRE ET COMME CA SONT SEULEMENT VOYELLES AEIOU.		73	4
DF: LatH072d	MAN FINDET DIE ORDNUNG DER SÄTZE IN LATEINISCHER SPRACHE DURCH DREIZEHN SCHLÜSSELWÖRTER IM BRIEF AN DEN SOHN, UND EIN GENAUES ODER ANNÄHERNDES WORT IN DER CENTURIE V; UNTER DEN ZWÖLF IM BRIEF AN KÖNIG HEINRICH, OHNE DEN BEIDEN SCHLUSSWÖRTERN, UND ALLEN CENTURIEN. DIE NUMMERN DER CENTURIEN UND DER VERSE BESTIMMEN DIE REIHUNG. WEIL "TRIUMUIR" IN DER CENTURIE V, VERS 7, AUFSCHEINT, HAT ES DEN PLATZ NEUN. STELLE DIE ORDNUNG DEM DREIZEHNTEN WEGGELASSENEN SATZ, HIER IM SELBEN BRIEF, GEGENÜBER UND SO ERGEBEN SICH NUR VOKALE AEIOU.			
UF: LatH081	,ET PAR AUTRE GUERRE NAUALLE ROUGIRA LA MER, QUE LE RAPPORT D'VN ROY A L'AUTRE LUY SERA DIT: "BELLIS RUBUIT NAUALIBUS AEQUOR" PUIS DANS LA MESME ANNEE ET LES SUYUANTES S'EN ENSUYURA LA PLUS HORRIBLE PESTILENCE, ET LA PLUS MERUEILLEUSE PAR LA FAMINE PRECEDENTE ET SI GRANDES TRIBULATIONS QUE IAMAIS SOIT ADUENUE TELLE DEPUIS LA PREMIERE FONDATION DE L'EGLISE CHRESTIENNE ET PAR TOUTES LES REGIONS LATINES.	3749 (3752)	66	4

AF: LatH082	IL Y A DEDANS PHRASE IETTEE DE L'EAGE PREUEU "BELLIS RUBUIT NAUALIBUS AEQUOR" PAROLES SUIUANTES "BELLIS NAUALIBUS" QUI SONT DE MESME TOUT PRES DANS LETTRE A ROY HENRY. I'AY LES TRANSLATE EN LANGUE FRANCAISE COMME SUIT "GUERRE NAUALLE" ET PLUSTOST SIMILAIRE DANS LE PRESAGE NEUF, VERS NUMERO CENT, LE PREMIER LIEU, PUISQU'IL APPARAIT PAR RESULTAT LE LIEU DERNIER EN L'ORDRE DE TOUTES PAROLES EN LANGUE LATINE.		66	4
DF: LatH082	ES GIBT IM SATZ EINGEFÜGT ÜBER DIE VORHERGESEHENE ZEIT, "BELLIS RUBUIT NAUALIBUS AEQUOR" DIE FOLGENDEN WORTE "BELLIS NAVALIBUS", DIE EBENSO GANZ NAH IM BRIEF AN KÖNIG HEINRICH STEHEN. ICH HABE SIE IN FRANZÖSISCHER SPRACHE WIE FOLGT ÜBERSETZT "GUERRE NAUALE" UND EHER NUR ÄHNLICH IN DER VORHERSAGE 9, VERS NUMMER 100, AN ERSTER STELLE, SODASS DANN DURCH DAS RESULTAT DER LETZTE PLATZ IN DER ORDNUNG ALLER WORTE IN LATEINISCHER SPRACHE HERAUSKOMMT.			
UF: LatH091	,ET PASSERA PAR LES DESTROITS DE SES DERNIERS AUITES ET BISAYEUX QUI REMETTRA LA PLUS PART EN SON ESTAT ET LE GRAND VICAIRE DE LA CAPPE SERA REMIS EN SON PRISTIN ESTAT, MAIS DESOLE ET PUIS DU TOUT ABANDONNE ET TOURNERA ESTRE "SANCTA SANCTORUM",	3834 (3843)	44	0
AF: LatH092	MOT DE BIBLE "SANCTA SANCTORUM" QUI SE TROUUE DE MESME TRES PRES DANS LETTRE AU ROI, EST TRANSLATE DANS PRESAGE SIX, EN VERS TRENTE, PAR "SAINTE SAINTETE", Y DIT SANS DES C, ET PAR CE RESULTAT SEUR PAROLE APPARAIT DANS REUUE DES LATINES A POSITION IO.		44	0
DF: LatH092	DAS WORT DER BIBEL "SANCTA SANCTORUM", WELCHES SICH EBENSO GANZ NAH IM BRIEF AN DEN KÖNIG FINDET, IST IN DER VORHERSAGE 6, IM VERS 30, DURCH "SAINTE SAINTETE" ÜBERSETZT, DORT OHNE (BUCHSTABEN) C GESCHRIEBEN, UND WEGEN DIESES SICHEREN RESULTATS, ERSCHEINT DAS WORT IN DER REIHE DER LATEINISCHEN AUF POSITION 10.			
UF: LatH101	,QUE PRESQUE LE MONDE VNIUERSEL SE TROUUERA DEFAICT ET DESOLE ET AUANT ICEUX ADUENEMENS, AUCUNS OYSEAUX INSOLITES CRIERONT PAR L'AIR "HUY, HUY" ET SERONT APRES QUELQUE TEMPS ESUANOUYS,	3955 (3956)	28	1

AF: LatH102	SENTENCE SOUS FORME "VOIX OUYE DE L'INSOLIT OYSEAU", SE TROUUE DANS CENTURIE DEUX, QUATRAIN SEPTANTE-CINQ, MUEE RESUMEE PAR PAROLES "HUY, HUY", QUE RESULTE DANS REUUES LATINES PLACE QUATRE.		28	1
DF: LatH102	DER SATZ IN DER FORM "VOIX OUYE DE L'INSOLIT OYSEAU" FINDET SICH IN DER CENTURIE 2, QUATRAIN 75. ZUSAMMENGEFASST VERWANDELT DURCH DIE WORTE "HUY, HUY", SODASS SICH IN DEN LATEINISCHEN REIHEN PLATZ 4 ERGIBT.			
UF: LatH111	.I'EUSSE CALCULE PLUS PROFONDEMENT ET ADAPTE LES VNGS AUECQUES LES AUTRES. MAIS VOYANT, O SERENISSIME ROY, QUE QUELCUNS DE LA SENSURE TROUUERONT DIFFICULTE QUI SERA CAUSE DE RETIRER MA PLUME A MON REPOS NOCTURNE, [MULTA ETIAM … VIDEARE.] MAIS TANT SEULEMENT IE VOUS REQUIERS, O ROY TRESCLEMENT PAR ICELLE VOSTRE SINGULIERE ET PRUDENTE HUMANITE D'ENTENDRE PLUSTOST LE DESIR DE MON COURAGE ET LE SOUUERAIN ESTUDE QUE I'AY D'OBEYR A VOSTRE SERENISSIME MAGESTE DEPUIS QUE MES YEUX FURENT SI PROCHES DE VOSTRE SPLENDEUR SOLAIRE QUE LA GRANDEUR DE MON LABEUR NE ATTAINCT NE REQUIERT. DE SALON CE 27. DE IUIN, MIL CINQ CENS CINQUANTE HUIT.	4078 (4086)	99	4
AF: LatH112	MOT "SALON", REMARQUE ICY EN LETTRE AU ROY HENRY, QU'EST NOMME DE MESME DEDANS CENTURIE IV, VERS 27, DECIDE LIEU NOMBRE SEPT. DEDANS L'OUURAGE SE TROUUENT NEUF CENT QUARANTE-HUIT PRESAGES, QU'EST LE MESME NOMBRE DES LETTRES, QUI CONNU DANS LA QUEUE DES VINGT-CINQ PHRASES LATINES DU LIURE, APRES REDUCTION DES DERNIERES DEUX PAROLES "PETREAE PROUINCIAE". L'ORDRE NEUF DES REUUES LATINES EST CONFIRME PLACANT OPPOSE QUEUE RESTITUEE DE LETTRE A MON FILS A SON INUERSE, QUEUE DE LETTRE AU ROY, MAIS SANS LA LONGUE QUI Y SUIT, A CELA: [MULTA ETIAM … VIDEARE.] RECOIT RESULTATS CORRECTS, SI CES REUUES ONT COMMUN RIEN QUE VINGT PLUS VIII VOYELLES.		99	4

DF: LatH112	DAS WORT "SALON", BEMERKT HIER IM BRIEF AN KÖNIG HEINRICH, WELCHES EBENSO IN DER CENTURIE IV, VERS 27, GENANNT IST, BESTIMMT DEN PLATZ NUMMER 7. IM WERK FINDEN SICH 948 VORHERSAGEN, WAS DIESELBE ANZAHL AN BUCHSTABEN IST, WELCHE IN DEN 25 LATEINISCHEN PHRASEN DES WERKES AUFSCHEINEN - NACH ABZUG DER LETZTEN BEIDEN WÖRTER "PETREAE PROUINCIAE". DIE NEUE ORDNUNG DER LATEINISCHEN REIHEN WIRD BESTÄTIGT DURCH GEGENÜBERSTELLEN DER WIEDERHERGESTELLTEN REIHE DES BRIEFES AN MEINEN SOHN ZU IHRER INVERSION, DER REIHE DES BRIEFES AN DEN KÖNIG, ABER OHNE DER HIER FOLGENDEN LANGEN (REIHE), ZU DIESER. [MULTA ETIAM ... VIDEARE.] (MAN) ERHÄLT DIE RICHTIGEN RESULTATE, WENN DIESE REIHEN GEMEINSAM NUR 28 VOKALE HABEN.			

3. Anagramme für die Berechnung im BriefC

<table>
<tr><td colspan="3">In dieser Tabelle sind sämtliche Anagramme des Briefes an CAESAR aufgelistet, die für die Berechnung maßgeblich sind. Es bedeutet:
    UF = Ursprüngliche Fassung (Brief; stets durch Interpunktionen begrenzt)
    AF = Anagrammatische Fassung (Regel französisch)
    DF = Deutsche Fassung (Übersetzung von AF)
In der Spalte 3 ist die tatsächliche und in Klammer die errechnete Position (Wortanzahl im Brief) angegeben, bei der das Anagramm beginnt.
Spalte 4: Anzahl der Wörter (in UF und AF gleich)
Spalte 5: Anzahl der Apostrophe (in UF und AF gleich)</td><td colspan="2">BerC

10 Regeln</td></tr>
</table>

Name	Text			
1	**2**	**3**	**4**	**5**
UF: BerC011	:CAR LA PAROLLE HEREDITAIRE DE L'OCCULTE PREDICTION SERA DANS MON ESTOMACH INTERCLUSE:	125 (124)	12	1
AF: BerC012	LA PAROLLE HEREDITAIRE DE L'OCCULTE PREDICTION EST LE NOM CAESARHENRINOSTRADAMUS C C		12	1
DF: BerC012	DAS SCHLÜSSELWORT DER GEHEIMNISVOLLEN VORHERSAGE IST DER NAME CAESARHENRINOSTRADAMUS C C (=cum curriculo, mit zyklischem Umlauf)			
UF: BerC021	:COMME IL NOUS ADUIENT DES RAYONS DU SOLEIL QUI SE VIENNENT GETANTS LEUR INFLUENCE AUX CORPS ELEMENTERES & NON ELEMENTERES.	449 (454)	19	0
AF: BerC022	DESLIE LE SIGNE „&" EN VERS MOYENNANT „ET", LEQUEL MUE INUERSEMENT, SI DONNE SOLUTION EXACTE. PRESCRIS AUCUN DEFAULT SELON NORME.		19	0
DF: BerC022	LÖSE DAS ZEICHEN & IM VERS MITTELS ET AUF, VERWANDLE DIES UMGEKEHRT, SOFERN ES DIE EXAKTE LÖSUNG ERGIBT. SCHREIBE KEINEN FEHLER IM SINNE DER REGEL VOR.			
UF: BerC031	Nicht existent			
AF: BerC032				
DF: BerC032				

UF: BerC041	.IE NE DIS PAS MON FILZ, AFFIN QUE BIEN L'ENTENDES, QUE LA COGNOISSANCE DE CESTE MATIERE NE SE PEULT ENCORES IMPRIMER DANS TON DEBILE CERUEAU, QUE LES CAUSES FUTURES BIEN LOINGTAINES NE SOIENT A LA COGNOISSANCE DE LA CREATURE RAISONABLE:	813 (824)	40	1
AF: BerC042	PLACE NOMBRES DES PREMIERS QUATRAINS SOUBS QUEUE DE NOMS, SELON REGLE ENGAGEE D'ICI A FIN, SECONDE DOUZAINE SELON TELLE FACON INUERSE, AINSI A LA SUITE. TABLE FINEE A CCC EST LA BASE IUSQUES A FIN. ORDONNE CENTURIE SEPTIEME EN LIRANT CENT.		40	1
DF: BerC042	PLAZIERE DIE NUMMERN DER ERSTEN QUATRAINS UNTERHALB DER NAMENSREIHE, GEMÄSS DER AB HIER AM ENDE EINGEFÜGTEN REGEL, DAS ZWEITE DUTZEND AUF SOLCHE ART UMGEKEHRT, AUF DIESE WEISE FORTFAHREND. DIE BIS 300 FERTIGGESTELLTE TABELLE IST DIE GRUNDLAGE BIS ZUM ENDE. BILDE DIE SIEBTE CENTURIE HUNDERT LESEND.			
UF: BerC051	.ET COMBIEN QUE CELLE OCCULTE PHILOSOPHIE NE FUSSE REPROUUEE N'AY ONQUES VOLU PRESENTER LEURS EFFRENEES PERSUASIONS: COMBIEN QUE PLUSIEURS VOLUMES QUI ONT ESTES CACHES PAR LONGS SIECLES ME SONT ESTES MANIFESTES MAIS DOUTANT CE QUI ADUIENDROIT EN AY FAICT, APRES LA LECTURE, PRESENT A VULCAN, QUE PENDANT QUIL LES VENOIT A DEUORER, LA FLAMME LESCHANT L'AIR RENDOIT VNE CLARTE INSOLITE, PLUS CLAIRE QUE NATURELLE FLAMME, COMME LUMIERE DE FEU DE CLYSTRE FULGURANT, ILLUMINANT SUBIT LA MAISON. COMME SI ELLE FUST ESTE EN SUBITE CONFLAGRATION.	1035 (1034)	84	2
AF: BerC052	CORRIGE CHAQUE PROPHETIE CONFUSE COMME SUIT: COMBIEN IL Y A LETTRE C DANS VERS EN FORME MAUUAISE, COMBIEN PAROLES DANS LEQUEL SONT VICIEUSES OU Y FAILLANT, QUE LANGUE AFFAIBLIE RECTIFIEE EFFECTUE LE CORRECT RESULTAT. CALCULE NULLE FAULTE SI VN MOT, VNE LETTRE SEULEMENT CHANGE LIEU: TOUTES LES PAROLES QUI MANQUENT SONT NOMMEES EN QUATRAINS DES PRONOSTICATIONS POUR LES ANS DANS LESQUELLES LES VOLUMES DES CENTURIES MIS EN LUMIERE ET ALMANACH FINAL PUBLIE EN L'AN DE MORT D'AUTEUR. PRENDS SEULEMENT PAROLE QUI Y ESCRIPTE PLUSIEURS FOIS.		84	2

DF: BerC052	KORRIGIERE JEDE UNGEORDNETE PROPHEZEIUNG WIE FOLGT: WIE OFT DER BUCHSTABE C IM VERS DER MANGELHAFTEN FORM VORKOMMT, SO VIELE WÖRTER SIND IN DIESEM ENTSTELLT ODER DARIN FEHLEND, SO DASS DIE VERFÄLSCHTE SPRACHE BERICHTIGT, DAS KORREKTE RESULTAT ERBRINGT. ZÄHLE KEINEN FEHLER, WENN EIN WORT, EIN BUCHSTABE LEDIGLICH DEN PLATZ WECHSELT. ALLE WÖRTER, DIE FEHLEN, SIND GENANNT IN DEN QUATRAINS DER PROGNOSTIKATIONEN FÜR DIE JAHRE, IN DENEN DIE BÄNDE DER CENTURIEN ERSCHIENEN (SIND), UND (DES) SCHLUSS-ALMANACHS, VERÖFFENTLICHT IM JAHR DES TODES DES VERFASSERS. VERWENDE LEDIGLICH EIN WORT, DAS DARIN MEHRFACH GESCHRIEBENEN (IST).			
UF: BerC061	,I'AY COMPOSE LIURES DE PROPHETIES CONTENANT CHASCUN CENT QUATRAINS ASTRONOMIQUES DE PROPHETIES, LESQUELLES I'AY VN PEU VOULU RABOTER OBSCUREMENT: ET SONT PERPETUELLES VATICINATIONS POUR D'YCI A L'AN 3797. QUE POSSIBLE FERA RETIRER LE FRONT A QUELQUES VNS EN VOYANT SI LONGUE EXTENSION, ET PAR SOUZ TOUTE LA CONCAUITE DE LA LUNE AURA LIEU ET INTELLIGENCE ET CE ENTENDENT VNIUERSELLEMENT PAR TOUTE LA TERRE, LES CAUSES MON FILZ. QUE SI TU IS L'VAAGE NATUREL ET HUMANI,	1316 (1315)	74	5
AF: BerC062	CALCULE TOUTES PAROLES EN QUATRAINS EN IV PRONOSTICATIONS DONNEES D'APRES PHRASE NOMMEE ICY-HAULT. DOUBLE PAROLES QUE N'AY AIOUTE A PROPHETIE NOMBRE TOUTES QU'INCLUT ESCRIT ICY-PRESENT, C'EST VNI 3797 PLUS V. CALCULATION ET REUUE QUE RELIE FAUTE ENGAGER SOUBZ LE QUATRAIN: ON ELIT NON LIEU OSTE VNE AULTRE FOYS SI PAROLE A VNE EXTENSION PLUS DE CINQ LETTRES AU HAULT RESUME FINAL : IL PARAIT LA RESTE LEUEE EN MOTZ CC ET VINGT EN TOUTE QU'EST NULLEMENT INSEREE DANS VERS.		74	5

DF: BerC062	BERECHNE ALLE WÖRTER IN DEN QUATRAINS DER IV PRONOSTICATIONEN ERHALTEN GEMÄSS DEM HIER OBEN GENANNTEN SATZ. VERDOPPLE DIE WÖRTER, DIE ICH DER PROPHEZEIUNG NICHT BEIGEFÜGT HABE, ZÄHLE ALLE HINZU, WELCHE DIE HIER VORLIEGENDE SCHRIFT ENTHÄLT, ZUSAMMEN SIND DAS 3797 PLUS 5. BERECHNUNG UND REIHE, WELCHE DAS FEHLENDE ENTHÄLT, EINZUFÜGEN IN DEN QUATRAIN: MAN WÄHLT KEINEN WEGGELEGTEN PLATZ EIN WEITERES MAL AUS, WENN DAS WORT EINE LÄNGE VON MEHR ALS FÜNF BUCHSTABEN HAT. AM ENDE DAS SCHLUSSRESÜMEE: ES ZEIGT SICH DER WEGGELEGTE REST AN WORTEN KOMPLETT MIT 220, DER KEINESFALLS IN DIE VERSE EINZUFÜGEN IST.			
UF: BerC071	,PRINCIPALEMENT DE DEUX CAUSES PRINCIPALES QUI SONT COMPRINSES A L'ENTENDEMENT DE CELUI INSPIRE QUI PROPHETISE L'VNE EST QUE VIENT A INFUSER, ESCLARCISSANT LA LUMIERE SUPERNATURELLE AU PERSONNAGE QUI PREDIT PAR LA DOCTRINE DES ASTRES ET PROPHETISE PAR INSPIREE REUELATION:	1449 (1446)	39	2
AF: BerC072	ICI QUELQUES DECLARATIONS PRECISES AFIN D'APPRENDRE REUELATION DU SIECLE: COMPTE DIPHTONGUE, ESCRITE PAR SA VNIQUE LETTRE, SEPAREMENT, SI PAR EXEMPLE EN PAROLE AERAIN EN VERS I.I. L'APOSTROPH, U EN QU, INDICES EN SENS RESTITUANT M N PRENNENT LIEUS PARTICULIERES. APRES IL SUIT DE PLUS!		39	2
DF: BerC072d	HIER EINIGE GENAUE ERKLÄRUNGEN, UM DIE AUFLÖSUNG DES JAHRHUNDERTS ZU BEKOMMEN: ZÄHLE DEN UMLAUT, DER DURCH SEINEN EINZIGEN BUCHSTABEN GESCHRIEBEN IST, GETRENNT, SO BEISPIELSWEISE IM WORT 'AERAIN' IM VERS I.I. DER APOSTROPH, U IN QU, DIE ZEICHEN ZUM ZWECK M N ZU ERSETZEN, NEHMEN EIGENE PLÄTZE EIN. ANSCHLIESSEND FOLGT NOCH MEHR!			
UF: BerC081	,LES AUTRES EN CANCER PAR PLUS LONGUES ET CONTINUES. ET MAINTENANT QUE SOMMES CONDUICTS PAR LA LUNE, MOYENNANT LA TOTALE PUISSANCE DE DIEU ETERNEL, QUE AUANT QU'ELLE AYE PARACHEUE SON TOTAL CIRCUIT, LE SOLEIL VIENDRA ET PUIS SATURNE.	1719 (1714)	38	1

AF: BerC082	LETTRES "C", APPARAISSANT EN SENTENCE VRAYE A L'ENTREE, SONT NOMMEES AU LIEU DE PAROLES DANS LATIN "CUM CURRICULO" ILS ONT LE SENS QUE NOMS ECRIPTS AUANT POUR LA QUEUE IDEALE CHANGENT LIEU A TOUTE EUENTUALITE CYCLIQUE. ADONNE TANT PLUS.		38	1
DF: BerC082	DIE BUCHSTABEN „C", AUFTRETEND IM WAHREN (=ANAGRAMMIERTEN) SPRUCH ZU BEGINN, SIND AN STELLE DER LATEINISCHEN WORTE "CUM CURRICULO" GENANNT. SIE HABEN DEN SINN, DASS DIE ZUVOR GESCHRIEBENEN NAMEN FÜR DIE IDEALE REIHE DEN PLATZ NACH JEDER ZYKLISCHEN MÖGLICHKEIT WECHSELN. VIEL MEHR VERKÜNDET!			
UF: BerC091	,QUE LE TOUT CALCULE LE MONDE S'APPROCHE D'VNE ANARAGONIQUE REUOLUTION: ET QUE DE PRESENT QUE CECI I'ESCRIPTZ AUANT CENT ET SEPTANTE SEPT ANS TROYS MOYS VNZE IOURS, PAR PESTILENCE, LONGUE FAMINE ET GUERRES ET PLUS PAR LES INUNDATIONS LE MONDE ENTRE CY ET CE TERME PREFIX, AUANT ET APRES PAR PLUSIEURS FOYS, SERA SI DIMINUE ET SI PEU DE MONDE SERA, QUE LON NE TROUUERA QUI VUEILLE PRENDRE LES CHAMPS, QUI DEUIENDRONT LIBERES AUSSI LONGUEMENT QU'ILZ SONT ESTES EN SERUITUDE:	1767 (1762)	80	4
AF: BerC092	COMPTE PAROLES DE LETTRE AU FILZ, SANS CELLES QU'EN ESCRIPT LATIN. CE MESME NOMBRE RESULTE, SI L'ON REDUIT CENT SEPTANTE ET SEPT DE QUATORZE, PUIS MULTIPLIE LA DIFFERENCE AUEC QUATORZE. PUIS PRENDS INTERVALLES DE TEMPS D'ESCRIPT A ROY HENRY DE L'AN DE CREATION DU MONDE IUSQUES A IESUS CHRIST, POUR Y TROUUER VNE POSITION ENUIRON, OU QUELQUE SENTENCE NEE EN SENS ANAGRAMMIQUE EST PRES, ENGAGEE ENTRE POINTS, DEUX POINTS OU VIRGULES. IL Y A AUTANT QUE PAROLES EN REUUE NEUUE.		80	4
DF: BerC092	ZÄHLE DIE WÖRTER IM BRIEF AN DEN SOHN, OHNE DIEJENIGEN WELCHE IN LATEINISCHER SCHRIFT. DIESELBE ZAHL ERGIBT SICH, WENN MAN 177 UM 14 REDUZIERT, DANN DIE DIFFERENZ MIT 14 MULTIPLIZIERT. DANN NEHME DIE ZEITINTERVALLE DER SCHRIFT AN KÖNIG HEINRICH VOM JAHR DER ERSCHAFFUNG DER WELT AN BIS JESUS· CHRISTUS, UM DARIN EINE UNGEFÄHRE POSITION ZU FINDEN, WO IRGENDEIN SATZ ERZEUGT IM ANAGRAMMATISCHEN SINN NAHE IST, ZWISCHEN PUNKTEN, DOPPELPUNKTEN ODER BEISTRICHEN EINGEBUNDEN. ES GIBT IN DER NEUEN REIHE EBENSOVIELE WÖRTER.			

UF: BerC101	:LA RAISON EST PAR TROP EUIDENTE, LE TOUT ESTRE PREDICT PAR AFFLATION DE DIUINITE, ET PAR LE MOYEN DE L'ESPRIT ANGELIQUE INSPIRE A L'HOMME PROPHETISANT, RENDANT OINCTES DE VATICINATIONS, LE VENANT A ILLUMINER, LUY ESMOUUANT LE DEUANT DE LA PHANTASIE PAR DIUERSES NOCTURNES APARITIONS, QUE PAR DIURNE CERTITUDE PROPHETISE PAR ADMINISTRATION ASTRONOMICQUE, CONIOINCTE DE LA SANCTISSIME FUTURE PREDICTION, NE CONSISTANT AILLEURS QUE AU COURAGE LIBRE. VIENT ASTURE ENTENDRE MON FILZ, QUE IE TROUUE PAR MES REUOLUTIONS QUE SONT ACCORDANTES A REUELLEE INSPIRATION,	2015 (2023)	82	2
AF: BerC102	EFFECTUE LES TROIS NOMS EN ORDRE ALPHABETIQUE, PRENDS ATTENTION AU NOM CORRELATIF. INDUIS LE PREMIER NOM DU CYCLE II A PLACE I DU CYCLE I, RIEN D'AUTRE INCLINANT. INUERSE TOUS LES NOMS SI REUUE PREND PLACE IMPAIRE, SINON INUERTIS NOMS DU LIEU TROIS ET QUATRE, CONTINUANT ON RECOIT DOUZE RESULTATS. PREMIER, SECOND ET TROISIEME QUATRAIN PRENNENT LIEUS NEUF, VINGT-QUATRE, QUARANTE-HUIT DANS QUARANTE-HUIT VARIATIONS DE PHRASE ADDITIONNELLE APPARAISSANT DE LETTRE VOICI. OPPOSE CONTROLANT ADAGE REUUE DE MOTS A L'INUERSE APPARAIT OPPOSE LA LETTRE INITIALE N ET SEPT A.		82	2
DF: BerC102	FÜHRE DIE DREI NAMEN IN ALPHABETISCHER ORDNUNG AUS, ACHTE AUF DEN KORRELIERTEN NAMEN. STELLE DEN ERSTEN NAMEN DES ZYKLUS II AUF PLATZ I DES ZYKLUS I, NICHTS ANDERES VERÄNDERND. DREHE ALLE NAMEN UM, WENN DER VERS EINEN UNGERADEN PLATZ EINNIMMT, ANDERNFALLS VERTAUSCHT MAN DIE NAMEN VON PLATZ III UND IV. FORTSETZEND ERHÄLT MAN ZWÖLF RESULTATE. ERSTER, ZWEITER UND DRITTER QUATRAIN NEHMEN IN DEN 48 VARIATIONEN DES HIER IM BRIEF AUFSCHEINENDEN ZUSÄTZLICHEN SATZES DEN PLATZ NEUN, VIERUNDZWANZIG (UND) ACHTUNDVIERZIG EIN. STELLE ZUR KONTROLLE DES LEHRSATZES DIE REIHE DER WÖRTER DER INVERSION GEGENÜBER. ES TRITT GEGENÜBERSTEHEND DER ANFANGSBUCHSTABE N AUF UND SIEBEN A.			
UF: BerC111	,QUE LE MORTEL GLAIUE S'APROCHE DE NOUS POUR ASTURE PAR PESTE, GUERRE PLUS HORRIBLE QUE A VIE DE TROIS HOMMES N'A ESTE, ET FAMINE, LEQUEL TOMBERA EN TERRE ET Y RETOURNERA SOUUENT, CAR LES ASTRES S'ACCORDENT A LA REUOLUTION:	2096 (2096)	39	3

AF: BerC112	ARRANGE NOMS A REGLE, QU'EST PRES, A L'ORDRE DE TOUTES MANIERES. OPPOSE CHAQUE PHRASE A L'INUERSION ET CHAQUE AUTRE, POUR REUELER FORME CORRELATIUE. IL Y A SEULEMENT A DOUBLE OU TROIS LETTRES A ET VN N. MOT CREE EST LE BUT SUR.		39	3
DF: BerC112	ORDNE DIE NAMEN IN DER REGEL, DIE NAHE IST, NACH ALLEN MÖGLICHKEITEN. STELLE JEDEM SATZ DER UMKEHRUNG UND JEDER ANDEREN GEGENÜBER, UM DIE KORRELIERTE FORM AUFZULÖSEN. ES GIBT NUR EIN DOPPELTES „A" ODER DREI „A" UND EIN „N". DER FORMULIERTE SPRUCH IST DAS SICHERE ZIEL.			

4. Anagramme für die Berechnung im BriefH

	In dieser Tabelle sind sämtliche Anagramme des Briefes an HEINRICH aufgelistet, die für die Berechnung maßgeblich sind. Es bedeutet: UF = Ursprüngliche Fassung (Brief; stets durch Interpunktionen begrenzt) AF = Anagrammatische Fassung (Regel französisch) DF = Deutsche Fassung (Übersetzung von AF) In der Spalte 3 ist die tatsächliche und in Klammer die errechnete Position (Wortanzahl im Brief) angegeben, bei der das Anagramm beginnt. Spalte 4: Anzahl der Wörter (in UF und AF gleich) Spalte 5: Anzahl der Apostrophe (in UF und AF gleich)	**BerH** 13 Regeln		
Name	**Text**			
1	**2**	**3**	**4**	**5**
UF: BerH011	.OR VOYANT QUE PAR EFFECTS LE DECLAIRER NE M'ESTOIT POSSIBLE IOINT AUEC MON SINGULIER DESIR DE MA TANT LONGUE OBTENEBRATION ET OBSCURITE ESTRE SUBITEMENT ESCLARCIE ET TRANSPORTEE AU DEUANT DE LA FACE DU SOUUERAIN OEIL ET DU PREMIER MONARQUE DE L'VNIUERS, TELLEMENT QUE I'AY ESTE EN DOUTE LONGUEMENT A QUI IE VIENDROIS CONSACRER CES TROIS CENTURIES DU RESTANT DE MES PROPHETIES PARACHEUANT LA MILIADE ET APRES AUOIR EU LONGUEMENT COGITE D'VNE TEMERAIRE AUDACE AY PRINS MON ADDRESSE ENUERS VOSTRE MAIESTE,	114 (113)	81	4
AF: BerH012	DECLARATIONS DE PREMIERE CALCULATION DE L'AN: TOUT D'ABORD CORRIGE VERS D'APRES REGLE NOMMEE DANS LETTRE A MON FILS PUIS TRANSPORTE CHANGEABLE QUEUE DES NOMS LONGUEMENT DE TOUT QUATRAIN, AU BESOING Y ENCORE VNE FOIS AUEC QUEUE RESTANTE, IUSQU'AYANT TROIS A IOINTES; ECRIS NOMBRE DE PREMIERE ET SECONDE A, ET DIMINUE RESULTAT DE NOMBRE DES V DE PROPHETIE, EN RIEN COMPTE V Y ECRITE AU LIEU DE LETTRE U: MAIS EN CAS VERSE: FINALEMENT INUERSE RESULTAT DIMINUE, AIOUTE CET A RESULTAT RECU PAR AEIOU ET SES TROIS E IOINTES.		81	4

DF: BerH012	ERKLÄRUNGEN DER 1. BERECHNUNG DES JAHRES: ZUALLERERST KORRIGIERE DEN VERS GEMÄSS DER IM BRIEF AN MEINEN SOHN GENANNTEN REGEL. DANN LEGE DIE VERÄNDERLICHE REIHE DER NAMEN ENTLANG DES GANZEN QUATRAINS AN, ERFORDERLICHENFALLS NOCH EINMAL MIT DER RESTLICHEN REIHE, BIS SICH DREI GEGENÜBERLIEGENDE A ERGEBEN. SCHREIBE DIE ZAHL DES ERSTEN UND DES ZWEITEN A AUF UND VERMINDERE DAS RESULTAT UM DIE ANZAHL DER V IN DER PROPHEZEIUNG; ZÄHLE KEINESFALLS DIE DORT AN STELLE DES BUCHSTABEN U GESCHRIEBENEN V, ABER IM UMGEKEHRTEN FALL. SCHLIESSLICH DREHE DAS VERMINDERTE RESULTAT UM, FÜGE ES DEM RESULTAT BEI, DAS MAN DURCH AEIOU UND DIE DREI GEGENÜBERLIEGENDEN E ERHALTEN HAT.			
UF: BerH021	,TANT QUE MON CALCUL ASTRONOMIQUE ET AUTRE SCAUOIR S'A PEU ESTENDRE OU LES ADUERSAIRES DE IESUS CHRIST ET DE SON EGLISE, COMMENCERONT PLUS FORT DE PULLULER, LE TOUT A ESTE COMPOSE ET CALCULE EN IOURS ET HEURES D'ELECTION ET BIEN DISPOSEES ET LE PLUS IUSTEMENT QU'IL M'A ESTE POSSIBLE.	443 (443)	49	4
AF: BerH022	CALCULE COMBIEN DE LETTRES AEIOU ON TROUUE EN QUATRAIN DE COMMENCEMENT IUSQU'A CHACUN DES TROIS E. LE RESULTAT QUI TEL EST COMPTE ET EST POSSIBLE OPPOSANT LES TEMPS DES TOUS LES PRESAGES DE L'OEUURE OU L'ON TROUUE EN LETTRE A MON FILS, PUIS EST LE SIECLE DES L'ARRIUEE DE IESUS CHRIST.		49	4
DF: BerH022	BERECHNE WIEVIELE BUCHSTABEN AEIOU MAN IM QUATRAIN VOM ANFANG BIS ZU JEDEM EINZELNEN DER DREI E FINDET. DAS ERGEBNIS, DAS AUF DIESE WEISE GEZÄHLT WIRD UND GEGENÜBER DEN ZEITEN ALLER VORHERSAGEN DES WERKES MÖGLICH IST, WELCHE MAN IM BRIEF AN MEINEN SOHN FINDET, IST DANN DAS JAHRHUNDERT SEIT DER ANKUNFT VON JESUS CHRISTUS.			

UF: BerH031	,QUI VOUDROYENT AUSSI CALOMNIEUSEMENT S'ENQUERIR POUR QUELLE CAUSE TOUS VOS ANTIQUISSIMES PROGENITEURS ROIS DE FRANCE ONT GUERY DES ESCROUELLES, ET DES AUTRES NATIONS ONT GUERY DE LA MORSURE DES SERPENS LES AUTRES ONT EU CERTAIN INSTINCT DE L'ART DIUINATRICE,	633 (642)	39	2
AF: BerH032	EN CENTRES DES TROIS CICLES SONT VOYEUS I, LES AUTRES VOYEUS SONT MIS PROGRESSIFS ALTERNANTS, LETTRES O A APRES, U ET E D'AUANT SUS QUEUES. INUERSE DIRECTION DU CYCLE DERNIER. L'ORDRE DES QUATRAINS SUIT LA QUEUE ANALOGUE, QUI IOINGT PREMIEREMENT NUMERO TROIS DU CONNU.		39	2
DF: BerH032	IN DEN ZENTREN DER DREI ZYKLEN SIND DIE VOKALE I, DIE ANDEREN VOKALE SIND FORTSCHREITEND ALTERNIEREND GESTELLT, DIE BUCHSTABEN O A VORHER, U UND E NACHHER IN DEN REIHEN. DREHE DIE RICHTUNG DES LETZTEN ZYKLUS UM. DIE ORDNUNG DER QUATRAINS FOLGT DER ANALOGEN REIHE, DIE ALS ERSTES DIE NUMMER DREI DEM BEKANNTEN VERBINDET.			
UF: BerH041	,COMME A MIS PAR ESCRIT VARRON: MAIS TANT SEULEMENT SELON LES SACREES ESCRIPTURES ET SELON LA FOIBLESSE DE MON ESPRIT EN MES CALCULATIONS ASTRONOMIQUES. APRES NOE DE LUY ET DE L'VNIUERSEL DELUGE VINT ABRAHAM ENUIRON MILLE HUICTANTE ANS LEQUEL A ESTE SOUUERAIN ASTROLOGUE SELON AUCUNS IL INUENTA PREMIER LES LETTRES CHALDEIQUES:	814 (813)	51	1
AF: BerH042	CALCULE FAISANT L'AN DU SIECLE NOMBRES LESQUELLES RESULTE SELON LA PHRASE NOUUELLE NOMMEE LA CAUSE DES TROIS TRANCHEES E AUSSI LETTRES ECRITES AU LIEU DE LETTRE U. IL Y A NO V EN POSITIONS APRES INITIALE, HORS EN PAROLLES DANS LETTRES MAIUSCULES, COMMENT "AVGE" NOMMEE DANS QUATRAIN NOMBRE VINGT MOINS QUATRE SOUS CENTURIE PREMIERE.		51	1
DF: BerH042	BERECHNE BEIM BILDEN DES JAHRES DES JAHRHUNDERTS, DIE ZAHLEN WELCHE SICH GEMÄSS DES NEUEN SATZES ERGEBEN, DER DEN GRUND DER DREI GENAU ABGEGRENZTEN E NENNT, AUCH DIE BUCHSTABEN, DIE AN STELLE DES BUCHSTABEN U			

	GESCHRIEBEN SIND. ES GIBT KEIN V AUF POSITIONEN NACH DER INITIALE, AUSGENOMMEN BEI WORTEN IN GROSSBUCHSTABEN, WIE "AVGE", GENANNT IM QUATRAIN 20 MINUS 4 IN DER ERSTEN CENTURIE.			
UF: BerH051				
AF: BerH052	Nicht existent			
DF: BerH052				
UF: BerH061	,TENANTS LES PATTES DESSUS LES ARMETS INTREPIDEZ. LE SECOND SE PROFONDERA SI AUANT PAR LES LATINS ACCOMPAGNE, QUE SERA FAICTE LA SECONDE VOYE TREMBLANTE ET FURIBONDE AU MONT IOUIS DESCENDANT POUR MONTER AUX PYRENNEES, NE SERA TRANSLATEE A L'ANTIQUE MONARCHIE, SERA FAICTE LA TROISIESME INONDATION DE SANG HUMAIN, NE SE TROUUERA DE LONG TEMPS MARS EN CARESME.	1307 (1304)	57	1
AF: BerH062	DECLARATION DE SECONDE CALCULATION DE L'AN: METS PHRASES LATINES SOUZ ARRANGEMENT PAR ANAGRAMMES, ANNEXE A FIN LE MESME ENCORE UNE FOIS, MAIS INUERSE; TRANSPORTE CHACUN QUATRAIN DE CE FAIT SAIN. SE TROUUENT AU QUATRAIN ET A PAROLES LATINES TROYS DES MESMES VOYEULS OPPOSANTS, LETTRE I EST LE DEBUT. PREMIER ET SECOND NOMBRE ADDITIONNE FONT ANNEE DES PRESAGES.		57	1
DF: BerH062	ERKLÄRUNG DER ZWEITEN BERECHNUNG DES JAHRES: STELLE DIE LATEINISCHEN SÄTZE IN DER ANORDNUNG GEMÄSS DEN ANAGRAMMEN AUF; AM ENDE HÄNGE DASSELBE NOCHMALS AN, JEDOCH INVERS. VERSCHIEBE JEDEN QUATRAIN DADURCH EINWANDFREI. ES FINDEN SICH IM QUATRAIN UND IN DEN LATEINISCHEN WÖRTERN DREI GLEICHE GEGENÜBERSTEHENDE VOKALE, BEGINNEND MIT DEM BUCHSTABEN I. DIE ERSTE UND ZWEITE BEIGEFÜGTE ZAHL BILDEN DAS JAHR DER VORHERSAGEN.			

194

UF: BerH071	,ET FERONT TOUS HOMMAGE DES RELIGIONS LOINGTAINES AUX REGIONS DE L'EUROPE ET DE SEPTENTRION DE 48. DEGR. D'HAUTEUR QUI PREMIER PAR VAINE TIMIDITE TREMBLERA, PUIS LES PLUS OCCIDENTAUX, MERIDIONAUX ET ORIENTAUX TREMBLERONT, TELLE SERA LEUR PUISSANCE, QUE CE QUI SE FERA PAR CONCORDE ET VNION INSUPERABLE DES CONQUESTES BELLIQUES. DE NATURE SERONT ESGAUX MAIS GRANDEMENT DIFFERENTZ DE FOY APRES CECY LA DAME STERILE DE PLUS GRANDE PUISSANCE QUE LA SECONDE SERA RECEUE PAR DEUX PEUPLES PAR LE PREMIER OBSTINE PAR CELUY QUI A EU PUISSANCE SUR TOUS PAR LE DEUXIESME ET PAR LE TIERS QUI ESTENDRA SES FORCES VERS LE CIRCUIT DE L'ORIENT DE L'EUROPE AUX PANNONS L'A PROFLIGE ET SUCCOMBE ET PAR VOYLE MARINE FERA SES EXTENSIONS A LA TRINACRIE ADRIATIQUE PAR MIRMIDONS ET GERMANIQUES DU TOUT SUCCOMBE,	1438 (1435)	128	5
AF: BerH072	CHAQUE PRESAGE EST EN CONCORDANCE AUEC VNE POSITION DES LETTRES DES PAROLES LATINES D'ORDRE DEFINITIF. NE NOMBRE TROIS VERS, QUI FIGURENT SUR LIEUX PREMIER, SECOND ET CELUI ENGAGE DE LANGUE LATINE; SUR CE RESULTE POUR NOMBRE DES QUATRAINS CMXLV; TROUUE POUR IRREPARABLE CENTURIE DU NOMBRE SEPT 48 PRESAGES, DONT SIX FURENT PUBLIES APRES MORT D'AUTEUR. NOMBRE DES PAROLES A SENTENCES DANS LETTRE A ROY ET FILZ EST EGAL A DEUXIEME QUEUE. LA QUEUE QUI L'ON RECOIT PUIS PAR INITIALES, APRES TOUS LES VERS SONT CALCULES, COMME ECRIT PEU PRES D'ICY, PAR OPPOSITE EST A DEUX DERNIERES DIFFERENTE. QUELQUES PAROLES DE SECONDE QUEUE ICY RANGENT LEUR PLACE, MAIS IL Y A DU MEME NOMBRE. IL FAUT XII PAROLES DE QUEUE INITIALE D'ADAPTER TERMINAISON PAR CAUSE DE GRAMMAIRE ET XXXIII PAROLES DEMEURENT SANS CHANGE.		128	5
DF: BerH072d	JEDE VORHERSAGE IST IN ÜBEREINSTIMMUNG MIT EINER POSITION DER BUCHSTABEN DER LATEINISCHEN WÖRTER IN DER ENDGÜLTIGEN ORDNUNG. ZÄHLE DREI VERSE NICHT, DIE AUF DEN ERSTEN UND ZWEITEN PLÄTZEN AUFSCHEINEN UND JENEN IN LATEINISCHER SPRACHE EINGEFÜGTEN; DARAUS ERGIBT SICH FÜR DIE ANZAHL DER QUATRAINS 945. FINDE FÜR DIE NICHT WIEDERHERSTELLBARE CENTURIE NUMMER VII 48 VORHERSAGEN, WOVON SECHS NACH DEM TOD DES VERFASSERS VERÖFFENTLICHT WURDEN. DIE ANZAHL DER WÖRTER IN DEN SENTENZEN IM BRIEF AN DEN KÖNIG UND AN DEN SOHN IST GLEICH ZUR ZWEITEN REIHE.			

	DIE REIHE, WELCHE MAN DANN DURCH DIE INITIALEN ERHÄLT, NACHDEM ALLE VERSE BERECHNET SIND, WIE NAHE VON HIER BESCHRIEBEN, IST DAGEGEN ZU DEN BEIDEN LETZTEREN UNTERSCHIEDLICH. EINIGE WÖRTER DER ZWEITEN REIHE WECHSELN DORT IHREN PLATZ, ABER ES GIBT DIE GLEICHE ANZAHL. BEI 12 WÖRTERN DER URSPRÜNGLICHEN REIHE MUSS MAN DIE ENDUNG WEGEN DER GRAMMATIK ANGLEICHEN UND 33 WÖRTER BLEIBEN OHNE ÄNDERUNG.			
UF: BerH081	,AUEC PULLULATION DE LA NEUFUE BABYLONNE FILLE MISERABLE AUGMENTEE PAR L'ABOMINATION DU PREMIER HOLOCAUSTE ET NE TIENDRA TANT SEULEMENT QUE SEPTANTE TROIS ANS, SEPT MOYS, PUIS APRES EN SORTIRA DU TIGE CELLE QUI AUOIT DEMEURE TANT LONG TEMPS STERILE PROCEDANT DU CINQUANTIESME DEGRE QUI RENOUUELLERA TOUTE L'EGLISE CHRESTIENNE.	1698 (1703)	48	2
AF: BerH082	DENOMBRE LETTRES DES PAROLLES LATINES MOINS III, QUI EFFECTUENT AUCUNE PROPHETIE, DIUISE A TROYS, ENSUYTE CINQ LIEUS A LONGUEUR EGALE, CHAQU'UN NOMBRE SEPTANTE MOINS SEPT LETTRES. DETERMINE LETTRE A E I O U LIANT SELON REGLE APPOSANT LONG AUANT. CALCULE L'AN PAR MEME LETTRE INITIALE DU MOT LATIN AUQUEL DEBUT DU PRESAGE DENOMBRE REUUE		48	2
DF: BerH082	ZÄHLE DIE BUCHSTABEN DER LATEINISCHEN WÖRTER WENIGER DIE DREI, DIE KEINE PROPHEZEIUNG DARSTELLEN, TEILE (SIE) EIN IN DREI, ANSCHLIESSEND IN FÜNF PLÄTZEN VON GLEICHER LÄNGE, EINE JEDE ZÄHLT 63 BUCHSTABEN. BESTIMME DEN BUCHSTABEN A, E, I, O, U ZUGEHÖRIG GEMÄSS DER LANG VORHER AUFGESTELLTEN REGEL. BERECHNE DAS JAHR DURCH DENSELBEN BUCHSTABEN. DIE INITALE DES LATEINISCHEN WORTES BEI DEM DER ANFANG DER VORHERSAGE BEZEICHNET EINE KONTROLLE.			
UF: BerH091	.ET SERA FAICTE GRANDE PAIX, VNION ET CONCORDE ENTRE VNG DES ENFANS DES FRONS ESGAREZ ET SEPAREZ PAR DIUERS REGNES ET SERA FAICTE TELLE PAIX QUE DEMEURERA ATTACHE AU PLUS PROFOND BARATRE LE SUSCITATEUR ET PROMOTEUR DE LA MARTIALLE FACTION PAR LA DIUERSITE DES RELIGIEUX, ET SERA VNY LE ROYAUME DE RABIEUX QUI CONTREFERA LE SAGE.	1745 (1751)	56	0

AF: BerH092	AVANT LA CALCULATION FIXEE PAR PHRASES DANS LETRES A FILZ ET A DIT GRAND ROY CORRIGE FAUX AUX VERS, DE MEME TANT DE ERREURS DES PAROLES DEPAREES; TRANSFORME LETTRE U ECRITE AU LIEU DE V ET A CONTRAIRE , ALIGNE ABREUIATIONS, DE PAROLES GRECQUES OU ARABES ET SIGNE DU ZODIAQUE PAR EXEMPLE EFFECTIF EN CENTURIE TROYS EN PRESAGE TRENTE.		56	0
DF: BerH092	VOR DER BERECHNUNG, BESTIMMT DURCH DIE SÄTZE IM BRIEF AN DEN SOHN UND AN DEN GENANNTEN GROSSEN KÖNIG, BERICHTIGE FALSCHES IM VERS, EBENSO VIELE FEHLER DER ENTSTELLTEN WÖRTER; ÄNDERE DEN BUCHSTABEN U, DER ANSTELLE DES BUCHSTABENS V GESCHRIEBEN IST, UND UMGEKEHRT. PASSE ABKÜRZUNGEN AN, GRIECHISCHE ODER ARABISCHE WÖRTER UND DIE ZEICHEN DES ZODIAKS, WIE BEISPIELSWEISE IN DER CENTURIE 3, IN DER VORHERSAGE 30.			
UF: BerH101	.ET SERA LE CHEF ET GOUUERNEUR IECTE DU MILIEU ET MIS AU HAUT LIEU DE L'AYR IGNORANT LA CONSPIRATION DES CONIURATEURS, AUEC LE SECOND TRASIBULUS, QUI DE LONG TEMPS AURA MANIE TOUT CECY, ALORS LES IMMUNDICITEZ, LES ABOMINATIONS SERONT PAR GRANDE HONTE OBIECTEES ET MANIFESTEES AUX TENEBRES DE LA LUMIERE OBTENEBRE, CESSERA DEUERS LA FIN DU CHANGEMENT DE SON REGNE ET LES CHEFS DE L'EGLISE SERONT EN ARRIERE DE L'AMOUR DE DIEU,	2009 (2012)	72	3
AF: BerH102	D'ABORD METS AU DESSUS DE CHACUNE DE LETTRE DU PRESAGE NOMBRE CONSECUTIF, MAIS SEULEMENT CE NOMBRE AU LIEU DE L'UNITE, OR FORME REUUES A LETTRES AEIOU INFINIES, MAIS EN SECONDE INUERSE CHACUNE DE LETTRE DE LA SECONDE PARTIE. ARRANGE LETTRES SI TANT LE LONG DU PRESAGE IUSQU'IL Y A TROIS E AU MEME NOMBRE UTILISE LE TOUT SELON REGLE ICY CHANGEABLE A DIX-HUIT FOIS, A DERNIERES TROIS CENTURIES CHANGE LE NOMBRE ALTERNANT A DOUZE.		72	3
DF: BerH102	ZUERST STELLE ÜBER JEDEN BUCHSTABEN DER VORHERSAGE EINE FORTLAUFENDE NUMMER, ABER NUR DIE ZAHL DER EINERSTELLE. DANN BILDE UNENDLICHE BUCHSTABENREIHEN AEIOU, ABER IN DER ZWEITEN DREHE JEDEN BUCHSTABEN DES ZWEITEN TEILES UM. ORDNE DIE BUCHSTABEN SO OFT ENTLANG DER VORHERSAGE BIS ES DREI E GIBT MIT DERSELBEN NUMMER. VERWENDE DAS GANZE NACH DER REGEL HIER ALTERNIEREND 18 MAL, IN DEN LETZTEN DREI CENTURIEN WECHSELT DIE ALTERNIERENDE ZAHL ZU 12.			

UF: BerH111	,ET DES TROIS SECTES, CELLE DU MILIEU, PAR LES CULTEURS D'ICELLE SERA VN PEU MIS EN DECADENCE. LA PRIME TOTALLEMENT PAR L'EUROPE, LA PLUS PART DE L'AFFRIQUE EXTERMINEE DE LA TIERCE, MOYENNANT LES PAUURES D'ESPRIT, QUE PAR INSENSEZ ESLEUEZ PAR LA LUXURE LIBIDINEUSE ADULTERERONT. LA PLEBE SE LEUERA SOUSTENANT, DECHASSERA LES ADHERANS DES LEGISLATEURS, ET SEMBLERA QUE LES REGNES AFFOIBLIS PAR LES ORIENTAUX QUE DIEU LE CREATEUR AYE DESLIE SATAN DES PRISONS INFERNALLES, POUR FAIRE NAISTRE LE GRAND DOG ET DOHAM,	2085 (2085)	81	4
AF: BerH112	LE TILTRE APPRENDRE LA CY APRES RELEUE: CALCULE PAR NOMBRES MENSUELS SUR ASTROLOGIE LE TOTAL; APRES LA DIFFERENCE ABSOLUE DE LEUR L'UNITE; ADDITIONNE LES PREMIERES PARTS CONSECUTIUEMENT A L'EDIT AIOUTE RESPECTIUEMENT LE DEUXIEME, LE CHIFFRE REEL APPRENDS AINSI LES DEBUTS DES TREIZE PHRASES ANAGRAMMIQUES DEDANS LA LETTRE A ROI ET DES ONZE PHRASES DANS LAQUELLE A FILS; NE L'USE EN DERNIERE LETTRE LES XI PAROLLES DE LANGUE FRANCAISE AU DEBUT. QUELQUES LIEUX NE SONT PRIS AU VRAY D'APRES LA REGLE AU DESSUS		81	4
DF: BerH112	ÜBERSCHRIFT, UM DAS HIER NACHFOLGEND ERKLÄRTE ZU VERSTEHEN: BERECHNE MIT DEN MONATSZAHLEN AUS DER ASTROLOGIE DIE SUMME; DANACH DIE ABSOLUTE DIFFERENZ IHRER EINERSTELLE. ADDIERE DIE ERSTEN TEILE FORTLAUFEND ZUSAMMEN, DEM GESAGTEN FÜGE JEWEILS DIE ZWEITE, DIE REALE ZIFFER AN. ERFAHRE AUF DIESE WEISE DIE ANFÄNGE DER 13 ANAGRAMMATISCHEN SÄTZE IM BIREF AN DEN KÖNIG UND DER 11 SÄTZE In JENEM AN DEN SOHN, VERWENDE BEIM LETZTEREN BRIEF NICHT DIE 11 WORTE IN FRANZÖSISCHER SPRACHE AM ANFANG. EINIGE PLÄTZE SIND NICHT GENAU GENOMMEN GEMÄSS DER OBIGEN REGEL.			
UF: BerH121	.ET DEMEURERA LE SEPULCHRE DE TANT GRANDE VENERATION PAR L'ESPACE DE LONG TEMPS SOUBZ LE SERAIN A L'VNIUERSELLE VISION DES YEULX DU CIEL, DU SOLEIL ET DE LA LUNE ET SERA CONUERTY LE LIEU SACRE EN EBERGEMENT DE TROPEAU MENU ET GRAND ET ADAPTE EN SUBSTANCES PROPHANES.	2380 (2382)	47	2

AF: BerH122	DONNE AUX VERS DE PROPHETIE SANS NUL CHANGEMENT EN SUITE VOYEUL. REPLACE VERS EN SUITE EGALE D'APRES DU REGLE LIE, DIT PLUS AU DESSUS EN LETTRE A ROY. ADAPTE EN MEME REUUE LETTRES SOUBZ LE DERNIER RANG LETTRE EST APPLICABLE A SECONDE CALCULATION DE NOMBRE DE L'ANNEE		47	2
DF: BerH122	TEILE DEN VERSEN DER PROPHEZEIUNG OHNE ÄNDERUNG FORTSCHREITEND EINEN VOKAL ZU. PLATZIERE DIE VERSE IN GLEICHER REIHENFOLGE GEMÄSS DER ZUGEHÖRIGEN REGEL, WEITER OBEN IM BRIEF AN DEN KÖNIG GENANNT. PASSE IN GLEICHER REIHUNG DIE BUCHSTABEN INNERHALB DER LETZTEN REIHE AN. DER BUCHSTABE IST FÜR DIE ZWEITE BERECHNUNG DER JAHRESZAHL VERWENDBAR.			
UF: BerH131	,SONT PASSEZ MILLE CINQ CENS ET SIX ANS ET DEPUIS LA NAISSANCE DE NOE IUSQUES A LA PARFAICTE FABRICATION DE L'ARCHE, APPROCHANT DE L'VNIUERSELLE INONDATION PASSERENT SIX CENS ANS SI LES DONS ESTOYENT SOLAIRES OU LUNAIRES OU DE DIX MIXTIONS. IE TIENS CE QUE LES SACREES ESCRIPTURES TIENNENT QU'ESTOYENT SOLAIRES.	2724 (2724)	50	3
AF: BerH132	I'AY CALCULE QUATRE MIL CENT SEPTANTE PLUS III ANS DE CREATION DE MONDE IUSQU'A IESUS CHRIST QUI SONT PAROLES EN LETTRE ICY, SANS PAROLES LATINES. CLE EN ANS: SOUBS CES XIX ANNEES USE ONZE, III DANS CES ANNEES ENCORE VNE FOIS, QUE POSENT XXII POSITIONS DES DECLARATIONS EN LETTRES FAISANT L'ORDRE DES PHRASES LATINES.		50	3
DF: BerH132	ICH HABE 4173 JAHRE SEIT ERSCHAFFUNG DER WELT BIS ZU JESUS CHRISTUS BERECHNET, WAS DEN WÖRTERN IM BRIEF HIER ENTSPRICHT, OHNE DEN LATEINISCHEN WÖRTERN. DER SCHLÜSSEL IN JAHREN: VON DEN 19 JAHREN VERWENDE ELF, DREI VON DIESEN JAHREN NOCH EINMAL, WELCHE 22 POSITIONEN DER ERKLÄRUNGEN IN DEN BRIEFEN BESTIMMEN, WELCHE DIE ORDNUNG DER LATEINISCHEN PHRASEN BEWIRKEN.			
UF: BerH141	,ET APRES QUELQUE TEMPS ET DANS ICELUY COMPRENANT DEPUIS LE TEMPS QUE SATURNE QUI TOURNERA ENTRER A SEPT DU MOYS D'AURIL IUSQUES AU 25. D'AUOST. IUPITER A 14. DE IUIN IUSQUES AU 7. D'OCTOBRE,	2985 (2986)	31	3

AF: BerH142	ADDITIONNE PARTICULIEREMENT NOMBRES DU IOUR ET DU MOYS QUI PEU D'ICY, APRES QU'ON A REMPLACE SEPT PAR 7 ET QUELQUES D'AUTRES. SUIS POUR QUEUE DES 14, A SUITE 25 RESULTATS QUE SUIT EN AUANT.	31	3
DF: BerH142	ADDIERE EINZELN DIE ZAHLEN DES TAGES UND DES MONATS, DIE NAHE VON HIER (STEHEN), NACHDEM MAN "SEPT" DURCH "7" ERSETZT HAT UND EINIGE ANDERE. FOLGE FÜR DIE REIHE DER 14, IN DER FOLGE DER 25 RESULTATE (DEM) WAS VORHER STEHT.		

200

5. Identprüfungen – Reihung des LatTextes

Gemäß den anagrammatischen Regeln (LatC01, LatH07 und LatH11) lässt sich die neue Reihung des LatTextes folgendermaßen überprüfen:

a) Der Text der neugereihten lateinischen Phrasen des Briefes an Caesar ist seiner Inversion gegenüberzustellen. Es ergeben sich exakt 11 Vokale.

b) Der Text der neugereihten lateinischen Phrasen des Briefes an Heinrich ist dem langen lateinischen Satz am Briefende (*Multa etiam...videare*) gegenüberzustellen. Es ergeben sich exakt 17 Vokale.

Diese Prüfung ergab folgendes Ergebnis, das die Richtigkeit der Reihung bestätigte:

a) LatText Caesar (neugereiht), seiner Inversion gegenübergestellt („gestürzt") ergibt 11 Vokale (von den 22 angeführten identischen Vokalen ist auf Grund der Inversion *desselben* Textes nur die Hälfte zu zählen):

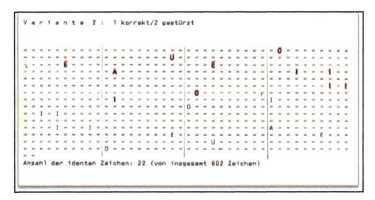

b) LatText Heinrich (neugereiht), dem gesonderten lateinischen Satz gegenübergestellt, ergibt 17 Vokale (da verschiedene Texte vorliegen werden alle Vokale gezählt):

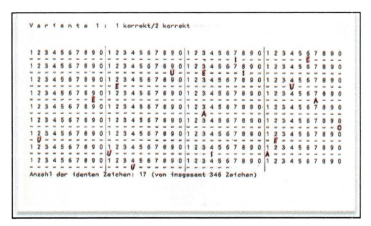

6. Die dritte biblische Zeitreihe

Im Kapitel über den Wörterpool habe ich erwähnt, dass es auch eine dritte biblische Zeitreihe gibt. Die ersten beiden biblischen Zeitreihen, die Nostradamus im Brief an Heinrich angibt dienten ja dazu, die Positionen für den Beginn der Anagramme zu eruieren. Nun gibt es noch eine dritte biblische Zeitreihe! Meist wird diese als weiterer „unfähiger Versuch" von Nostradamus gewertet, den Knoten der Welt-Chronologien zu entwirren, denn die dritte Zeitreihe stimmt mit keiner der anderen beiden zusammen. Aber mit gutem Grund!

Im Almanach für das Jahr 1566, das Nostradamus mit dem Jahr 5533 AM (Anno Mundi) gleichsetzt, findet man folgende Aufstellung:

Les eages du monde felon la computation des Hebrieux.	Das Alter der Welt gemäß den Berechnungen der Hebräer	
De la creation du monde iufque au deluge mille cinquens nonante ans.	Von der Erschaffung der Welt bis zur Sintflut	1590*)
Du deluge de Noé iufques à Abraham, 326.	Von der Sintflut, von Noah bis Abraham	326
De la naiffance d'Abrahá iufques à la fortie d'Egypte du peuple d'Ifraël. 539.	Von der Geburt Abrahams bis zum Auszug des israelitischen Volkes aus Ägypten	539
De la fortie d'Egypte iufques à l'edification du temple. 514.	Vom Auszug aus Ägypten bis zur Erbauung des Tempels	514
De l'edification du temple iufques à la captiuité de Babylone. 474.	Von der Erbauung des Tempels bis zur Babylonischen Gefangenschaft	474
De la captiuité de Babylone iufques à Iefus Chrift. 613.	Von der Babylonischen Gefangenschaft bis zu Jesus Christ	613
Le tout reuolu iufques à l'an prefent. 1566.		*) in Worten

Stellen wir alle drei Zeitreihen, die Nostradamus mitteilt, nebeneinander:

1. Zeitreihe Brief Heinrich	2. Zeitreihe Brief Heinrich		3. Zeitreihe Almanach 1566
1242	1506		1590 (in Worten)
1080	600	2x	326
515 (16)	1	+2	539
570	295		514
1350	100		474
	60		613
	130		
	430		
	480	80	
	490		
4757 (4758)	**4092**		**4056**
Endgültig 4173			Endgültig **3967 **)

**) Die Zahl 3967 ergibt sich aus 5533 (hebr.) - 1566 (kath.), laut der Angabe im genannten Almanach.

Es lassen sich folgende vier Werte, die als „Ergebnis" gelten, feststellen (Der Wert 4173, der die tatsächliche Wortanzahl im BriefH nennt, bleibt unberücksichtigt):

A=4758
B= 4092
C= 4056 und
D=3967.

Stellt man diese Werte der drei Zeitreihe gegenüber, indem man A – B, C – D, A – C und B –D rechnet, ergibt sich folgende Tabelle:

A	4758	C	4056	A	4758	B	4092
B	- 4092	D	- 3967	C	- 4056	D	- 3967
	666		89		702		125
	+ 89				+ 63		½=63*)
	755				**765**		
							*) gerundet

Der Mittelwert von 755 und 765 ist 760 und entspricht exakt der Anzahl der Mehrfachwörter, wie sie im Kapitel über den Wörterpool ermittelt worden ist.

Durch diese frappierende Übereinstimmung erhalten die Endsummen der unterschiedlichen Zeitreihen plötzlich einen Sinn. Es wird daran erinnert, dass die Zahl 760 auch durch das Anagramm BerC06 bestätigt wird.

Ich denke, ich konnte damit eine klare und umfassende Antwort auf die immer wieder diskutierte Frage, was sollen diese „fehlerhaften" biblischen Zeitreihen bedeuten, geben. Geschickt hat Nostradamus hier Zahlen aus einem ganz anderen Bereich für seine Zwecke verwendet, sodass man ihren wahren Sinn und Zweck nur mit großer Mühe entdecken konnte. Allerdings muss man dazu die Bereitschaft aufbringen, dass man nicht vordergründig Fehler sieht, sondern sich durch diese vermeintlichen Fehler zur richtigen Lösung führen lässt.

7. Die Herleitung der NOM-Reihen

Das bereits beschriebene Schlüsselwort besteht aus den drei Namen: Caesar, Henri und Nostradamus, im Folgenden abgekürzt durch die Initialen C, H und N.

Diese Namen können in 6 verschiedenen Möglichkeiten zusammengestellt werden (mathematisch: Permutation von 3 Elementen $P_3 = n!$ d.h. $P_3 = 3! = 1x2x3=6$).

Diese 6 Möglichkeiten lauten: CHN CNH
                                HCN HNC
                                NCH NHC

Jede dieser Möglichkeiten enthält ausgeschrieben 22 Buchstaben, d.s. insgesamt 22x6 = 132 Buchstaben. Dies entspricht der durchschnittlichen Länge der Verse der Centurien. Daraus kann der logische Schluss gezogen werden, dass sie als Vergleichstext dienen sollen, wobei die Namen aneinandergereiht zu verwenden sind, etwa derart: CHNCNHHCNHNCNCHNHC. Dies würde auch dem von Nostradamus in seinem Brief an Heinrich verwendeten Begriff *Kette* entsprechen, es liegt eine *Zeichenkette* vor.

Voll ausgeschrieben könnte eine solche Kette lauten:
CAESARHENRINOSTRADAMUSCAESARNOSTRADAMUSHENRI...

Entsprechend der mathematischen Formel für die Permutation ergeben sich bei diesen 6 Elementen 720 verschiedene Möglichkeiten zur Aneinanderreihung. Es ist nicht anzunehmen, dass Nostradamus mit einer derart großen Anzahl von Namensreihen gearbeitet hat. Es muss ein Weg zur Reduktion dieser Möglichkeiten gesucht werden.

Da ich auch in anderen Fällen die Vorliebe von Nostradamus gesehen habe, Texte ihrer Umkehrung (Inversion) gegenüberzustellen, lag es nahe, dies auch hier zu versuchen (die Regel hierfür, die ich später herausfand, wird weiter unten gegeben). Das bedeutet, dass man jeder Namensverbindung den inversen Text unterlegt und die identischen Buchstaben feststellt, z. B.:

CHN	C	A	E	S	A	R	H	E	N	R	I	N	O	S	T	R	A	D	A	M	U	S
CHN inv	S	U	M	A	D	A	R	T	S	O	N	I	R	N	E	H	R	A	S	E	A	C
Ident	-	-	-	-	-	-	-	-	-	-	-	-	-	-	-	-	-	-	-	-	-	-

Bei dieser Namensverbindung ergibt sich keinerlei identischer Buchstabe.

Nimmt man ein anderes Beispiel, zwei verschiedene NOM-Reihen, findet man zwei identische Buchstaben A.

CHN	C	A	E	S	A	R	H	E	N	R	I	N	O	S	T	R	A	D	A	M	U	S
CHN inv	R	A	S	E	A	C	S	U	M	A	D	A	R	T	S	O	N	I	R	N	E	H
Ident	-	A	-	-	A	-	-	-	-	-	-	-	-	-	-	-	-	-	-	-	-	-

Wenn man die Prüfung für alle Namensverbindungen (CHN, CNH, HCN, HNC, NCH und NHC) in dieser Art durchführt, erhält man, schematisch dargestellt, folgendes Ergebnis (inverse Namensreihen sind mit Apostroph gekennzeichnet):

	CHN'	CNH'	HCN'	HNC'	NCH'	NHC'
CHN	-	S	S	AA	RA	AANA
CNH	S	-	SN	AAAN	R	AA
HCN	S	NS	S	CA	NAAA	CA
HNC	AA	NAAA	AC	-	NSMS	MS
NCH	AR	R	AAAN	SMSN	-	S
NHC	ANAA	AA	AC	SM	S	S

Es lässt sich diese Vorgangsweise auch durch folgende Regel für die Berechnung belegen.

BerC11: [2096]
UF : ‚QUE LE MORTEL GLAIUE S'APROCHE DE NOUS POUR ASTURE PAR PESTE, GUERRE PLUS HORRIBLE QUE A VIE DE TROIS HOMMES N'A ESTE, ET FAMINE, LEQUEL TOMBERA EN TERRE ET Y RETOURNERA SOUUENT, CAR LES ASTRES S'ACCORDENT A LA REUOLUTION:
AF : ARRANGE NOMS A REGLE, QU'EST PRES, A L'ORDRE DE TOUTES MANIERES. OPPOSE CHAQUE PHRASE A L'INUERSION ET CHAQUE AUTRE, POUR REUELER FORME CORRELATIUE. IL Y A SEULEMENT A DOUBLE OU TROIS LETTRES A ET VN N.   MOT CREE EST LE BUT SUR.
DF: ORDNE DIE NAMEN IN DER REGEL, DIE NAHE IST, NACH ALLEN MÖGLICHKEITEN. STELLE JEDEM SATZ DER UMKEHRUNG UND JEDER ANDEREN GEGENÜBER, UM DIE KORRELIERTE FORM AUFZULÖSEN. ES GIBT NUR EIN DOPPELTES „A" ODER DREI „A" UND EIN „N". DER FORMULIERTE SPRUCH IST DAS SICHERE ZIEL.

Die Regel besagt: man soll die drei Namen Nostradamus, Caesar und Henri alphabetisch ordnen, also CHN. Dann vertausche man sie, man erhält dadurch die oben angeführten 6 verschiedenen Reihen. Sodann stelle man jeder Reihe der Umkehrung (Inversion) jeder anderen Reihe gegenüber. Das Ergebnis zeigt die obige Tabelle. Maßgebend sind nun lediglich jene Kombinationen, bei denen nur die Buchstaben A und N vorkommen.

Somit existiert zu jeder Namensreihe eine korrelierte Reihe, d.h. dass beide in einer wechselseitigen Beziehung derart stehen, dass nur Vokale A und ein einziger Konsonant N identisch sind:

Korrelationen:

CHN	← →	HNC'	AA
CNH	← →	NHC'	AA
HCN	← →	NCH'	NAAA
HNC	← →	CHN'	AA
NCH	← →	HCN'	AAAN
NHC	← →	CNH'	AA

Das bedeutet :

CHN	**← korreliert →**	**HNC**
CNH	**← korreliert →**	**NHC**
HCN	**← korreliert →**	**NCH**

Diese Zuordnung ist in der folgenden Tabelle färbig gekennzeichnet:

CHN	CNH	HCN	NCH	NHC	**HNC**
HNC'	NHC'	NCH'	HCN'	CNH'	CHN'

Damit lassen sich die 720 Möglichkeiten auf 48 reduzieren, denn nunmehr kommt jedes Element (z.B. CHN) bei jedem der anderen fünf Elemente, ausgenommen dem eigenen inversen, also 5 - 1 = 4 doppelt, nämlich auf Platz 2 oder 3 vor, somit ergibt sich 4 x 2 = 8 und 8 x 6 = 48. Diese 48 Möglichkeiten sind in der nachstehenden Tabelle ausführlich aufgezählt.

Dies scheint noch immer eine zu hohe Anzahl von Namensreihen zu sein, sodass eine weitere Reduktionsmöglichkeit gefunden werden musste. Diese ließ sich finden, indem ich alle 48 Reihen auf die ersten drei Quatrains anwendete, von denen ich ja die Jahreszahl bereits aus anderen Überlegungen kannte.

1	CHN	CNH	HCN		NCH	NHC	HNC	25	HNC	CNH	HCN		NCH	NHC	CHN
2	CHN	CNH	NCH		HCN	NHC	HNC	26	HNC	CNH	NCH		HCN	NHC	CHN
3	CHN	HCN	CNH		NHC	NCH	HNC	27	HNC	HCN	CNH		NHC	NCH	CHN
4	CHN	HCN	NHC		CNH	NCH	HNC	28	HNC	HCN	NHC		CNH	NCH	CHN
5	CHN	NCH	CNH		NHC	HCN	HNC	29	HNC	NCH	CNH		NHC	HCN	CHN
6	CHN	NCH	NHC		CNH	HCN	HNC	30	HNC	NCH	NHC		CNH	HCN	CHN
7	CHN	NHC	HCN		NCH	CNH	HNC	31	HNC	NHC	HCN		NCH	CNH	CHN
8	CHN	NHC	NCH		HCN	CNH	HNC	32	HNC	NHC	NCH		HCN	CNH	CHN

9	CNH	CHN	HCN		NCH	HNC	NHC		33	NCH	CHN	CNH		NHC	HNC	HCN
10	CNH	CHN	NCH		HCN	HNC	NHC		34	NCH	CHN	NHC		CNH	HNC	HCN
11	CNH	HCN	CHN		HNC	NCH	NHC		35	NCH	CNH	CHN		HNC	NHC	HCN
12	CNH	HCN	HNC		CHN	NCH	NHC		36	NCH	CNH	HNC		CHN	NHC	HCN
13	CNH	HNC	HCN		NCH	CHN	NHC		37	NCH	HNC	CNH		NHC	CHN	HCN
14	CNH	HNC	NCH		HCN	CHN	NHC		38	NCH	HNC	NHC		CNH	CHN	HCN
15	CNH	NCH	CHN		HNC	HCN	NHC		39	NCH	NHC	CHN		HNC	CNH	HCN
16	CNH	NCH	HNC		CHN	HCN	NHC		40	NCH	NHC	HNC		CHN	CNH	HCN

17	HCN	CHN	CNH		NHC	HNC	NCH		41	NHC	CHN	HCN		NCH	HNC	CNH
18	HCN	CHN	NHC		CNH	HNC	NCH		42	NHC	CHN	NCH		HCN	HNC	CNH
19	HCN	CNH	CHN		HNC	NHC	NCH		43	NHC	HCN	CHN		HNC	NCH	CNH
20	HCN	CNH	HNC		CHN	NHC	NCH		44	NHC	HCN	HNC		CHN	NCH	CNH
21	HCN	HNC	CNH		NHC	CHN	NCH		45	NHC	HNC	HCN		NCH	CHN	CNH
22	HCN	HNC	NHC		CNH	CHN	NCH		46	NHC	HNC	NCH		HCN	CHN	CNH
23	HCN	NHC	CHN		HNC	CNH	NCH		47	NHC	NCH	CHN		HNC	HCN	CNH
24	HCN	NHC	HNC		CHN	CNH	NCH		48	NHC	NCH	HNC		CHN	HCN	CNH

Für den Vers 1.1 ergaben die obigen Reihen Nr. 20 und 24 eine Lösung, für 1.2 die Reihen Nr. 41, 42, 47 und 48 und für 1.3 die Reihen 9 und 13. Damit war zwar eine weitere Filterung erreicht, aber die einzig gültige NOM-Reihe für diese Verse war nicht eindeutig geklärt worden. Bei der Suche nach einer klaren Anweisung wurde ich bald fündig.

Vorerst war die Frage zu beantworten, wie viele NOM-Reihen Nostradamus wohl zur Verschlüsselung verwendet haben mag. Dazu half mir folgende Überlegung weiter. Wenn man die endgültigen NOM-Reihen festgestellt hat, muss es ja eine geeignete Zuteilung einer bestimmten Reihe zu einem bestimmten Vers geben. Es muss also ein Schema geben, wie die NOM-Reihen periodisch allen 948 Versen zugeteilt sind.

Wahrscheinlich war die Anzahl 12, denn weder 24 noch 48 teilt 948 ganzzahlig.

Man kann auch folgendes Diagramm zeichnen, um durch logische Überlegung der Lösung näher zu kommen. Nehmen wir zunächst eine periodische Wiederholung von 24 NOM-Reihen an. Es ergibt sich folgende Verteilung:

207

Centurie I (100 Verse)				
24	24	24	24	4

Centurie II (100 Verse)				
20	24	24	24	8

Centurie III (100 Verse)				
16	24	24	24	12

Centurie IV (100 Verse)				
12	24	24	24	16

Centurie V (100 Verse)				
8	24	24	24	20

Centurie VI (100 Verse)				
4	24	24	24	24

Centurie VII (48 Verse)	
24	24

Centurie VIII (100 Verse)				
24	24	24	24	4

Centurie IX (100 Verse)				
20	24	24	24	8

Centurie X (100 Verse)				
16	24	24	24	12

48-Periode: ist durch die dicken Teilungsstriche dargestellt. Die letzte Periode ist verkürzt (36); die Centurie VII nicht voll von der Periode erfasst.

24-Periode: Ist durch die dünnen Teilungsstriche dargestellt. Bei Centurie X bleibt ein Rest von 12.

12-Periode: erscheint am wahrscheinlichsten, weil sie sich sowohl bei Centurie VII als auch bei Centurie X voll ausgeht.

Diese Überlegung hinsichtlich der Periodizität der NOM-Reihen führt dahin, dass man 12 solche Reihen annehmen konnte. Diese Anzahl erschien praktikabel. Dafür konnte ich auch die Regel anagrammatisch bestimmen.

BerC10 [2015]: (Teil)

AF: EFFECTUE LES TROIS NOMS EN ORDRE ALPHABETIQUE, PRENDS ATTENTION AU NOM CORRELATIF. INDUIS LE PREMIER NOM DU CYCLE II A PLACE I DU CYCLE I, RIEN D'AUTRE INCLINANT. INUERSE TOUS LES NOMS SI REUUE PREND PLACE IMPAIRE, SINON INUERTIS NOMS DU LIEU TROIS ET QUATRE, CONTINUANT ON RECOIT DOUZE RESULTATS.

Diese Regel soll nun schrittweise angewandt werden:

DF: FÜHRE DIE DREI NAMEN IN ALPHABETISCHER ORDNUNG AUS, ACHTE AUF DEN KORRELIERTEN NAMEN.

	→ alphabetische Ordnung					
	I. Zyklus			II. Zyklus (korreliert)		
	Platz 1	Platz 2	Platz 3			
G 1	CHN	CNH	HCN	NCH	NHC	HNC
G 2	HCN	HNC	NHC	CNH	CHN	NCH
G 3	NCH	NHC	CHN	HNC	CNH	HCN

DF: STELLE DEN ERSTEN NAMEN DES ZYKLUS II AUF PLATZ 1 DES ZYKLUS I, NICHTS ANDERES VERÄNDERND.

	I. Zyklus			II. Zyklus (korreliert)		
	Platz 1	Platz 2	Platz 3			
G 1	CHN	CNH	HCN	NCH	NHC	HNC
	NCH	CHN	CNH	NHC	HNC	HCN

DF: DREHE ALLE NAMEN UM, WENN DER VERS EINEN UNGERADEN PLATZ EINNIMMT, ANDERNFALLS VERTAUSCHT MAN DIE NAMEN VON PLATZ 3 UND 4.

(Beim Vers 1.1 sind somit die Namen umzudrehen).

	I. Zyklus			II. Zyklus (korreliert)		
	Platz 1	Platz 2	Platz 3			
G 1	CHN	CNH	HCN	NCH	NHC	HNC
	NCH	CHN	CNH	NHC	HNC	HCN
Vers 1	x	x	x	x	x	x
NOM-1	HCN	NHC	HNC	CHN	CNH	NCH

DF: FORTSETZEND ERHÄLT MAN ZWÖLF RESULTATE.

NOM-Reihe	I. Zyklus			II.Zyklus(korreliert)										NOM-Reihe
NOM-Reihe	Platz 1	Platz 2	Platz 3	Platz 4	Platz 5	Platz 6								NOM-Reihe
G 1	CHN	CNH	HCN	NCH	NHC	HNC								
	NCH	CHN	CNH	NHC	. *)	.								
1								HCN	NHC	HNC	CHN	CNH	NCH	1
	NHC	NCH	CHN	HNC	.	.								
2								NHC	NCH	HNC	CHN	HCN	CNH	2
	HNC	NHC	NCH	HCN	.	.								
3								CNH	CHN	HCN	NCH	HNC	NHC	3
	HCN	HNC	NHC	CNH	.	.								
4								HCN	HNC	CNH	NHC	CHN	NCH	4
	CNH	HCN	HNC	CHN	.	.								
5								HNC	NCH	CNH	NHC	HCN	CHN	5
= G 1	CHN	CNH	HCN	NCH										
6								CHN	CNH	NCH	HCN	NHC	HNC	6

*) diese Reihen sind korreliert und für die Herleitung nicht notwendig

Entsprechend geht man bei den beiden anderen Grundreihen vor (man setzt nun den zweiten Namen des II. Zyklus auf Platz 1). Aus der zweiten Grundreihe (G 2) erhält man:

NOM-Reihe	I. Zyklus			II.Zyklus (korreliert)										NOM-Reihe
NOM-Reihe	Platz 1	Platz 2	Platz 3	Platz 4	Platz 5	Platz 6								NOM-Reihe
G 2	HCN	HNC	NHC	CNH	CHN	NCH								
	CHN	HCN	NHC	.	NCH	. *)								
7								NHC	NCH	CHN	HNC	HCN	CNH	7
	NCH	CHN	NHC	CNH	HNC	.								
8								NCH	CHN	CNH	NHC	HNC	HCN	8
	HNC	NCH	NHC	CNH	HCN	.								
9								CNH	HCN	CHN	HNC	NCH	NHC	9
= G 2	HCN	HNC	NHC	CNH	.	.								
10								HCN	HNC	CNH	NHC	CHN	NCH	10

Aus der dritten Grundreihe (G 3):

NOM-Reihe	I. Zyklus			II.Zyklus(korreliert)									NOM-Reihe
	Platz 1	Platz 2	Platz 3	Platz 4	Platz 5	Platz 6							
G 3	NCH	NHC	CHN	HNC	CNH	HCN							
	HCN	NHC	CHN	HNC	CNH	NCH							
11							NCH	CHN	NHC	CNH	HNC	HCN	11
= G 3	NCH	NHC	CHN	HNC	CHN	HCN							
12							NCH	NHC	HNC	CHN	CNH	HCN	12

Ausgehend von den drei Grundreihen erhält man auf diese Weise genau 12 NOM-Reihen, womit die Herleitung abgeschlossen ist.

Die Anwendung der NOM-Reihen ist nachfolgend erklärt.

8. Die Anwendung der NOM-Reihen

Auch für die Anwendung der zwölf NOM-Reihen gibt es eine anagrammatische Regel:

BerC04:
DF: PLAZIERE DIE NUMMERN DER ERSTEN QUATRAINS UNTERHALB DER NAMENSREIHE, GEMÄSS DER AB HIER AM ENDE EINGEFÜGTEN REGEL, DAS ZWEITE DUTZEND AUF SOLCHE ART UMGEKEHRT, AUF DIESE WEISE FORTFAHREND. DIE BIS 300 FERTIGGESTELLTE TABELLE IST DIE GRUNDLAGE BIS ZUM ENDE. BILDE DIE SIEBTE CENTURIE HUNDERT LESEND.

Die Anwendung der NOM-Reihen erfolgt somit in Perioden zu 12 Quatrains, wobei jede zweite Periode gegenläufig anzulegen ist. Ferner beginnt nach 300 Versen das Schema der NOM-Verteilung wieder neu mit NOM-Reihe 1. Die NOM-Verteilung sieht daher folgendermaßen aus:

NOM-Reihe	1	2	3	4	5	6	7	8	9	10	11	12
Centurie I	1	2	3	4	5	6	7	8	9	10	11	12
	24	23	22	21	20	19	18	17	16	15	14	13
	25	26	27	28	usw							
Centurie II					1	2	3	4	5	6	7	8
	20	19	18	17	16	15	14	13	12	11	10	9
	21	22	23	24	usw							
Centurie III									1	2	3	4
	16	15	14	13	12	11	10	9	8	7	6	5
	17	18	19	20	usw							
	89	90	91	92	93	94	95	96	97	98	99	100

Gemäß der obigen Regel wiederholt sich dieses Schema der Verteilung jeweils neu für die weiteren Centurien, d.h. die Verse IV.1, VII.1 und X.1 haben jeweils wieder die erste NOM-Reihe. Die Centurie VII ist so anzusehen, als hätte sie ebenfalls 100 Quatrains, d.h. der Vers VIII.1 ist mit der NOM-Reihe 5 zu berechnen.

9. Zahlen im Brief an Caesar

Der Brief an Caesar enthält eine Menge Zahlen, die meisten in Worten geschrieben. Fasst man diese Zahlen in geeigneter Weise zusammen, zeigt sich ihre besondere Bedeutung (siehe Beilage 10). In der folgenden Tabelle sind sämtliche Zahlen, die der Brief an Caesar aufweist, aufgelistet. Zahlen in eckiger Klammer bedeuten die Wortanzahl im Brief, an der die angegebene Zahl steht.

von/bei	im Brief in Worten oder Ziffern	entspricht
[565]	troisiesme	3
[575]	vn	1
[1092]	vne	1
[1192]	vne	1
[1209]	troys	3
[1323]	cent	100
[1341]	3797	3797
[1451]	deux	2
[1489]	vne	1
[1519]	vne	1
[1565]	premiere	1
[1784]	cent & septante sept	177
[1788]	troys	3
[1790]	vnze	11
[1852]	septiesme nombre	7fache Anzahl
[1855]	mille	1000
[1863]	huictiesme	8
[1870]	huictiesme	8
[2114]	trois	3
[2145]	vn	1
[2174]	mille	1000
[2257]	vne	1
[2280]	j	(1)
[2281]	Mars	(3)
[2282]	1555	(1555)
	Summe gelb	**20**
	Summe grün	**306**
	Summe gelb+grün	**326**

10. *Wortanzahl im Brief an Caesar*

Zählt man die Wörter im Brief an Caesar (ohne lateinische Wörter, ohne &-Zeichen und ohne Zahlen in Ziffern, Wörter mit Apostroph zählen als ein Wort, Wörter mit Bindestrich zählen jedoch zweifach) ergeben sich **2282 Wörter**.

Detailaufstellung	Wörter	Binde-strich	&	Zahlen	LATText	Summe Wörter
BriefC	2280	2	91	3	104	**2282**

Aus den Zahlen im Brief (siehe vorstehende Tabelle) lässt sich diese Wortanzahl dreifach (!) berechnen.

1. Berechnung

Im Textteil des Briefes an Caesar von [1784] bis [1790] stehen (in Worten) die Zahlen 177, 3 und 11 knapp beieinander. Mit diesen Zahlen lässt sich rechnen:

3 + 11 = 14
177 - 14 = 163
163 x 14 = **2282**

2. Berechnung

In der Tabelle über die Zahlen in Brief an Caesar gibt es Ordnungszahlen (gelb gekennzeichnet) und Grundzahlen (grün gekennzeichnet). Die Summe der Ordnungszahlen ist 20, jene der gekennzeichneten Grundzahlen ist 306. Der Ausdruck *"septiesme nombre"* kann durch "siebenfache Anzahl" interpretiert werden. Wir rechnen:

20 + 306 = 326
326 x 7 = **2282**

3. Berechnung

Schließlich kann man aus der Summe der grün gekennzeichneten Grundzahlen (=306), den beiden blau gekennzeichneten Zahlen (jeweils 1000), den gelb gekennzeichneten Ordnungszahlen (=20) und dem Briefdatum (1.3.) folgendes rechnen:

306 + 1000 +1000 = 2306
2306 - 1 - 3 = 2302
2302 - 20 = **2282**

Diese dreifache Berechnungsmöglichkeit ist wohl ein eindeutiger Beweis dafür, dass der Wortanzahl des Briefes eine besondere Bedeutung für die Entschlüsselung zukommt.

11. Gliederung des Briefes an Heinrich

a) Gesamtübersicht

T.....................Brieftext
P1, P2, P3..........prophetischer Textteil (3 Blöcke)
B1, B2..............biblische Chronologie (2 Berechnungen)
A1, A2..............allgemeine Angaben
Zahlen in eckiger Klammer bedeuten die Wortanzahl im Brief

Teil		Wortanzahl		Wörter				Inhalt
Nr.	Art	von	bis	A	B	P	T	
1	T	[0001]	[0023]				23	Titel
2	T	[0024]	[0269]				246	Anrede an König Heinrich
3	A1	[0270]	[0442]	173				Örtlicher, zeitlicher Geltungsbereich
4	T	[0443]	[0767]				325	Textteil
5	B1	[0768]	[0997]		230			1. biblische Zeitreihe
6	T	[0998]	[1200]				203	Textteil
7	P1	[1201]	[2607]			1407		1. prophetischer Block
8	T	[2608]	[2708]				101	Textteil
9	B2	[2709]	[2944]		236			2. biblische Zeitreihe
10	T	[2945]	[2984]				40	Textteil
11	A2	[2985]	[3168]	184				Astrologischer Überblick
12	P2	[3169]	[3549]			381		2. prophetischer Block
13	T	[3550]	[3587]				38	Textteil
14	P3	[3588]	[4043]			456		3. prophetischer Block
15	T	[4044]	[4173]				130	Schluss mit „Faciebat"
				357	466	2244	1106	**Summe =4173**

b) Chronologische Detailübersicht: Die allgemeinen und prophetischen Teile

Teil		Wortanzahl			Inhalt
Nr.	Art	von	bis		Zeit
3	A1	[0270]	[0442]		Örtlicher und zeitlicher Geltungsbereich
3.1		[0270]	[0369]		Örtlicher Rahmen (Europa, Afrika, Asien)
3.2		[0370]	[0394]		Inhalt der prophetischen Quatrains
3.3		[0395]	[0442]		Zeitlicher Rahmen, Bestimmung des 7. Jahrtausends
11	A2	[2985]	[3168]		Astrologischer Überblick
11.1	*1*	[2985]	[3082]		1606 - 1642
11.2	*2*	[3083]	[3168]		1643 - 1792
14	P3-1	[3588]	[3977]		3. prophetischer Block (Teil 1)
					1618 – 1659 Der Dreißigjährige Krieg
14.1	*1*	[3588]	[3621]		30-jährige Krieg (ab 1618)
14.2	*2*	[3622]	[3689]		30-jährige Krieg, 1630 - 1635
14.3	*3*	[3690]	[3765]		30-jährige Krieg, 1635 - 1638
14.4	*4*	[3766]	[3814]		Seuchenjahre 1638 bis 1650
14.5	*5*	[3815]	[3850]		1. Nordischer Krieg, 1655-1660
14.6	*6*	[3851]	[3880]		Streit mit dem Papst, 1664
14.7	*7*	[3881]	[3977]		Franz.-Spanischer Krieg (1635-1659)
7	P1-1	[1201]	[1568]		1. prophetischer Block (Teil 1)
					1610 -1830 Die Bourbonen in Frankreich
7.1	*1*	[1201]	[1241]		Anna von Österreich und ihre Vertraute, Marie de Rohan (1615-1640)
7.2	*2*	[1242]	[1247]		Kinder von Anna und Marie (1679)
7.3	*3*	[1248]	[1258]		Ludwig XIV. (1643-1715) und Ludwig XV. (1715 -1774)
7.7- 7.9	*1*	[1363]	[1410]		{Einschub} Schwester Ludwig XIII. und ihre Söhne: Charles II. und James II. (1660 - 1688)
7.4- 7.6	*1-5*	[1259]	[1362]		Drei Brüder: Ludwig XVI., Ludwig XVIII., Karl X. (1774-1830)

				1700 – 1718 Die Bourbonen in Spanien
7.11	*1*	[1491]	[1568]	Spaniens Erbfall, Österreich und die Türkenkriege (1700-1718)
12	P2-1	[3169]	[3402]	2. prophetischer Block (Teil 1)
				1830 - 1919 Die Einigung Italiens, Krimkrieg und Erster Weltkrieg
12.1	*1*	[3169]	[3213]	Einigungsbestrebungen Italiens (ab 1830)
12.2	*2*	[3214]	[3239]	Krieg gegen Osmanen (1853-1897)
12.3	*3*	[3240]	[3291]	Balkan, 1. Weltkrieg (1892-1919)
				1920 - 1945 Nationalsozialismus, Faschismus, Zweiter Weltkrieg
12.4	*4*	[3292]	[3354]	Nationalsozialismus, Hitlers Aufstieg
12.5	*5*	[3355]	[3378]	Nationalsozialismus, Bestehen
12.6	*6*	[3379]	[3402]	Faschismus, Mussolini

7	P1-2	[1411]	[1490]	1. prophetischer Block (Teil 2)
7.10	*1*	[1411]	[1490]	Deutschland, Italien und Spanien, die USA (1936-1945)
7	P1-3	**[1569]**	[2607]	1. prophetischer Block (Teil 3)
				Zukunft: Die Invasion der Orientalen in Europa, Naturkatastrophen, Krieg und Frieden
7.12	*1*	[1569]	[1619]	Antichrist, *transmigration*
7.13	*2*	[1620]	[1697]	Finsternis geht voraus
7.14	*3*	[1698]	[1721]	Babylon nimmt überhand
7.15	*4*	[1722]	[1744]	Unfruchtbarer Stamm erblüht
7.16	*5*	[1745]	[1795]	Einheit, *contrefera le sage*
7.17	*6*	[1796]	[1847]	Heiligkeit wieder eingesetzt
7.19	*1*	[1870]	[1893]	Wieder tausend Verbrechen
7.20	*2*	[1894]	[1948]	Zerstörung, militante Kirche
7.23	*1*	[2009]	[2039]	Oberste aus Mitte entfernt
7.24	*2*	[2040]	[2056]	Gräuel enthüllt
7.25	*3*	[2057]	[2076]	Klerus in Drangsal
7.26	*4*	[2077]	[2100]	Sekte der Mitte im Niedergang

7.27	5	[2101]	[2127]	Religionsbetrachtung
7.28	6	[2128]	[2184]	Kirchenspaltung
7.29	7	[2185]	[2245]	Kirche verfolgt
7.30	8	[2246]	[2283]	Ruin des Klerus
7.18	1	[1848]	[1869]	Hund, *gros mastin*
7.21	1	[1949]	[1983]	Stechende Hand
7.22	2	[1984]	[2008]	Mars raubt Jupiters Würde
7.31	1	[2284]	[2328]	Einfall an Küsten
7.32	2	[2329]	[2379]	Große Verwüstung
7.33	3	[2380]	[2422]	Verehrtes Grab liegt offen
7.34	4	[2423]	[2471]	Klagen, *gemitus compeditorum*
7.35	5	[2472]	[2574]	Orientalische Könige verfolgt
7.36	6	[2575]	[2607]	Norden ist siegreich
12	P2-2	[3403]	[3549]	2. prophetischer Block (Teil 2)
12.7	1	[3403]	[3439]	Gallischer Ogmium, Blutbad
12.8	2	[3440]	[3471]	Große Flut, Satan gebunden
12.9	3	[3472]	[3549]	Friede, Weltenbrand nahe
14	P3-2	[3978]	[4043]	3. prophetischer Block (Teil 2)
14.8	1	[3978]	[4043]	Universeller Friede
		[4173]		Briefende

12. Zahlen im BriefH

Der Brief an König Heinrich enthält eine Menge Zahlen, in Worten oder Ziffern geschrieben. Fasst man diese Zahlen in geeigneter Weise zusammen, zeigt sich ihre besondere Bedeutung. Diese Zusammenfassung erfolgt nach Datumsangaben (Teile A und F), nach Zeitspannen (Teile B und D), nach Gradangaben (Teil C) oder nach Tagesangaben (Teil E). In der folgenden Tabelle sind die wichtigsten Zahlen, die der Brief an Heinrich aufweist, aufgelistet. Zahlen in eckiger Klammer bedeuten die Wortanzahl im Brief, an der die angegebene Zahl steht. Die jeweilige Überschrift weist darauf hin, was mit den Zahlen des betreffenden Teiles berechnet werden kann.

von/bei	bis	Zahlen im Brief (in Worten oder Ziffern)	Entspricht
A: Beginn des siebten Jahrtausends			
[413]	[425]	1585	1585
		1606	1606
		14	14
		Mars	3
		1557	1557
[437]	[439]	commencement du septiesme	
B: Anagrammpositionen für die Reihung des LAT-Textes (Teil 1)			
[799]	[803]	mille deux cens quarante deux	1242
[847]	[848]	mille huictante	1080
[867]	[871]	cinq cens quinze ou seize	515/16
[881]	[883]	cinq cens septante	570
[911]	[914]	mille trois cens cinquante	1350
[945]	[948]	six cens vingt & vn	621
C: Gesamtanzahl der Quatrains			
[1412]	[1451]	trois	3
		50. & 52. degrez	50 & 52
		48. degr.(ez)	48
[1506]		deux	2
[1594]		48. degrez	48

		D: Anagrammpositionen für die Reihung des LAT-Textes (Teil 2)	
[2726]	[2729]	mille cinq cens & six	1506
[2748]	[2749]	six cens	600
[2777]	[2778]	six cens	600
[2797]	[2800]	vn an & deux mois	1
[2818]	[2821]	deux cens nonante cinq	295
[2833]		cent	100
[2841]		soixante	60
[2854]	[2855]	cent trente	130
[2869]	[2871]	quatre cens trente	430
[2893]	[2898]	quatre cens octante ou quatre vingt	480/80
[2915]	[2917]	quatre cens nonante	490
[2934]	[2941]	quatre mille cent septante trois/huict moys	4173/8
		E: Anagrammpositionen für die Berechnung	
[3005]	[3052]	25	25
		14	14
		7	7
		17	17
		22	22
		9	9
		22	22
		3	3
		24	24
		24	24
		25	25
		16	16
		F: Quatrains pro Jahrhundert	
[4166]		27	27
[4168]		Iuin	6
[4169]	[4173]	Mil cinq cens cinquante huit	1558

13. Das siebte Jahrtausend

Originaltext (laut Ausgabe 1568)

> [H 395]...*toutesfois esperant de laisser par escrit les ans, villes, citez, regions où la plus part aduiendra, mesmes de l'annee **1585** & de l'annee **1606**, accommencant depuis le temps present, qui est le **14. de Mars, 1557** & passant outre bien loing iusques à l'aduenement qui sera apres au **commencement du septiesme millenaire** profondement supputé,...*

Übersetzung:

> ...trotzdem hoffe ich durch die Schrift die Jahre, Orte, Städte, Regionen zu hinterlassen, in denen sich das meiste ereignen wird, insbesondere im Jahr 1585 und im Jahr 1606, beginnend mit der gegenwärtigen Zeit, also dem 14. März 1557, und weit darüber hinausreichend bis zu dem Ereignis, welches dann nach eingehender Berechnung zu Beginn des siebten Jahrtausends eintreten wird,...

In diesem Absatz ziemlich am Anfang des Briefes an König Heinrich hat Nostradamus den zeitlichen Rahmen seiner Prophezeiungen abgesteckt. Demgemäß beginnen sie mit dem Jahr 1557, behandeln besonders die Jahre 1585 und 1606 und gehen darüber weit hinaus, bis zu einem offenbar besonderen Ereignis zu Beginn des 7. Jahrtausends. Er schreibt, die Prophezeiungen beginnen mit dem **14. März 1557**, "der gegenwärtigen Zeit", der Brief ist aber am Ende mit dem Datum **27. Juni 1558** versehen.

Nostradamus gibt hier auch ein anderes Datum für den Beginn seiner Prophezeiungen an, als im Brief an seinen Sohn César. Dort schreibt er [C 1335]:

> *"...& sont perpetuelles vaticinations, pour d'yci à l'an 3797."*
> ...und es sind fortlaufende Weissagungen von jetzt an bis zum Jahr 3797.

„Von jetzt an" wäre auf das Briefdatum bezogen der **1. März 1555**. Warum gibt Nostradamus ganz verschiedene Daten für den Beginn seiner Prophezeiungen an? Die Zahlen haben eine spezifische Bedeutung.

Wir wissen bereits, dass die Zahlen 1.3.(1555) für die Berechnung der „Wortanzahl des Briefes C" von Bedeutung sind.

Wie man aus dem Abschnitt „Der dritte lateinische Text" sieht, hat das Datum 27. Juni 1558 eine ganz besondere Funktion im Rahmen der Entschlüsselung, nämlich die Festlegung der Quatrains pro Jahrhundert.

Durch das zweite Datum im Brief an Heinrich, 14. März 1557, hat Nostradamus den Beginn des 7. Jahrtausends verschlüsselt wiedergegeben! Und er verweist ganz klar darauf, wovon er spricht: *..commencement du septiesme millenaire!*

Schreiben wir die Zahlen (vergl. vorhergehenden Abschnitt „Zahlen im Brief an Heinrich") aus dem obigen Briefabsatz heraus und ordnen wir sie neu:

commencement du septiesme millenaire
1557
1585
1606
14
3 (=März)

Zunächst bilden wir die Differenzen zwischen den drei Jahreszahlen:

1585 - 1557 = 28
1606 - 1585 = 21
28 - 21 = 7

Mit den Zahlen 3 und 14 kann man folgendes berechnen:

14 - 3 = 11
14 verdoppelt = 28
14 halbiert = 7
14 + 7 = 21
(14 x 3)x (14 - 3) =
42 x 11 = 462

Es ergeben sich somit aus den Zahlen 3 und 14 wieder die Jahresdifferenzen (28, 21 und 7) sowie eine neue Zahl 462.

Mit Hilfe dieser Zahlen kann man den Zyklus der Zeiten aus dem 16. in das 21. Jahrhundert transferieren. Die konstante Verschiebung beträgt 462 Jahre.

16. Jh		21. Jh
1557	+ 462	2019
		+ 14
		2033
		+ 14
1585	+ 462	2047
		+ 21
1606	+ 462	2068

Die Jahreszahl 2033, die in der Mitte zwischen 2019 und 2047 liegt, ist aber das eigentliche Ergebnis, das Nostradamus darstellen wollte: den Beginn des 7. Jahrtausends, also den Wechsel vom Jahr 6000 zum Jahr 6001 nach Erschaffung der Welt.

Das Jahr 2033 AD (Anno Domini = n.Chr.)
entspricht dem Jahr 6000 AM (Anno Mundi)

In manchen Almanachen, beispielsweise jenem für das Jahr 1562, gibt Nostradamus den Zusammenhang zwischen der Anno-Domini- und der Anno-Mundi-Zeitrechnung an, also zwischen der üblichen Zeitrechnung nach Christi Geburt und jener seit Erschaffung der Welt.

L'An apres la creation du monde, felon la vraye fupputation des Cronographes 5519. Et de la nativité de noftre Seigneur Iefus Chrift 1562. nous tiendrös pour nombre d'Or V. Epa

Kopie aus dem Almanach für das Jahr 1562

Aus diesen Unterlagen ergibt sich, dass 1562 AD dem Jahr 5529 AM und 1566 AD dem Jahr 5533 AM entsprechen soll. Daraus ergibt sich aus beiden Angaben für das Jahr 6000 AM das Jahr 2033 AD. Dies stimmt mit dem aus dem Briefdatum ermittelten Zeitpunkt genau überein.

Das Datum 1. März 1555, also **1. 3. 1555** lässt noch eine weitere Erklärung zu: Streicht man die letzte Ziffer von 1555 weg, bleibt 155. Wir rechnen: 155 x 3 = 465 - (5+1-3) = 462. Exakt dieselbe Zahl, wie wir sie oben erhalten haben, die konstante Verschiebung. Man kann sie auch folgendermaßen berechnen: Streicht man die erste Ziffer von 1555, bleibt 555. Aus dem Datum 1.3. bildet man 31. Wir rechnen: 555 - (31 x 3) = 462.

Zahlenspielereien? Vielleicht, aber mit tieferem Sinn. Und wie man sieht, steckt das ganze Werk von Nostradamus voller bewusst gewählter Zahlen.

14. Gesamtanzahl der Quatrains laut BriefH

Originaltext (laut Ausgabe 1568)

> [H 1411] *...seront **trois** regions par l'extreme difference des ligues, c'est assauoir la Romanie, la Germanie, l'Espaigne, qui seront diuerses sectes par main militaire, delaissant le **50 & 52 degrez** de hauteur, & feront tous hommage des religions loingtaines aux regions de l'Europe & de Septentrion de **48. degr.** d'hauteur qui premier par vaine timidite tremblera,...*

> [H 1491] *Apres cecy la Dame sterile de plus grande puissance que la seconde sera receue par **deux** peuples, **par le premier** obstine par celuy qui a eu puissance sur tous, **par le deuxiesme & par le tiers** qui **estendra** ses forces **vers** le circuit de...*

> [H 1569] *Puis le grand empyre de l'Antechrist commencera dans la Atila & Zerses descende en **nombre** grand & innumerable, tellement que la venue du sainct Esprit procendant du **48. degrez** fera transmigration,...*

Übersetzung:

> ...es werden drei Regionen sein mit extrem unterschiedlichen Bündnissen, nämlich die Romanie, Germanien und Spanien, die verschiedene Parteien mit militärischer Gewalt bilden, verlassend den 50. und 52. Breitengrad, und alle werden den Zaudernden huldigen, die zu den Gebieten Europas und vom Norden des 48. Breitengrades, der zuerst umsonst vor Angst erzittert, weit entfernt liegen,...

> Danach wird die unfruchtbare Dame, von größerer Macht als die Zweite, von zwei Völkern empfangen, vom ersten halsstarrig durch den, der Macht über alles gehabt hat, vom zweiten und vom dritten, das seine Kräfte in Richtung des Umkreises des Ostens Europas ausdehnen wird,...

> Dann wird das große Reich des Antichristen beginnen, in das Attila und Xerxes in großer und unüberschaubarer Zahl herabsteigen werden, derart dass die Ankunft des Heiligen Geistes, ausgehend vom 48. Grad, eine Auswanderung bewirken wird, ...

Folgende Zahlen lassen sich aus dem Text herauslesen:

trois	3	3x(50+52+48)x2 =	900
50 & 52 degrez	50+52		
48 degr.	48		
deux	2		
48 degrez	48		+48
		Gesamtanzahl der Quatrains	**948**

Die Zahlen (vergl. vorhergehenden Abschnitt „Zahlen im Brief an Heinrich"), die im Brieftext zwischen den Zahlen 3 und 2 liegen, mit dem Zusatz "degrez" (wirkt wie ein Indikator) sind zusammenzuzählen. Diese Summe ist mit den beiden Zahlen (3, 2) zu multiplizieren und das separat stehende 48 hinzuzuzählen. Man erhält 948, die Gesamtanzahl der Quatrains.

Interessant sind die in diesem Text eingestreuten Worte, mit denen Nostradamus klarstellt, worauf sich die angegeben Zahlen beziehen: *"par le premier... par le deuxiesme & par le tiers...estendra...vers...nombre"* - über den ersten (Teil der Prophezeiungen)... über den zweiten und dritten wird sich die Versanzahl erstrecken.

Die Gesamtanzahl von 948 Quatrains lässt sich durch andere Unterlagen ebenfalls feststellen (Lateinischer Text, Testament).

15. Der Astro-Text im BriefH

Originaltext (laut Ausgabe 1568)

[H 2985] *...apres quelque temps & dans iceluy comprenant depuis le temps que*

A1

[H 2995] *Saturne qui tournera entrer à sept du moys d'Auril iusques au 25. d'Auost, Iupiter à 14. de Iuin iusques au 7. d'Octobre, Mars depuis le 17. d'Auril iusques au 22. de Iuin, Venus depuis le 9. d'Auril, iusques au 22. de May, Mercure depuis le 3. de Feurier, iusques au 24. dudit. En apres du premier de Iuin iusques au 24. dudit & du 25. de Septembre iusques au 16. d'Octobre,*

A2

[H 3053] *Saturne en Capricorne, Iupiter en Aquarius, Mars en Scorpio, Venus en Pisces, Mercure dans vn moys en Capricorne, Aquarius & Pisces, la Lune en Aquarius, la teste du dragon en Libra: [3083] la queue a son signe opposite suyuant vne conionction de Iupiter à Mercure, auec vn quadrin aspect de Mars à Mercure, & la teste du dragon sera auec vne conionction du Soleil à Iupiter,*

B1

[H 3116] *l'annee sera pacifique sans eclipse, & non du tout,*

B2

[H 3124] *& sera le commencement comprenant se de ce que durera*

B3

[H 3133] *& commençant icelle annee sera faicte plus grande persecution à l'Eglise Chrestienne, que n'a esté faicte en Affrique,*

B4

[H 3150] *& durera ceste icy iusques à l'an mil sept cens nonante deux que lon cuydera estre vne renouation de [3168] siecle:*

Übersetzung:

…und danach noch einige Zeit und in dieser, das heißt von dem Zeitpunkt an, da

A1

Saturn, der sich umdrehen wird, um einzutreten vom 7. April bis 25. August, Jupiter vom 14. Juni bis 7. Oktober, Mars seit 17. April bis 22. Juni, Venus seit 9. April bis 22. Mai, Merkur seit 3. bis 24. Februar. Darauffolgend vom 1. bis 24. Juni und vom 25. September bis 16. Oktober,

A2

Saturn im Steinbock, Jupiter im Wassermann, Mars im Skorpion, Venus in den Fischen, Merkur in einem Monat im Steinbock, Wassermann und den Fischen, der Mond im Wassermann, der Drachenkopf in der Waage: der Drachenschwanz, in ihrem gegenüberliegenden Zeichen, nachfolgend eine Konjunktion von Jupiter und Merkur, mit einem Quadrataspekt von Mars zu Merkur, und der Drachenkopf wird bei einer Konjunktion der Sonne mit Jupiter sein,

B1

das Jahr wird friedlich ohne Verfinsterung sein, aber nicht überall,

B2

und es wird der Beginn sein, von dem was dauern wird,

B3

und am Anfang dieses Jahres wird die größte Verfolgung in der christlichen Kirche stattfinden, wie es sie nicht einmal in Afrika gegeben hat,

B4

und dies wird bis zum Jahr 1792 dauern, in dem man glauben wird, bei einer Erneuerung des Zeitalters zu sein:

Die zitierte Textstelle aus dem Brief an Heinrich wird im Allgemeinen auf das Jahr 1606 bezogen. In der vorliegenden Untersuchung wird gezeigt, dass sich die im Übermaß angegebenen Daten nicht notwendigerweise nur auf dieses eine Jahr beziehen müssen. Es gibt einige Hinweise, die sogar sehr dagegen sprechen. Schließlich findet man eine ganz bestimmte Abfolge von verschiedenen Jahren, die wesentliche historische Ereignisse in der Zeit zwischen 1606 und 1792 betreffen.

Zunächst sei der Inhalt dieser Textstelle untersucht, wobei wir diese in zwei Teile zerlegen:
- Teil A [2995 bis 3115], in dem bestimmte Planetenkonstellationen angegeben sind, und
- Teil B [3116 bis 3168], in dem offenbar Ereignisse zu den in A genannten Zeiträumen angeführt werden.

Teil A lässt sich weiter unterteilen:
- Teil A1 = [2995 bis 3052], in dem für fünf Planeten bestimmte **Zeitintervalle** angegeben sind.
- Teil A2 = [3053 bis 3115], in dem für dieselben Planeten und zusätzlich für den Mond und den Drachenkopf (aufsteigender Mondknoten) die **Tierkreiszeichen**, in denen sie sich befinden, sowie **Konjunktionen und Aspekte** dargelegt werden.

Es ist nun die Frage, ob und in welcher Weise diese verschiedenen Textteile zueinander in Beziehung stehen.

Eine der grundlegenden astrologischen Untersuchungen über die *Prophéties* ist jene von Wöllner. Er bezieht die vorliegenden astrologischen Angaben, insbesondere auf Grund der Zeitintervalle (Teil A1), auf das Jahr 1606. Wöllner kommentiert jedoch nicht die Angaben über die Tierkreiszeichen.

Eine Untersuchung aus jüngerer Zeit ist jene von Brind'Amour, der ebenfalls die Angaben in A1 auf das Jahr 1606 bezieht, aber - zu Recht - Widersprüche zum zweiten Teil (A2) sieht.

Diese Widersprüche lassen sich jedoch auflösen, wenn man von der Annahme abrückt, alle Angaben dieser Textstelle (die eine vielfache Überbestimmung wären) beziehen sich auf das Jahr 1606. In meiner nachfolgenden eigenen Untersuchung werden die Teile A1, A2 und B separat nach ihrem astrologischen Inhalt überprüft und darauf aufbauend eine Neuinterpretation der gesamten Textstelle durchgeführt.[1]

Die in diesem Textteil angeführten Zahlen haben aber - in typischer *"manière Nostradamique"* - über die astrologische Bedeutung hinaus eine spezielle Funktion für die Entschlüsselung der Quatrains. Siehe die Ausführungen in diesem Buch unter „Die astrologischen Angaben".

Eigene Untersuchung

Nostradamus gibt im Textteil A1 die Zeiten für die Rückläufigkeit einiger Planeten an. Untersucht man diese Angaben von Nostradamus an Hand der Ephemeriden von Leowitz, erschienen 1557 (Bild) und mit Hilfe eines modernen Astronomie-Programmes so findet man gegenüber Wöllner ein etwas differenzierteres Bild der gesamten Textstelle.

Saturnus regreditur à 7. Aprilis vsp in 25. Augusti,
Iupiter à 14. Iunij vsp in 7. Octobris,
Mars à 17. Aprilis vsp in 22. Iunij,
Venus à 9. Aprilis vsp in 22. Maij,
Mercurius à 3. Februarij vsp in 27. eiusdem mensis, Item à 1.
Iunij vsp in 24, eiusdem mensis, & à 25. Septembris, vsp
in 16. Octobris.

Planet	Leowitz		Nostradamus		Astro-Progr		Diff	
	von	bis	von	bis	von	bis	Dv	Db
SATURN	7.4.	25.8.	7.4.	25.8.	7.4.	25.8.	0	0
JUPITER	14.6.	7.10.	14.6.	7.10.	12.6.	8.10.	2	1
MARS	17.4.	23.6	17.4.	**22.6.**	11.4.	22.6.	6	0
VENUS	9.4.	22.5.	9.4.	22.5.	9.4.	22.5.	0	0
	3.2.	27.2.	3.2.	**24.2.**	28.1.	19.2.	6	5
MERKUR	1.6.	24.6.	1.6.	24.6.	29.5.	22.6.	3	2
	25.9.	16.10.	25.9.	16.10.	25.9.	15.10.	0	1

Zunächst kann man feststellen, dass Nostradamus offensichtlich die Daten aus den Ephemeriden von Leowitz übernommen hat, dabei aber zwei Tagesangaben (in der Tabelle fett hervorgehoben) geändert hat. Ich bin mir sicher, dass es sich um eine bewusste Änderung handelt, wie sich noch bestätigen wird. Die Tabelle enthält die Daten nach Leowitz und Nostradamus sowie jene mit einem Astronomieprogramm ermittelten (siehe nachfolgendes Detail).

Sämtliche Daten der Tabelle sind nach dem julianischen Kalender angegeben. Die Differenzen betragen im Durchschnitt zwei Tage, eine durchaus akzeptable Übereinstimmung.

---

[1] Diese Neuinterpretation war bereits im Jahre 2006 in meiner Homepage enthalten.

Da aus der siebenfachen zeitlichen Festlegung der Rückläufigkeit der Planeten, wie sie Nostradamus im Teil A1 anführt, das Jahr bereits exakt bestimmbar ist, erhebt sich die Frage, warum Nostradamus noch weitere bestimmende Elemente im folgenden Textteil A2 angibt?

Die Angaben im Teil A2 [3053 bis 3115] lauten:

"Saturn im Steinbock, Jupiter im Wassermann, Mars im Skorpion, Venus in den Fischen, Merkur in einem Monat im Steinbock, Wassermann und den Fischen, der Mond im Wassermann, der Drachenkopf in der Waage: der Drachenschwanz in ihrem [Anm.: der Waage] gegenüberliegenden Zeichen, nachfolgend eine Konjunktion von Jupiter und Merkur, mit einem Quadrataspekt von Mars zu Merkur, und der Drachenkopf wird bei einer Konjunktion der Sonne mit Jupiter sein."

Man könnte auf dem ersten Blick der Meinung sein, dass in A2 die zu A1 korrespondierenden Tierkreiszeichen angeführt sind, also die örtliche Bestimmung zu der vorangegangenen zeitlichen Abgrenzung erfolgt. Dies ist etwa bei Saturn zutreffend: Saturn, von 17.4. bis 4.9. 1606 rückläufig, befindet sich zu dieser Zeit tatsächlich "im Steinbock". Ähnliches gilt für Jupiter, nicht aber für den Planeten Venus. Dieser ist vom 19.4. bis 1.6. rückläufig aber im Stier, nicht in den Fischen.

Auch der weitere Text von A2 wirft Fragen auf: "der Drachenschwanz in ihrem gegenüberliegenden Zeichen..." bezieht sich noch auf den vorhergehenden Satzteil, wonach der Drachenkopf in der Waage liegt. Das der Waage gegenüberliegende Zeichen ist der Widder. In diesem Zeichen findet die Konjunktion zwischen Jupiter und Merkur statt. Gleichzeitig aber bestimmt der Satzteil: "und der Drachenkopf wird bei einer Konjunktion der Sonne mit Jupiter sein". Drachenkopf und Drachenschwanz liegen sich definitionsgemäß 180 Grad gegenüber. Der Planet Jupiter, ein eher langsamer Himmelskörper, mit einer Umlaufzeit von 11,862 Jahren, kann also innerhalb eines Jahres nicht an beiden Orten eine Konjunktion bilden. Das ist schlichtweg unmöglich - es kann also hier nicht dasselbe Jahr gemeint sein!

Wenn jedoch die Aussagen in A2 sich nicht auf das in A1 bestimmte Jahr 1606 beziehen, dann liegt die Vermutung nahe, dass auch die anderen "Überbestimmungen" in A2 dies nicht tun. Ich habe daher eine andere Lösung gesucht, die schließlich zu einer Abfolge von Jahren geführt hat, die für die unmittelbare Zeit nach 1606 wesentliche Daten lieferte.

Auch der Teil B, der aus vier Satzteilen besteht, kann sich nicht nur auf das Jahr 1606 beziehen. Der Satzteil "das Jahr wird friedlich sein" steht im krassen Gegensatz zum Satzteil "und am Anfang dieses Jahres wird die größte Verfolgung in der christlichen Kirche stattfinden" - ärger als in Afrika!

Detail: Die mittels eines Astronomieprogrammes ermittelten Daten sind in der nachfolgenden Tabelle eingetragen. Die Rückläufigkeit der Planeten ist gelb hervorgehoben.

1606	Monat/Tag/Tierkreiszeichen											
	1	2	3	4	5	6	7	8	9	10	11	12
SATURN	1 SGR			17 RA CAP					4 RE CAP			31 CAP
JUPITER	1 AQR				11 PSC	22 RA PSC		2 R AQR		18 RE AQR		31 PSC
MARS	1 LIB		5 SGR	21 RA SGR		6 R SCO	2 RE SCO 28 SGR					31 PSC
VENUS	1 AQR 9 PSC	4 ARI	4 TAU	19 RA TAU		1 RE TAU	7 GEM					31 SGR
MERKUR	1 CAP 12 AQR 31 PSC	7 RA PSC 13 R AQR	1 RE AQR 18 PSC	7 ARI		8 RA CNC 21 R GEM	2 RE GEM			5 RA SCO 10 R LIB 25 RE LIB		31 CAP
MOND	9-11 AQR											

Abkürzungen:

ARI=Widder	VIR=Jungfrau	AQR=Wassermann
TAU=Stier	LIB=Waage	PSC=Fische
GEM=Zwilling	SCO=Skorpion	RA=Rückläufigkeit(Anfang)
CNC=Krebs	SGR=Schütze	R=Rückläufig
LEO=Löwe	CAP=Steinbock	RE=Rückläufigkeit (Ende)

Neuinterpretation

Auf Grund der Überlegungen im vorhergehenen Abschnitt kann man zu folgender neuen Interpretation kommen.

Der Textteil A1 betrifft das Jahr 1606, es ist quasi das Startjahr, so wie das im Brief genannte Jahr 1792 das Endjahr des betrachteten Zeitraumes ist. Meine Interpretation des Teiles A2 geht nun davon aus, dass die zu Beginn des Textes stehenden Worte *tournera entrer* nicht nur im Teil A1 sondern auch im Teil A2 fortwirken. Man sollte also in A2 lesen "Saturn rückläufig im Steinbock" etc.

Saturn ist nach dem Startjahr auch im Jahre 1607 im Steinbock rückläufig (vom 28.4. bis 16.9.). Prüft man die Rückläufigkeit von Jupiter im Wassermann, ergibt sich als erstes Jahr nach 1606/07 das Jahr 1617 (vom 20.5. bis 28.6.). Das erste Jahr nach 1617, in dem Mars im Skorpion rückläufig ist, ist das Jahr 1621 (vom 30.3. bis 13.6). Das erste Jahr nach 1621, in dem die Venus in den Fischen rückläufig wird, ist 1627.

Nun kann festgestellt werden, wann Merkur im selben Monat in den drei Tierkreiszeichen Steinbock, Wassermann und Fische, der Mond im Wassermann und der Drachenkopf in der Waage sind. Man erhält nach 1627 als erstes das Jahr 1642. Die dreifache Bestimmung des Jahres ist notwendig, weil dadurch eine eindeutige Lösung gefunden wird.

Der nächste Textabschnitt bringt ebenfalls eine mehrfache und dadurch eindeutige Angabe betreffend das Jahr 1643. Die Konjunktion Jupiter/Merkur gemeinsam mit dem Drachenschwanz im Widder gibt es im Zeitraum 1606-1792 nur in den Jahren 1643 und 1679. Der angegebene Quadrataspekt von Mars zu Merkur gilt dabei nur im Jahr 1643. Es ist auch, wie der Text sagt, *suivant*, dem vorhin genannten Jahr 1642 "nachfolgend".

Die im letzten Textabschnitt definierte Konjunktion Sonne/Jupiter *avec,* also gemeinsam mit dem Drachenkopf in der Waage (da kein anderes Tierkreiszeichen genannt ist, gilt nach wie vor das genannte *la teste du Dragon en Libra*) tritt im Zeitraum 1606 bis 1792 lediglich einmal, nämlich im Jahr 1661 auf.

Auf diese Weise ist eine Reihe von historisch bedeutsamen Jahren entstanden: 1606 - 1607 - 1617 - 1621 - 1627 - 1642 - 1643 - 1661 und schließlich das genannte Endjahr 1792.

Die nachstehende Tabelle enthält diese Betrachtungsweise und gibt auch die Historie in den genannten Jahren wieder, auf die Nostradamus mit seinen astrologischen Aussagen aufmerksam machen wollte. Damit zeigt er neuerlich, wie genau er seine Schauungen zeitlich zuordnen konnte.

1606	A1 Saturn, der sich umdrehen wird, um einzutreten vom 7. April bis 25. August Jupiter vom 14. Juni bis 7. Oktober Mars seit 17. April bis 22. Juni Venus seit 9. April bis 22. Mai Merkur seit 3. bis 24. Feber. Darauffolgend vom 1. bis 24. Juni und vom 25. September bis 16. Oktober, B1 das Jahr wird friedlich ohne Verfinsterung sein, aber nicht überall,	Mit dem Augsburger Religionsfrieden des Jahres 1555 hatten die religiösen und politischen Auseinandersetzungen zwischen Katholiken und Protestanten durch die Anerkennung des vormals als "Ketzerei" bezeichneten neuen Glaubens ein vorläufiges Ende gefunden. Diese Zeit hatte Nostradamus selbst erlebt. Er sagt im Folgenden die neuerlichen Wirren und Kämpfe im "Dreissigjährigen Krieg" voraus und führt einige wesentliche Jahreszahlen dafür an. Dies ist ein Überblick. Näheres über die Zeit dieses Krieges folgt im Brief anschließend an diese Textstelle. Das Jahr 1606 war tatsächlich noch ein friedliches Jahr. Noch eskalierte der Streit zwischen Katholiken und Protestanten nicht neuerlich. Auch der lange Krieg gegen die Türken (seit 1593) fand ein Ende.
1607	A2 Saturn im Steinbock B2 und es wird der Beginn sein, von dem was dauern wird	Eroberung und Annexion der protestantischen freien Reichsstadt Donauwörth 1607 durch Maximilian I. von Bayern auf Grund der vom Kaiser verhängten Reichsacht. Dies war der Anlass zur Gründung der Protestantischen Union (1608). Es war der Beginn der lange dauernden, erbitterten Feindseligkeiten zwischen Protestanten und Katholiken.
1617	A2 Jupiter im Wassermann	Ferdinand (der spätere Kaiser) wurde 1617, schon vor dem Tod seines kinderlosen Onkels Matthias, König von Böhmen. Er versuchte sein Leben lang, auf Grund seiner jesuitischen Erziehung und eines Gelübdes zu Loreto, die Gegenreformation mit voller Härte durchzusetzen und wurde damit einer der Auslöser des Dreißigjährigen Kriegs. In Schweden werden alle Katholiken und Anhänger Polens des Landes verwiesen.

1621	A2 Mars im Skorpion B3 und am Anfang dieses Jahres wird die größte Verfolgung in der christlichen Kirche stattfinden, wie es sie nicht einmal in Afrika gegeben hat,	Nach dem Sieg am Weißen Berg (1620) errichtete Ferdinand in seinen Ländern ein absolutistisches Regime. Es kommt zur Auflösung der Protestantischen Union, auf Grund ihrer militärischen Mißerfolge. Katholische Restauration im Reich. Bayern besetzt die Pfalz. Prager Blutgericht: 150.000 Protestanten aus Böhmen ausgewiesen. Gustav Adolf von Schweden erobert Riga. Nach dem Auslaufen des zwölfjährigen spanisch-niederländischen Waffenstillstandes flammen die Kämpfe wieder auf.
1627	A2 Venus in den Fischen	Kaiserliche Truppen unterwerfen das protestantische Norddeutschland.
1642	A2 Merkur in einem Monat im Steinbock, Wassermann und den Fischen der Mond im Wassermann, der Drachenkopf in der Waage:	Ausbruch des englischen Bürgerkriegs (bis 1648): nach schweren religiösen Aufständen in Irland und Schottland, 15.000 irische Protestanten ermordet. Auslöser war der Versuch Charles I. Schottland und Irland die anglikanische Liturgie aufzuzwingen. Richelieu stirbt am 4.12.1642
1643	A2 der Drachenschwanz in ihrem gegenüberliegenden Zeichen, nachfolgend eine Konjunktion von Jupiter und Merkur, mit einem Quadrataspekt von Mars zu Merkur,	Schwedisch-dänischer Krieg beginnt (bis 1645) Auf Grund der allgemeinen Kriegsmüdigkeit und der vielfachen Verwüstung der Länder verständigt man sich langsam zu Friedensverhandlungen, die schließlich 1648 zum Westfälischen Frieden führen. Ludwig XIII. stirbt am 14.5.1643 Frankreich führt bis 1659 (Pyrenäenfriede) den Krieg gegen Spanien weiter. Dies ist aber kein religiöser Kampf mehr.
1661	A2 und der Drachenkopf wird bei einer Konjunktion der Sonne mit Jupiter sein,	Ludwig XIV. beginnt nach dem Tod von Mazarin (9.3.) seine Alleinherrschaft. Es ist die Blütezeit des Absolutismus in Frankreich.
1792	B4 und dies wird bis zum Jahr 1792 dauern, wo man glauben wird, bei einer Erneuerung des Zeitalters zu sein:	Die Zeit des Absolutismus dauerte bis zum Jahr 1792; am 21.9. wird das Königtum abgeschafft, am nächsten Tag eine neue Zeitrechnung, der Revolutionskalender, eingeführt. Man glaubte bei einer Erneuerung des Zeitalters zu sein, tatsächlich war es eine Zeit des Mordens und der Gewalt.

16. Rechenschema zum BriefH

a) Einleitung

Im Folgenden soll das Rechenschema abgeleitet werden, das für die chronologische Reihung der prophetischen Textteile im Brief an Heinrich maßgebend ist. In Beilage 11 dieses Buches findet man in der Gliederung des Brieftextes folgende drei prophetische Hauptabschnitte (siehe „Gesamtübersicht"):

P1	[1201]-[2607]	1. prophetischer Block
P2	[3169]-[3549]	2. prophetischer Block
P3	[3588]-[4043]	3. prophetischer Block

Die „Chronologische Detailübersicht" der Beilage 11 gliedert diese Hauptabschnitte detailliert auf und man sieht dabei, wie die zeitlich richtige Abfolge der unterteilten Blöcke (Unterabschnitte) aussieht. Vor allem erkennt man, dass alle drei Hauptabschnitte auch Prophezeiungen für das 21. Jahrhundert enthalten, nämlich:

Zukunft Teil von [1569] bis [2607] aus 1. prophetischen Block (P1)
Zukunft Teil von [3403] bis [3549] aus 2. prophetischen Block (P2)
Zukunft Teil von [3978] bis [4043] aus 3. prophetischen Block (P3)

Damit ist klar, dass der BriefH die prophetischen Textstellen nicht in zeitlicher Reihung enthält, sie somit nach einem bestimmten Schema neu gereiht werden müssen. Diese Neureihung wird das Ergebnis des im Folgenden dargelegten „Rechenschemas" sein.

b) Das Rechenschema

Die Quatrains PV 5.55, PV 6.55, PV 7.55 und PV 8.55 des *Almanachs für das Jahr 1555* enthalten jene Zahlen, die für die Reihung der prophetischen Textteile des Briefes an Heinrich maßgebend sind.

[Die Textfassung dieser Verse ist aus dem Recueil (1589) von Chavigny übernommen worden, da keine originale Edition der Prognostikation 1555 bekannt ist (Text laut B. Chevignard, Présages de Nostradamus, 1999).]

PV 5.55
Le cinq, six, quinze, tard & tost l'on seiourne.
Le né sans fin: les citez reuoltées.
L'heraut de paix XXIII s'en retourne.
L'ouuert V serre, nouuelles inuentées.

PV 6.55
Loin près de l'Vrne le malin tourne arriere.
Qu'au grand Mars feu donra empeschement
Vers l'Aquilon, le midy la grand fiere.
FLORA tiendra la porte en pensement.

PV 7.55
Huit, quinze & cinq, quelle desloyaute.
Viendra permettre l'explorateur malin!
Feu du ciel, foudre, poeur, frayeur papaute.
L'occident tremble, trop serre vin Salin.

PV 8.55
VI, XII, XIII, XX parlera la Dame.
L'aisné sera par femme corrompu.
Dijon, Guienne gresle, foudre l'entame.
L'insatiable de sang & vin repeu.

Die darin genannten Zahlen lassen sich übersichtlich in folgendes Quadrat schreiben.

rot (aufrecht) = in Worten   blau (schräg) = in Zahlen
Die Felder sind nach Zeile (i) und Spalte (j) benannt (F_{ij})

	j=1	j=2	j=3	j=4
i=1	5	6	15	5
i=2	8	15	5	23
i=3	6	12	13	20

Anm.: Die Eintragung der blauen Zahlen 5 und 23 in die Felder F_{14} und F_{24} (und nicht umgekehrt) lässt sich durch den erzielten Eckwert für das Feld F_{34} belegen, der 4172 ergibt.

236

Schema zur Berechnung der Felder F_{ij} (i=Zeile, j=Spalte):

Beispiel: F_{11}
Feldwert (orange) = 5
Summe der umliegenden Feldwerte (grün) = 8+15+6 = 29
Summe der restlichen Feldwerte (weiß) = 15+5+5+23+6+12+13+20=99

Zum Feld F_{11} gehören daher die Summen 5, 29, 99.

Diese Werte können zusammengesetzt werden zu:
Links beginnend: 529, 599, 2999
Rechts beginnend: 295, 995, 9929

5	6	15	5
8	15	5	23
6	12	13	20

F_{11} 5,29,99 =
L 529, 599, 2999
R 295, 995, 9929

5	6	15	5
8	15	5	23
6	12	13	20

F_{12} 6,48,79 =
L 648, 679, 4879
R 486,796, 7948

5	6	15	5
8	15	5	23
6	12	13	20

F_{13} 15,54,64 =
L 1554, 1564, 5464
R 5415, 6415, 6454

5	6	15	5
8	15	5	23
5	12	13	20

F_{14} 5,43,85 =
L 543, 585, 4385
R 435, 855, 8543

5	6	15	5
8	15	5	23
6	12	13	20

F_{21} 8,44,81 =
L 844, 881, 4481
R 448, 818, 8144

5	6	15	5
8	15	5	23
6	12	13	20

F_{22} 15,70,48 =
L 1570, 1548, 7048
R 7015, 4815, 4870

5	6	15	5
8	15	5	23
6	12	13	20

F_{23} 5,109,19 =
L 5109, 519, 10919
R 1095, 195, 19109

5	6	15	5
8	15	5	23
6	12	13	20

F_{24} 23,58,52 =
L 2358, 2352, 5852
R 5823, 5223, 5258

5	6	15	5
8	15	5	23
6	12	13	20

F_{31} 6,35,92 =
L 635,692,3592
R 356, 926, 9235

5	6	15	5
8	15	5	23
6	12	13	20

F_{32} 12,47,74 =
L 1247, 1274, 4774
R 4712, 7412, 7447

5	6	15	5
8	15	5	23
6	12	13	20

F_{33} 13,75,45 =
L 1375, 1345, 7545
R 7513, 4513, 4575

5	6	15	5
8	15	5	23
6	12	13	20

F_{34} 20,41,72 =
L 2041, 2072, **4172**
R 4120, 7220, 7241

Interpretation 1: Der Feldwert 4172 auf F_{34} erinnert an die Angabe 4173 im BriefH, die der Gesamtanzahl der Wörter in diesem Brief entspricht. Es kann daher angenommen werden, dass die übrigen Zahlen ebenfalls der Anzahl von Wörtern im BriefH entsprechen. Die R-Werte wurden nicht berücksichtigt, weil sie, wie sich später zeigte, nicht maßgebend sind. Daraus wurde das folgende Schema für die Reihung der prophetischen Textteile des Briefes entwickelt.

Tabelle: Auflistung und Sortierung der Ergebnisse:

F_{11} L 529 599 **2999**	F_{12} L 648 679 4879	F_{13} L 1554 1564 5464	F_{14} L 543 585 4385
F_{21} L 844 881 4481	F_{22} L **1570** 1548 7048	F_{23} L 5109 519 10919	F_{24} L 2358 2352 5852
F_{31} L 635 692 **3592**	F_{32} L **1247** 1274 4774	F_{33} L **1375** 1345 7545	F_{34} L 2041 2072 **4172**

239

Für die weitere Bearbeitung ist maßgebend:

1. Die prophetischen Blöcke liegen ab dem Textbereich vom Wort [1201]. Alle Ergebnisse die kleiner als 1201 sind daher zu streichen.
2. In drei Feldern (F_{11}, F_{31} und F_{34}) ist nur eine einzige Zahl sinnvoll (rot hervorgehoben).
3. Man findet weitere Zahlen, die dem Beginn eines prophetischen Textteiles sehr nahe kommen (blau hervorgehoben).
4. Sämtliche bezughabende Zahlen ergaben sich unter „L". Man kann daraus schließen, dass die Ergebnisse unter „R" nicht von Bedeutung sind.

Interpretation 2: Die drei „Eckdaten" (Felder F_{11}, F_{31} und F_{34}) betreffen folgende Textstellen im BriefH:
2999 (Soll=2985): Beginn Teil A2 = Astrologischer Überblick
3592 (Soll=3588): Beginn Teil P3 = 3. prophetischer Block
4172 (Soll=4173): Ende des Briefes
Aus dieser Verteilung kann geschlossen werden, dass das vierte Eckfeld (F_{14}) den Beginn des ersten und zweiten prophetischen Blocks markiert. Tatsächlich ergibt sich dies durch Teilung des Feldwertes 4385 in 1206 und 3179:

1206 (Soll=1201): Beginn Teil P1 = 1. prophetischer Block
3179 (Soll=3169): Beginn Teil P2 = 2. prophetischer Block

Somit ergeben sich in den vier Eckfeldern die „Eckdaten" für den Beginn der wesentlichen Teile des Briefes H, die prophetischen Inhalt haben. Die Schlussfolgerung ist daher, dass sich in den übrigen Feldern eine weitere Unterteilung der Blöcke ergeben wird und damit die chronologische Reihung dieser Teile. Dies zeigen auch die bereits gefundenen blauen Zahlenwerte.

Interpretation 3: Durch die weitere Untersuchung ergab sich, dass jedes Feld einem Absatz im Text des Briefes H entspricht. Beginnt man also bei F_{11} (Beginn Textteil [2985]) und zählt zwei Absätze weiter, dann endet dieser Textteil bei [3168] und es folgt das Feld F_{31}, wo der neue Textteil [3588] beginnt (Neueinstieg in den Text von BriefH). Diese Textteile sind in der Tabelle 1 durch kleine gelbe Felder mit fortlaufenden Zahlen gekennzeichnet.

Bei der Zählung der Absätze zeigte sich, dass zwei Zählrichtungen erforderlich sind.

Zählrichtung R1: senkrecht jeweils von oben nach unten
Zählrichtung R2: horizontal jeweils von rechts nach links

Somit zählt man: F_{11}, F_{21}, F_{31}, F_{12}, F_{22}…F_{24}, F_{34}, F_{33}, F_{32}, F_{31}, F_{24}, F_{23}, F_{22} usw. Man erhält schließlich folgendes endgültige Ergebnis:

c) Rechenquadrat

F_{11}	F_{12}	F_{13}	F_{14}
1 2999 (2985)	**8** **13** 4879= 1411+1949+R	**12** 5464= 1848+R	**3** **7** 4385= 1206+3179 (1201, 3169)
F_{21}	F_{22}	F_{23}	F_{24}
6 **14** 4481= 1491+2284+R	**9** 1570 (1569)	**15** 5109= 3403+R	**10** **16** 5852= 3978+1874 (1870)
F_{31}	F_{32}	F_{33}	F_{34}
2 3592 (3588)	**5** 1247 (1259)	**4** **11** 7545= 1375+2009+R (1363)	**17** 4172 (4173)

R1 (▼, links)   R2 ◄

Anmerkungen zum Rechenquadrat:
Zahlen in Klammer = entsprechen der Anzahl der Wörter im BriefH (SOLL-Werte),
Zahlen ohne Klammer = aus obiger Berechnung (IST-Wert)
Grüne Werte = aus Splitting (Teilen der ursprünglichen Feldwerte) erhalten, wobei manchmal ein Rest (R) bleibt.

Tabelle: Beziehung der Felder, Absätze und Briefstellen

Nr. Ber	Nr. BriefH	Feld	Ber IST	von BriefH SOLL	D	A	bis BriefH	Briefstellen chronologisch gereiht
1	11.1 und 11.2	F_{11}	2999	2985	-14	2	3168	Astrologischer Text A2 Zeit 1606 bis 1792
2	14.1 bis 14.7	F_{31}	3592	3588	-4	7	3977	3. prophetischer Block, P3-Teil Zeit 1618 -1659, 30-jähriger Krieg
3	7.1 bis 7.3	F_{14}	1206	1201	-5	3	1258	1. prophetischer Block, P1-Teil Zeit 1610 - 1774, Bourbonen in Frankreich
4	7.7 bis 7.9	F_{33}	1375	1363	-12	1	1410	1. prophetischer Block, P1-Teil Einschub 1625, eine Bourbonin in England
5	7.4 bis 7.6	F_{32}	1247	1259	12	5	1362	1. prophetischer Block, P1-Teil Fortsetzung Zeit 1774 – 1830, Bourbonen in Frankreich
6	7.11	F_{21}	1491	1491	0	1	1568	1. prophetischer Block, P1-Teil Fortsetzung Zeit 1700 - 1718, Bourbonen in Spanien
7	12.1 bis 12.6	F_{14}	3179	3169	-10	6	3402	2. prophetischer Block, P2-Teil Zeit 1830 bis 1945
8	7.10	F_{12}	1411	1411	0	1	1490	1. prophetischer Block, P1-Teil Zeit 1936 bis 1945
9	7.12 bis 7.17	F_{22}	1570	1569	-1	6	1847	1. prophetischer Block, P1-Teil - Zukunft: Antichrist
10	7.19 und 7.20	F_{24}	1874	1870	-4	2	1948	1. prophetischer Block, P1-Teil - Zukunft: Militante Kirche
11	7.23 bis 7.30	F_{33}	2009	2009	0	8	2283	1. prophetischer Block, P1-Teil - Zukunft: Kirchenverfolgung
12	7.18	F_{13}	1848	1848	0	1	1869	1. prophetischer Block, P1-Teil - Zukunft: Der Schweinehund

13	7.21 und 7.22	F_{12}	1949	1949	0	2	2008	1. prophetischer Block, P1-Teil - Zukunft: Die stechende Hand
14	7.31 bis 7.36	F_{21}	2284	2284	0	6	2607	1. prophetischer Block, P1-Teil - Zukunft: Rückeroberung
15	12.7 bis 12.9	F_{23}	3403	3403	0	3	3549	2. prophetischer Block, P2-Teil - Zukunft: Satan gebunden
16	14.8	F_{24}	3978	3978	0	1	4043	2. prophetischer Block, P2-Teil - Zukunft: Friedenszeit
17		F_{34}	4172	4173	-	-	-	Briefende

Anm.: D= Differenz Soll-Ist   A=Anzahl der Absätze

Durch das Rechenquadrat war somit die chronologische Reihung der Textstellen des Briefes an Heinrich möglich, wie sie in der „Chronologischen Detailübersicht" der Beilage 11 enthalten ist.

17. Der prophetische Text im BriefH

a) Einleitung

Im Band 2 dieser Buchreihe „Nostradamus - Seine Schriften" ist der originale französische Text des Briefes an den König Heinrich (BriefH) sowie dessen deutsche Übersetzung enthalten.

Im Folgenden werden die prophetischen Textteile dieses Briefes, wie sie sich aus den Beilagen 11 und 16 des vorliegenden Anhanges ergeben in chronologischer Reihenfolge dargestellt und erstmals im Vergleich zu den historischen Ereignissen interpretiert.

Die Interpretation des Teiles des Briefes vom Wort [1569] bis zum Briefende, der die Voraussagen ab dem Jahr 2000 betrifft, ist hier nicht aufgenommen.

Erläuterungen zu den Spalten:
Spalte 1: Nummer gemäß der Beilage 11
Spalte 2: Wortanzahl im BriefH und Brieftext in Deutsch
Spalte 3: Jahresangaben und Interpretation

b) Interpretation

1618 - 1659
Dreißigjähriger Krieg und Französisch-Spanischer Krieg

1	2	3
14.1	**[3588] – [3621]** und passend zu dieser astrologischen Berechnung, verglichen mit den heiligen Schriften, wird die Verfolgung der Kirchenleute ihren Anfang nehmen durch die Macht der nordischen Könige, vereint mit den Orientalen, und diese Verfolgung wird 11 Jahre dauern, etwas weniger,	**Ab 1618** Die vorausgehende passende astrologische Berechnung siehe hier im Anhang, Beilage 15. **Verfolgung der Kirchenleute** (Katholiken) im 30jährigen-Krieg (1618-1648) 1621: Gustav Adolf von Schweden eroberte am 25.9. Riga (vorher polnisch), die Aktion war günstigt, weil gleichzeitig Polens Hauptarmee Krieg gegen die Osmanen (bei Chotin in der Ukraine) führte („vereint" meint hier: zeitgleich, aber auch günstig). Die **nordischen Könige** sind: Christian IV. von Dänemark und Gustav Adolf von Schweden 1621 Ende des türkisch-polnischen Krieges + 11 Jahre 1632 November: Tod Gustav Adolfs
14.2	**[3622] – [3689]** sodass, weil dann der oberste nordische König sterben wird, diese Jahre vollendet, sein südlicher Verbündeter kommen wird, der die Leute der Kirche während eines Zeitraumes von 3 Jahren noch viel stärker verfolgen wird, wegen der abtrünnigen Verführung von einem, der die ganze absolute Macht in der militanten Kirche haben wird, und das heilige Volk Gottes, Befolger von seinem Gesetz, und die ganze	**1630 - 1635** Der oberste nordische König ist Gustav Adolf von Schweden, der im Juli 1630 in den Krieg gegen die kaiserliche Liga eintrat, aber in der Schlacht von Lützen 1632 fiel. Der **südliche Verbündete** Schwedens war Sachsen unter Bernhard von Sachsen-Weimar (General unter Gustav Adolf). Das schwedische Heer verlor nach dem Tod Gustav Adolfs seine Disziplin, ganze Städte wurden verwüstet und eingeäschert (z.B. Meissen) **Militante Kirche:** meint die Rekatholisierung Durch sie hatte Wallenstein die absolute militärische Gewalt; solange er diese innehatte, gab es für die protestantischen Fürsten keine Versöhnung; Wallenstein wurde

	Ordnung der Religion wird stark verfolgt und heimgesucht werden, derart, dass das Blut der wahren Kirchlichen überall herumschwimmen wird,	schließlich der Abtrünnigkeit vom Kaiser verdächtigt und ermordet. Der Krieg dauerte zunächst noch bis zum Prager Friede, 1635, d.s. also noch 3 Jahre.
14.3	**[3690] – [3765]** und einer der schrecklichsten Könige dieser Zeit, durch seine Anhänger werden ihm solche Ratschläge gegeben werden, dass er mehr menschliches Blut der Unschuldigen vergossen haben wird, als niemand wüsste, mit dem Wein gemacht zu haben, und derselbe König wird unglaubliche Verbrechen gegen die Kirche begehen, das menschliche Blut wird in den offenen Straßen und in den Tempeln fließen, wie das Wasser bei heftigem Regen, und die umliegenden Flüsse werden vom Blut gerötet sein, und durch einen weiteren Seekrieg wird das Meer gerötet, so dass es im Bericht eines Königs an den anderen heißen wird: Duch die Kämpfe zur See färbte sich das Wasser rot.	**1635 – 1638** Der **schrecklichste König** ist Kaiser Ferdinand II. (seit 1617 ohne Zustimmung des böhmischen Adels König von Böhmen). Seine unnachgiebige Art führte zu den Gräueln des 30jährigen Krieges, der vermutlich verhindert werden hätte können, wenn der Kaiser die Zugeständnisse des Prager Friedens schon 1630 auf dem Reichstag in Regensburg gemacht hätte. **Falsch beraten** wurde er offenbar durch seinen Minister Eggenberg und seinen Beichtvater, den Jesuiten Lamormaini, sowie bei der umstrittenen Verurteilung Wallensteins durch seinen Bruder Ferdinand (den späteren Kaiser Ferdinand III.) **Verbrechen gegen die Kirche:** die brutale und bedingungslose Vorgangsweise des Königs (Hinrichtungen, Ausweisungen von tausenden Protestanten aus Böhmen, der Krieg selbst) erscheint nicht angemessen. Im **Seekrieg** 1638 wurde die spanische Flotte durch die Holländer vernichtet, der Nachschub unterbunden, Spaniens Vorherrschaft zur See dadurch gebrochen.
14.4	**[3766] – [3814]** Dann wird sich im selben Jahr und in den nachfolgenden die schrecklichste Seuche anschließen, und die furchtbarste wegen der	**1638 – 1650** "Im selben Jahr": 1638 "und danach" (bis 1640) gab es Seuchenepidemien in Deutschland, Spanien und Holland (Pest, Pocken und Blattern), so dass 50 bis 75 % der Bevölkerung daran zugrunde gingen.

	Hungersnot, und so große Leiden, wie es sie seit der Gründung der christlichen Kirche und in allen lateinischen Regionen noch nie gab. Durch diese bleiben Spuren in einigen Gegenden Spaniens zurück.	**Hungersnot** herrschte in den Kriegszonen während der gesamten Kriegszeit: So wurde etwa 1650 die Bevölkerung Litauens durch Pest, Hungersnot und Deportationen um ca. 40% dezimiert.
14.5	[3815] – [3850] Dann wird der dritte nördliche König, die Klage des Volkes seines hauptsächlichen Titels hörend, eine so große Armee aufstellen und durch die Gegenden seiner jüngsten Vorfahren und Urahnen ziehen, dieser wird den größten Teil in seinen Stand (auch: sein Haus) zurücksetzen	**1655 – 1660** Der **dritte nördliche König** ist Karl X. von Schweden (1655-1697). Er stellte eine Armee auf, um dem Angriff Dänemarks im ersten Nordischen Krieg (1655-60) zu begegnen; er eroberte weite Teile der Nachbarstaaten. **Jüngste Vorfahren**: Eroberung von Livland, Polen (einschließlich Warschau und Krakau), damit zog er durch das von König Johann Kasimir Wasa (aus dem schwedischen Königshaus stammend) regierte Polen. **Urahnen**: ca. ein Jahrhundert zuvor war Schonen, 1533 von Schweden käuflich erworben worden, 1560 kam es unter dänische Herrschaft) Schonen, das Gebiet seiner Urahnen, konnte Karl X. im Zuge der Nordischen Kriege 1679 zurückgewinnen.
14.6	[3851] – [3880] und der große Stellvertreter des Ornats wird in seinen ursprünglichen Stand wieder eingesetzt, aber hart angefasst und dann völlig vernachlässigt und man wird es so drehen, (dass) das Allerheiligste zerstört worden sei durch das Heidentum und das Alte und Neue Testament werden verworfen und verbrannt,	**1664** In diesem Jahr: öffentliche Demütigung des Papstes Alexander VII. durch Ludwig XIV. ("**hart angefaßt**") nach Beleidigung des franz. Botschafters, Herzog von Créqui, in Rom am 20.8.1662 durch Gardesoldaten des Bruders des Papstes, Don Mario Chigi.

14.7	[3881] – [3977]	1635 – 1659
	und nach dem Antichrist wird der höllische Fürst erscheinen, nochmals, zum letzten Mal werden alle Königreiche der Christenheit und auch der Ungläubigen erzittern während eines Zeitraumes von 25 Jahren und sie werden schlimmere Kriege und Kämpfe führen und es werden Ortschaften, Städte, Schlösser und alle anderen Bauwerke verbrannt, verwüstet und zerstört, mit großem Blutvergießen, Jungfrau, Verheiratete und Witwen vergewaltigt, Säuglinge gegen die Mauern der Städte geschleudert und zerschmettert und viele Übeltaten werden sich mit Hilfe Satans, des höllischen Fürsten, ereignen, so dass sich fast die ganze Welt niedergeschlagen und zerstört finden wird und vor diesen Ereignissen werden einige ungewöhnliche Vögel in der Luft Hui, hui schreien und werden nach einiger Zeit verschwunden sein.	**"Der Antichrist"** meint den Krieg, vor allem den Religionskrieg, an sich. 1635 änderte sich aber der Krieg Katholiken gegen Protestanten. Das katholische Frankreich verbündete sich mit dem protestantischen Schweden gegen die spanisch-kaiserlichen Machtinteressen. 30.5.1635 wurde der Prager Friede unterzeichnet, aber nicht von allen, schon 19.5.1635 Kriegserklärung F an Spanien, der Krieg dauerte bis 7.11.1659 Pyrenäenfriede 24 Jahre und 6 Monate, also etwa **25 Jahre** **Schlimmere Kriege**, da sie Frankreich und das französische Volk direkt betrafen: 1635 Avins (Sieg F) 1636 Corbie (Vorteil Sp) 1638 Fuenterrabia (Sieg Sp) 1639 Salses (Sieg Sp) 1642 Honnecourt (Sieg Sp) 1643 Rocroi (Sieg F) 1648 Lens (Sieg F) 1656 Valenciennes (Sieg Sp) 1658 Dunes (Sieg F) Die Folgen des Dreißigjährigen Krieges waren verheerend und auf viele Jahre hinaus spürbar. Das Reichsgebiet war stark verwüstet. Der Bevölkerungsrückgang durch die Kämpfe, durch Seuchen und den Ernteausfall enorm.

Die bourbonischen Könige von Ludwig XIII. bis Karl X. Frankreich und England

7.1	[1201] – [1241]	1615 – 1640
	Denn Gott wird die lange Unfruchtbarkeit der großen Dame sehen, die bald darauf zwei fürstliche Kinder empfangen wird: aber sie wird bedroht, jene welche ihr beigegeben, infolge der Verwegenheit der Zeit vom Tod bedroht am 18., das 36. (Jahr) nicht überleben zu können	Die **große Dame** ist Frankreich, personifiziert durch Anna von Österreich (1601-1666), Königin Frankreichs, 1615 verheiratet mit Ludwig XIII. (1610-1643). Erst nach 23jähriger Ehe und nach mehreren Fehlgeburten (u.a. 1622, 1626 und 1630) kam 1638 der 1. Sohn (Ludwig) auf die Welt und 1640 der 2. Sohn (Philipp von Orleans). Marie de Rohan, die enge **Vertraute** der Königin, zettelte 1626 eine Verschwörung **(Verwegenheit der Zeit)** gegen den König mittels des Grafen Chalais an, der am 18. August 1626 zum Tode verurteilt wurde. Marie, die man nicht verhaften und anklagen wollte, weil die Spitzen des Königshauses (Gattin und Bruder des Königs) in der Affaire verwickelt waren, wurde nur verbannt, entging somit dem **drohenden Tod.** (Ein Einschub im Absatz da Ereignis zeitlich früher) Auch Anna wurde **bedroht vom Tod**: 1637, als sie 36 Jahre alt war: wegen des angeblichen Mordkomplotts gegen den König, wurde sie des Hochverrats beschuldigt. Sie zog sich vom Hof zurück.
7.2	[1242] – [1247]	1679

	sodass man zurücklassen wird drei Knaben und ein Mädchen,	Die Königin und ihre Vertraute ließen gemeinsam **drei Söhne und 1 Tochter** zurück, d.h. nach beider Tod (Anna starb 1666, Marie 1679):
		Söhne von Anna:
		    Ludwig +1715,
		    Philipp +1701
		Sohn und Tochter von Marie:
		    Louis Charles d'Albert +1690
		    Henriette de Chevreuse +1693
		die anderen Kinder (Töchter) von Marie

		starben vor 1679:
		vor 1679 Anne-Marie de Luynes 1646 Mademoiselle de Luynes 1652 Anne-Marie de Chevreuse 1652 Charlotte-Marie de Chevreuse.
7.3	**[1248] – [1258]** und danach wird man zwei haben, den, der nicht vom selben Vater stammt,	**1643 – 1715** nach Ludwig XIII. kommen noch zwei absolut herrschende Könige: Ludwig XIV. (1643-1715) und Ludwig XV., die nicht **vom selben Vater** stammen. *(Jetzt folgen zwei Einschübe über die Schwester von Ludwig XIII., weil das Geschehen zeitlich vor Ludwig XIV. liegt. Sie wurde Englands Königin.)*
7.7	**[1363] – [1383]** Und die Tochter wird zur der Erhaltung der christlichen Kiche hingegeben werden, wenn ihr Herrscher an die heidnische Sekte der neuen Ungläubigen fällt,	**1625** Die Tochter ist die Schwester von Ludwig XIII., Henriette-Marie (1609-1669). Sie wurde 1625 mit dem engl. Thronfolger, Charles I., verheiratet. Frankeich stellte diverse Bedingungen, u.a. führte dies zur Proklamation der Religionsfreiheit in England, wodurch die den Katholiken angedrohten Strafen aufgehoben, Gefangene freigelassen und Bußgelder fallengelassen wurden ("Erhaltung der christl. Kirche"). Karl I. fiel jedoch schließlich den Puritanern (extreme Calvinisten in England, der „**heidnischen Sekte**") zum Opfer; er wurde am 30.1.1649 hingerichtet.
7.8	**[1384] – [1398]** sie wird zwei [weitere] Kinder haben, das eine treu und das andere untreu gegenüber der Stärkung der katholischen Kirche.	**1660 -1688** Henriette-Marie hatte mehrere Kinder, zwei davon gelangten auf den englischen Thron: **Charles II.** (1630-1685): kam 1660 im Zuge der Restauration wieder auf den Thron, obwohl katholikenfreundlich nahm er die Rolle des Verteidigers der anglikanischen Kirche ein ("**untreu** zur kathol. Kirche") **James II.** (1633-1701): er trat zum kathol. Glauben über ("**treu** zur katholischen Kirche"), wodurch er letztlich seinen Thron 1688 während der Glorious Revolution verlor und ins Exil gehen mußte.

7.9	**[1399] – [1410]** und den anderen, der in seiner großen Verwirrung und späten Reue das [alles] zerstören will,	**1715 – 1774** Text schließt an 7.3 an. **Ludwig XV.** (1715-1774) (Urenkel von Ludwig XIV., Vater ist der Große Dauphin) Große Verwirrung entstand, weil er sich nicht über die Staatsführung kümmerte (einer seiner Aussprüche und sein Lebensmotto war: "Nach mir die Sintflut"). Seine „**späte Reue**": die Steuerreform der letzten Regierungsjahre kam zu spät.
7.4	**[1259] – [1313]** Bei den drei Brüdern wird es derartige Unterschiede geben, dann (werden diese) vereint und übereingestimmt, sodass drei und vier Teile Europas erzittern werden: durch den Jüngeren wird die christliche Monarchie aufrechterhalten, vergrößert: Sekten kommen auf und werden sofort unterdrückt, die Araber zurückgedrängt, Königreiche vereint, neue Gesetze verkündet: von den anderen Kindern wird der Erste die wilden gekrönten Löwen besetzen, die furchtlos die Pranken auf den Helmen halten.	**1774 – 1830** **Drei Brüder**: (die nächsten drei Könige waren Brüder). In ihren Regierungszeiten kam es zu großen Wirren, zur französischen Revolution, zu den Napoleonischen Kriegen, aber letztlich wurde durch den Wiener Kongreß und die Bildung von Allianzen die Restauration durchgeführt; dies brachte den Fürsten Legitimität und Solidarität. **1. Ludwig XVI.** (1774-1793) ist "der **Erste**", er unterstützte die englischen Kolonien in Amerika gegen England (führte im Wappen gekrönte Löwen, einer davon legte Pranke auf den königlichen Spangenhelm. **2. Ludwig XVIII.** (1795/1814-1824) ist "der **Zweite**" (siehe 7.5) **3. Karl X.** (1824-1830) ist "der **Jüngere**" (er war um 3 bzw. 2 Jahre jünger als seine Brüder). Die christl. **Monarchie aufrechterhalten:** nach anfänglicher Liberalisierung versuchte Karl, die absolute Monarchie wieder einzuführen (ancien régime); er "drängte die **Araber** zurück" (1827, Navarino-Schlacht) Peloponnes von Osmanen rückerobert (1828); "**Königreiche vereint**": Algerien wurde 1830 erobert und Frankreich einverleibt. "**Neue Gesetze**": wären nichts Besonderes bei einem Herrscher, aber: es wurde ein neues Wahlrecht zu Gunsten des Königs geschaffen, das zur Revolution in Paris und zur Abdankung von Karl X. führte.

7.5	**[1314] – [1345]** Der Zweite wird, von den Lateinern begleitet, so weit eindringen, dass der zweite Zug ausgelöst wird, zitternd und rasend von Mont Louis herabsteigend um die Pyrenäen hochzusteigen, er wird die antike Monarchie nicht durchqueren,	**1823** Der **Zweite** ist Ludwig XVIII. (1795-1824), er erklärte sich nach dem (angeblichen) Tod Ludwig XVII. 1795 zum König. Er trat auch die Regierung nach dem Fall Napoleons 1814/1815 an. **Mont Louis** ist eine südfanz. Gemeinde in den Pyrenäen. Im April 1823 überschritten französische Truppen die Pyrenäen, zur Niederschlagung eines Aufstandes gegen den span. König Ferdinand VII. und zu dessen Befreiung. Sie drangen bis Madrid und Cadiz vor und hatten zur Invasion die Autorisierung durch die Heilige Allianz (Verona, 1822), d.s. die "**Lateiner**". "Der **zweite Zug**" (in diesem Jahrhundert): schon unter Napoleon wurde Madrid eingenommen, auch Chateaubriand (Außenminister) verglich die beiden Kriege! "Die antike **Monarchie nicht durchqueren**" bedeutet, dass nicht gegen die spanische Monarchie Krieg geführt wurde, sondern gegen die spanischen Revolutionstruppen.
7.6	**[1346] – [1362]** es wird die dritte Überschwemmung mit Menschenblut geben, nicht lange wird sich Mars in der Fastenzeit befinden.	**1823** Die Franzosen kämpften nun zum dritten Mal in Spanien: 1. Spanischer Erbfolgekrieg (1701-1713) 2. Napoleonischen Kriege (1808-1813) 3. Befreiungskämpfe 1823

1700 - 1718
Spanischer Erbfolgekrieg (Bourbonen in Spanien)

7.11	[1491] – [1536]	1700 – 1713
	Danach wird die unfruchtbare Dame, von größerer Macht als die Zweite, von zwei Völkern empfangen, vom ersten halsstarrig durch den, der Macht über alles gehabt hat, vom zweiten und vom dritten, das seine Kräfte in Richtung des Umkreises des Ostens Europas ausdehnen wird,	Die unfruchtbare Dame soll Spanien darstellen, personifiziert durch: Königin Marie Louise d'Orleans (1. Frau von Karl II. von Spanien) und Königin Maria Anna von Pfalz-Neuburg (2. Frau), beide blieben kinderlos. Von den beiden stammte die erste Frau aus einem mächtigeren Haus. Spanischer Erbfolgekrieg begann: **Zwei Völker** (Frankreich und Bayern bzw. Österreich) beanspruchten die Herrschaft: 1. Frankreich: Philipp von Anjou (Enkel Ludwig XIV., dem absoluten Herrscher (**"Macht über alles"**) 2. Bayrische Kurprinz Josef Ferdinand (der aber starb 1699) sodass neuer 3. Anwärter aus Österreich stammte (Erzherzog Karl) Österreich führte ab 1713 Krieg gegen die Türken und eroberte Belgrad (Prinz Eugen)
	[1537] – [1568]	1713-1718
	bei den Pannoniern gibt es eine Niederlage und Verlust und mittels der Flotte wird man seine Ausdehnung auf das Trinacria betreiben, das adriatische (Meer) durch die Myrmidonen und Germanischen völlig unterworfen, und die barbarische Sekte wird völlig von den Lateinischen in großem Maße zerstört und vertrieben werden.	Österreich (**Pannonien**) verlor den Spanischen Erbfolgekrieg (Philipp V. als König ab 1713 anerkannt). Österreich gewann aber im Zuge des "Krieges der Quadrupelallianz", unterstützt von der **Flotte** Englands, u.a. Sardinien, das es gegen Sizilien (**Trinacria**) tauschte; damit erreichte Österreich die größte Ausdehung. **Myrmidonen** sind die Anhänger Achills (Griechen). Griechenland, ab 1715 einschließlich der Peloponnes, gehörte zum Osmanenreich (**barbarische Sekte**). Die **Germanischen** sind die Kaiserlichen. Türkenkrieg Österreichs von 1714 bis 1718 (im Bündnis seit 1716 mit Venedig). Einnahme von Belgrad (16.8.1717) Die **Lateinischen** sind die Katholischen.

1830 - 1919
Die Einigung Italiens, Krimkrieg und Erster Weltkrieg

12.1	**[3169] – [3213]** Danach wird das romanische Volk sich wieder aufzurichten und einige dunkle Finstere zu vertreiben, zurückgewinnend ein wenig von ihrem einstigen Ruhm, nicht ohne großen Streit und fortgesetzte Veränderung. Venedig wird dann darauf mit großer Kraft und Macht seine Flügel erheben, so hoch, daß es sich kaum von den Kräften des antiken Roms unterscheidet,	**Ab 1830** Ab 1820 gab es in Italien patriotische Aufstände. 1831 gründete Giuseppe Mazzini den Geheimbund "Giovine Italia" (Junges Italien) Dieser hatte die breite Mitwirkung des italienischen Volkes am Freiheitskampf zum Ziel. In Italien galt Mazzini als der geistige Führer des republikanischen Flügels der italienischen Unabhängigkeitsbewegung des 19. Jahrhunderts, "Risorgimento" genannt. Die Einigung Italiens ging nicht ohne Kämpfe und innere Streitereien vor sich. **"Dunkle Finstere"** sind die in großer Zahl auftretenden, und von Frankreich unterstützten Banditen, die mit 100.000 Soldaten bekämpft wurden. **Venedig** (Venetien) war zu dieser Zeit österreichisch. Mit allen Kräften versuchte Österreich seine Stellung in Italien zu behaupten.
12.2	**[3214] – [3239]** und zu dieser Zeit (werden) große byzantinische Schiffe mit den lygurischen verbündet sein zur Unterstützung und der Macht des Nordens wird man ein Hindernis errichten, bei den beiden Kretern wird nur deren Glaube behalten.	**1853 -1897** 1853 (3.7.) begann Russland einen Krieg gegen die Osmanen (Krimkrieg bis 1855). Frankreich, England und später Sardinien-Piemont (**Ligurier**) halfen den Osmanen (**Byzantinern**) gegen Russland, die "**Macht des Nordens**". Die "**beiden Kreter**" sind Griechenland und Kreta selbst. 1866 wurde Kreta von einer erdrückenden türkischen Übermacht heimgesucht - der Bevölkerung blieb nur der heldenhafte Freitod. 1897 Griechisch-Türkischer Krieg. Große Teile von Griechenland blieben in der Hand der Türken. Den **Glauben** behielten sie, die erstrebte Freiheit erhielten sie nicht.

12.3	**[3240] – [3291]**	**1892 – 1919**
	Die Bögen, durch die alten Marsanhängern erbaut, werden sich den Wellen Neptuns anschließen, in der Adria wird der große Streit stattfinden, was vereint sein wird, wird getrennt werden, es wird zu einem Haus, was zuvor eine große Stadt war und ist, einschließlich des Pempotam, das Mesopotamien von Europa, am 45. und andere am 41., 42. und 37.	Die "alten **Marsanhänger**" sind die ehemaligen Feinde im Krimkrieg (1854/55), Frankreich und Russland. Diese hatten "Bögen gebaut", d.h. Bündnisse geschlossen (1892/93). 1907 Ausgleich Russlands mit England Als der Erste Weltkrieg begann, schlossen sich diese Mächte den "Wellen Neptuns" an, gemeint ist England, gegen die Österreichisch-Deutsche Allianz. Auslöser und Hauptschauplatz des Krieges war der Balkan, dort fielen die ersten Schüsse, auf der **Adria** wurde ein schwerer Seekrieg geführt. Die habsburgische Monarchie, die viele Völker zusammenfasste, wurde in einzelne Teile zerschlagen. Die prächtige "Stadt" Wien musste der Kaiser 1918 mit einem armseligen "Haus" auf Madeira tauschen. Man könnte das Bild auch auf die Monarchie an sich deuten. Zur gleichen Zeit zerfiel das Osmanenreich des "Pempotam" (**Mahomet**). Das Zweistromland Europas am 45. Breitengrad ist das Donau-Drau-Gebiet. Der Zusammenfluss bei Belgrad gibt den auslösenden Unruheherd an, Serbien. Die angegebenen Breitengrade (37° - 45° Nord) bezeichnen die Lage des Balkans.

1920 - 1945
Nationalsozialismus, Faschismus, Zweiter Weltkrieg

12.4	[3292] – [3354]	1920
	und in dieser Zeit und in diesen Gebieten wird er die höllische Macht gegen die Kirche Jesu Christi stellen, die Macht der Gegner seines Gesetzes, der der zweite Antichrist sein wird, der diese Kirche und ihren wahren Stellvertreter verfolgen wird mittels der Macht der weltlichen Könige, die in ihrer Unwissenheit von Zungen verführt sein werden, die mehr schneiden werden als irgendein Schwert in den Händen des Wahnsinnigen	In dieser Zeit und praktisch in denselben Gebieten kam danach der zweite Antichrist (Hitler, Weltkrieg) auf. Hitler (1889-1945) gründete am 24.2.1920 die NSDAP (Nationalsozialistische Deutsche Arbeiterpartei), die nach einem Verbot und dessen Aufhebung, von ihm am 27.2.1925 neu konstituiert wurde. Die **"höllische Macht"** des Antichristen hat sich auch gegen die katholische Kirche und ihre Vertreter gewendet (Reichskonkordat 1933, Verfolgungen von Geistlichen 1935). Nostradamus schildert Hitlers dramatisch-verführerische Redekunst und bezeichnet ihn als Wahnsinnigen.
12.5	[3355] – [3378]	1920 – 1945
	die oben genannte Herrschaft des Antichristen wird nur bis zum Ende desjenigen dauern, der nahe dem Zeitalter geboren wurde und des anderen, aus der Stadt des Plancus;	Seine Herrschaft dauert bis zum Tode von: a) einem, der um die Jahrhundertwende geboren wurde und b) einem anderen, der aus Lyon stammt (vom röm. Stadthalter L.M. Plancus gegründet). Diese beiden sind nach meiner Ansicht: a) Franklin D. Roosevelt: amerik. Präsident, geb. 10.1.1882, gest. knapp vor Kriegsende am 12.4.1945 und b) Antoine de Saint-Exupéry: franz. Flieger und Schriftsteller, geb. 29.6.1900 in Lyon. Am 31.7.1944 wurde er nach einem Aufklärungsflug über Korsika vermißt. Warum Saint-Exupéry? Am selben Tag (31.7.1944) durchbrachen die Alliierten die deutschen Linien bei Avranches (Normandie-Invasion), der Beginn vom Ende des Dritten Reiches, des Antichristen.

12.6	**[3379] – [3402]** begleitet (wird der Antichrist) vom Erwählten aus Modone Fulcy, durch Ferrara unterstützt, durch die Ligurischen, Adratischen und der Umgebung des großen Trinacria. Dann wird er Mont Louis passieren.	**1920 – 1945** Hitlers Gefolgsmann war ab September 1940 Benito Mussolini (1883-1945): er wurde in Dovia di Predappio in der Emilia Romagna geboren. Wichtige Stadt dieser Provinz ist Modena (Modone Fulcy) Zum Begriff Fulcy: 1. es könnte sich um eine Verschreibung von L zu S handelt, also fusci gemeint sein. LAT fuscus = schwärzlich (Mussolinis "Schwarz-hemden") 2. es könnte eine beabsichtigte Verschreibung von U zu A (analog in Modena von O zu A) gemeint sein. Also: ModOne - ModAne - ModenA FUlci - FAlci - FAsci Mussolini gründete 1919 den Bund "Fasci di Combattimento", aus dem 1921 die "Faschistische Partei" hervorging. Wie in 7.5 ist Mont Louis die Grenzfestung bei den Pyrenäen, über die Hitler 1936 seine "Legion Condor"zur Unterstützung General Frankos sendete.
7.10	**[1411] – [1437]** es werden drei Regionen sein mit extrem unterschiedlichen Bündnissen, nämlich die Romanie, Germanien und Spanien, die verschiedene Parteien mit militärischer Gewalt bilden, verlassend den 50. und 52. Breitengrad,	**1936 - 1939** Romanie: Italien (Roma) unter Mussolini Germanien: Deutschland unter Hitler Spanien: unter Franco (Falange) 50.Grad = Krakau(Polen), Prag, 52.Grad = Berlin
	[1438] – [1458] und alle werden den Zaudernden huldigen, die zu den Gebieten Europas und vom Norden des 48. Breitengrades, der zuerst umsonst vor Angst erzittert, weit entfernt liegen,	**1939 - 1941** Der "Zaudernde, Bedenken habende" ist Amerika, das erst spät in den Krieg eintrat. Washington/USA liegt bei 39 Grad Breite (zu Europa und zum 48. Grad nördlicher Breite weit entfernt) Auf 48° n. Br. liegt etwa Paris, Wien und München (Deutschland zitterte - vorerst umsonst - vor dem Kriegseintritt der USA)

zu 7.10	[1459] – [1481] dann werden die Westlichsten, Südlichsten und Östlichsten zittern, derart groß wird ihre Macht sein, dass sie durch Eintracht und Union unbesiegbar bei den kriegerischen Unternehmungen sein werden.	1941 – 1945 Anti-Hitler-Koalition 1941, d.h. USA und Russland sowie England. Die Alliierten siegten, sodass erzitterten die: Westlichsten: Westfront (Frankreich) Südlichsten: Afrikafront Östlichsten: Ostfront (Russland, Balkan, vielleicht auch Japan gemeint)
	[1482] – [1490] Vom Naturell werden sie gleich sein, aber sehr verschieden im Glauben.	**Nachkriegszeit** Die USA und Russland (Anti-Hitler-Koalition 1941): von ihren Absichten (Naturell) waren sie gleich, beide wollten Deutschland besiegen, bei der Umsetzung ihrer Absichten (Glauben) sind sie jedoch verschieden, beide wollten ihre Vorteile und die Großmachtstellung behaupten.

18. Verifizierung zur Anagrammregel BerH07

Die Regel BerH072 (siehe Beilage „Anagramme für die Berechnung im BriefH") besagt u.a., dass der dritte lateinische Text (LatText3) 33 gleiche Wörter wie LatText2 enthält und 12 Wörter des LatText2 lediglich in der grammatikalischen Endung geändert worden sind. Die nachstehende vergleichende Liste bestätigt diese Aussage.

		Alphabetisch LatText2			Alphabetisch LatText3
e1	C	A		e1	A B
	C	A B S C O N D I S T I			A B
g1	C	A D			A B
	H	A E N E O			A B L E G E T U R
	H	A E Q U O R			A C C U R A T A
	C	A F F L A T I		g1	A D
	C	A N T E			A D U E N I E T
	C	A P E R T A			A E D I F I C I I S
g2	H	A U D I R E T			A L I Q U O
	H	B E L L I S			A M B I G U U M
	C	C A E S A R E M			A N G E L I
	C	C A N I B U S			A P P A R A T U S
	H	C A R N E M			A Q U I L O
	H	C O M P E D I T O R U M			A S I A N U M
	C	C O N C U L C E N T			A T
	C	C O N F R I N G A M		g2	A U D I R E T
	C	C O N T E R A M			B E L L A B I T
	C	C O N U E R S I			B E N E
g3	C	D A R E			C E N T U R I A E
g4	H	D E			C E N T U R I A S
	C	D E C I P I			C O N C I E B A N T U R
e2	H	D E O			C O N S E R U A R E
	H	D E T E R M I N A T A			C O R R E P T U M
	C	D I C I T U R			C O T T I D I E
	C	D I R U M P A N T			C R E A T O
	C	D I U I N O			C U R R E T U R
g5	C	E A			C U R T E
e3	H	E F F U N D A M		g3	D A R E
	C	E N U C L E A S T I		g4	D E

259

	C	EORUM		DE
	C	EOS	e2	DEI
	C	ERGO		DEPRESSI
	C	ERIT		DICTUM
	C	ERRARE		DOCERE
g6	C	EST	g5	EA
	C	EST		EA
	H	EST		EDITI
g7	C	ET		EDITUR
	C	ET	e3	EFFUNDO
	C	ET		EI
	C	ET	g6	EST
	C	ET	g7	ET
	C	ET		EUENTU
	C	ET		EXITUS
	C	ET		FALSO
	C	ET	g8	FATO
	H	ET	e4	FECIT
	H	ET		FIGURA
	H	ET	e5	FILIO
	H	ET	e6	FILIO
	C	ETC		FINIT
	C	ETC		FIRMITUDO
	C	EXIGUIS	g9	FUTURIS
e4	H	FACIEBAT		GENTES
	C	FALLI		HABENT
g8	H	FATO	g10	HAEC
	C	FERREA		HOC
	H	FILIAE		HYLE
e5	H	FILIJ		IBI
e6	H	FILIOS		ICONISMUM
	C	FILIUM		IGNIBUS
g9	H	FUTURIS	g11	IN
	H	GEMITUS	g12	IN
g10	C	HAEC	g13	IN
			g14	IN

	C	HODIE		INUASIONE
	H	HUY		LATUM
	H	HUY		LECTIONEM
	C	ID		LIBRIS
	C	IGNORANTIA		LITTERA
g11	C	IN		LOGORUM
g12	C	IN		LUMEN
g13	H	IN		MALA
g14	C	IN	g15	MICHAEL
	C	IN		MISSUM
	C	INCLINABITUR		MITTETUR
	C	INIQUITATES		MONSTRET
	H	INTEREMPTORUM		MUTANS
	H	INUITA		MUTATIONE
	H	LIBERA		MYSTERII
	C	MARGARITAS		NATIUO
	H	MEUM	e7	NATURAM
g15	H	MICHAEL	g16	NEC
	H	MINERUA	g17	NEC
	C	MISEREBOR		NI
	C	MITTATIS		NOMINE
	C	MOMENTA	g18	NON
e7	H	NATURA	g19	NON
	H	NAUALIBUS		NORMA
	C	NE	g20	NOSTRADAMUM
g16	C	NEC	g21	NOSTRADAMUS
g17	C	NEC		NOTA
	C	NOLITE		NOUUM
g18	C	NON	e8	NUMEN
g19	C	NON		OB
	C	NON		OBRUI
	C	NON		OCCULTA
	H	NON		OFFERRE
	H	NON		OMEN
	C	NOSCERE		OPINATO
g20	C	NOSTRADAMUM		OPPUGNARE

g21	H	NOSTRADAMUS			ORACULO
	C	NOSTRUM			ORDINE
	C	NUDA			ORDINE
e8	C	NUMINE			PARET
	H	OCCASIONE			PAUEAT
	C	OLIM			PERHIBUI
	H	OMNEM			PERICULA
	C	OMNIA			PHALANGES
	H	OMNINO			PLURIMIS
	C	ORATIONE			PONERE
	C	PARTICULARIA	e9		POSSE
	C	PEDIBUS			POST
	H	PER			POSTERIS
	C	PERCUTIAM			PRAEDICTUM
	C	PORCOS			PROPHETIAS
e9	C	POSSUM			QUO
	C	POTENTIBUS	g22		QUOD
	C	PRAESAGIUNT			QUOQUE
	C	PROPHETA			RATIONE
	H	PROPHETABUNT			RECITABIT
	C	PROPHETICO			RECTAS
	C	PRUDENTIBUS			RENUENDA
	C	QUANDO			REPONET
	C	QUIA			RESERANT
	C	QUIA			RIMANS
g22	H	QUOD	g23		SALONAE
	C	REGIBUS	e10		SANCTIS
	H	RUBUIT	e11		SANCTO
	C	SAECULI	g24		SANCTORUM
	C	SAECULUM			SCRIPTU
g23	H	SALONAE			SENTENTIAM
e10	H	SANCTA			SI
g24	H	SANCTORUM			SI
e11	C	SANCTUM			SINE
	C	SAPIENTIBUS			SINE
	C	SED			SINE

	C	SOLI		SINE
	H	SOLUERET		SINT
	C	SOLUTA	g25	SPIRITUM
	C	SPIRITU		STATIBUS
g25	H	SPIRITUM		SUBDENS
	C	SUBMOUENDA	g26	SUNT
g26	C	SUNT	g27	SUPER
g27	H	SUPER		TAMEN
g28	C	TEMPORA	g28	TEMPORA
e12	H	TEMPORIS	e12	TEMPORUM
g29	H	TEMPUS	g29	TEMPUS
	C	TENUIBUS		TEMPUS
	H	TRIPODE		TOT
	H	TRIUMUIRAT		TOTIDEM
	C	VERBERIBUS		VARIATIONE
g30	H	VERITAS		VATICINIA
	II	VESTRAE		VERBIS
	H	VESTRI		VERBO
	C	VIDENS	g30	VERITAS
	C	VIRGA		VETUM
	C	VISITABO		VITAE
	C	VOCABATUR		VNA
g31	C	VOS	g31	VOS
g32	H	VT	g32	VT
g33	H	VT	g33	VT

Erläuterung:

g1 - g33	33 gleichbleibende Worte
e1 - e12	12 Wörter mit geänderter Endung

19. Almanach-Prophezeiungen Ablauf (Exzerpt)

Im Kapitel „Die Almanache ergänzen die Centurien" wurde erstmals die wirkliche Funktion der Almanache genannt. In ihnen sind zahlreiche prophetische Aussagen für das 21. Jahrhundert eingestreut. Filtert man diese Prophezeiungen aus den umfangreichen Prosatexten jedes Almanachs heraus, lassen sich diese in einem chronologischen Ablaufschema zusammenstellen. Jeder Almanach enthält aber nur einen Teil des gesamten Zeitraumes. Diese Teile müssen wie zu einem Ganzen zusammengefasst werden. Dazu dienen die vielen gleichlautenden Prophezeiungen (x,y,z) als Indikatoren, wofür ich einige Beispiele (*crocodile* etc.) schon im Buchtext genannt habe. Das nachfolgende Schema soll diese Arbeitsphase verdeutlichen.

Vereinfachte Prinzipskizze: (für 4 Almanache und 5 Teilprophezeiungen)

Alm 1			x				
Alm 2					y		z
Alm 3			x				
Alm 4					y		Z
Gesamt			x		y		Z

Im Prinzip einfach, in der tatsächlichen Ausführung aufwändig, weil über 3000 Teilprophezeiungen in den Almanachen vorliegen!

Im Zuge der Bearbeitung des gesamten Ablaufschemas habe ich festgestellt, dass Nostradamus mit dem Ausdruck „*mutation de temps*" eine Cäsur in den chronologischen Ablauf eingebaut hat. Man kann diesen Ausdruck einfach mit „Änderung des Wetters" übersetzen, wie es bisher die Interpreten gemacht haben. Man kann ihn aber ebenso durch „Wechsel der Zeit" übersetzen. Genau dies ist gemeint, nämlich ein Jahreswechsel (vergl. Spalte 10). Damit lassen sich die Teilprophezeiungen leichter dem betreffenden Jahr zuordnen.

Es würde den Rahmen jedes Buches sprengen, wollte man das gesamte Ablaufschema für das 21. Jahrhundert darstellen. Ich habe daher ein einziges Jahr, 2015, ausgewählt und die dafür vorliegenden Teilprophezeiungen komprimiert in der nachstehenden Übersicht aufgenommen. Im Jahr 2015 kam es zum Höhepunkt der großen Invasion von Flüchtenden aus dem afrikanischen Raum und dem Nahen und Fernen Osten. Nostradamus hat dies auch in diversen Quatrains der Centurien vorausgesehen (z.B. 2.19, 5.68 etc.). Er sieht auch die Terroranschläge der „Barbaren", des Islamischen Staates (IS) voraus, die der französische Ministerpräsent Holland als „kriegerischen Akt" bezeichnete (Quatrain 1.94). Die Zurodnung dieser Quatrains zu den Prosa-Prophezeiungen ist aus der nachstehenden Übersicht gut zu erkennen. Man findet hier auch einen wesentlichen Indikator (Spalte 3), der immer wieder das ligurische, korsische und sardinische Meer nennt.

ALM		1	2	3	4	5	6	7	8	9	10
1554	1							135.54 Neuartiger Krieg gegen Norden (17 Monate lang) 11.[4.]		C 1.94 22 2015	
1555	2		343.55 An Küsten Tyrrhen., Liguriens, Sardiniens Streit		12.55 Ständige Übergriffe der Barbaren in Italien 506.55-2Ch	Sp3.55 Viele Menschen fliehen 496.55-2Ch					
	3		54.55 Korsen & Ligurer handeln eigennützig 281.55Ch		Dt1.55 Germanien moderne Gesetze bewahrt	C 5.68 19 2015	55.55 Langres und Bourgogne dagegen 282.55Ch				
	4	64.55 Streit beginnt wegen Anschläge 289.55Ch H	65.55 Weh für Ligurien,Sardinen & Korsika 290.55Ch				67.55 Der große Neptun (in) Byzanz 292.55Ch				
1556	5		71.56 Auswanderung beim ligurischen & korsischen Meer								
	6		103.56 Riesige Invasion zu Meer und Land	C 2.19 18 2015							
1557	7		191.57 Große Vorbereitungen zu Meer und Land (preparatives) 3								
	8		215a.57 Große Gefahren für Marine								
	9		254a.57 Naualis pugna								254b.57 Wechsel der Zeit (mutation de temps)
1558	10	16.58 J Fatale Revolution probiert	53.58 Marine-unternehmung vorbereitet								
	11		169.58 pugne navale- Seekrieg 9								
	12		255.58-2 Streit in den maritimen Regionen								259.58-2 Wechsel der Zeit (mutation de temps)

#	Year						
13	1559	88.66 Feindschaft zwischen Brüdern				19.59 Christen werden gefangen, Krieg	
14		144.59 Schwierig Ligur.,Korsisches Sardin. Meer, Adria usw.					122.65 Gefahren, Untergang, periciliation
15		180.59 Räubereien piratiques invasions		198.59 Küstenbewohner in Schwierigkeiten			
16		56.60-2 Sardinien, Ligurien, mehr in Pannonien					
17		13.62-3 Ligurien, Korsika, Sardinien Barbaren			22.62-3 Küsten viel mehr gequält		
18	1560	118.65 Seekriege (guerres navalles)					
19	1562	234.65 Invasion der Barbaren in Sizilien (Hieron) & Spanien					238.65 Unternehmungen tant terrestre
20	1565	304.65 Erregung am Ligurischen & Korsischen Meer					305.65 Ich kann es nicht schreiben
21		327.65 Ereignisse Sardinien, Korsika, Ligurien am Meer					
22		369.65 Gefahr an Küsten, Raub, barb. Invasion	89.66 Krieg wegen Gesetze & Religion	90.66 Monetam publice signatum: gegen altes Gesetz Geld öff. versiegelt	92.66 Städte vom Feind angegriffen	93.66 Zerstörung, "es sträubt sich mein Haar"	94.66 Vorbereitung zu Tumulten und barbarischem Aufuhr
23	1566	185.66 Vorbereitungen für Krieg (bis August) (prépar. navales)	186.66 Vorbereit. preparatives tant terrestre	206.66 Küsten wegen Piraten unbewohnbar			
24		280.66 Sardinien unbewohnbare Küste wegen Barbaren	285.66 Orientalen bereiten ihre Rückkehr vor				
25	1567	1T31.67 Gefahr für Schiffsuntergang		1T60.67 Streit wegen Frauen	1T62.67 Ganz Italien in Angst		
26		1T149.67 Tod eines großen Fürsten	2T35.67 Unruhen auf dem Meer	42.67 Kriegerische Unruhen expeditione [3]			
27		47.67 Barbarische Invasion, Seekrieg guerre navale					
		2015	2015	2015	2015	2015	2015	2015	2016
		2.19	5.68	5.25	5.29	1.94	2.40
		18	19	20	21	22	23

Callout boxes:
- C 5.25 20 2015
- C 5.29 21 2015
- C 2.40 23 2015

266

20. Der Wörterpool

In diesem Band ist die Erklärung enthalten, woraus sich der Wörterpool, also jene Wörter, die Nostradamus aus den Quatrains herausgestrichen hat, zusammensetzt (Kapitel „Der Wörterpool"). Es sind die Mehrfachwörter in den Quatrains der Almanache für die Jahre 1555, 1557, 1558 und 1567. Hier werden die Ergebnisse, getrennt für diese vier Almanache aufgelistet.
Auf die Regel BerC06 wird besonders verwiesen (siehe Beilage Nr. 3).

Almanach 1555: 211 Mehrfachwörter

&	cinq	en	l'	la
&	citez	en	l'	la
&	citez	est	l'	la
&	classe	est	l'	la
&	classe	est	l'	la
&	classe	faim	l'	la
&	de	faim	l'	la
&	de	fait	l'	la
a	de	fait	l'	la
a	de	fait	l'	le
a	de	fait	l'	le
a	de	feu	l'	le
a	de	feu	l'	le
a	de	fouldre	l'	le
a	donra	fouldre	l'	le
adrie	donra	frayeur	l'	le
adrie	du	frayeur	l'	le
au	du	garde	l'	le
au	du	garde	la	le
blesse	du	glace	la	le
blesse	du	glace	la	le
cela	du	grand	la	le
cela	eau	grand	la	le
ciel	eau	grand	la	le
ciel	eaux	grand	la	le
ciel	eaux	grand	la	le
cinq	en	grand	la	les

267

les	n'	par	s'	tresue
les	ne	peur	s'	tresue
les	ne	peur	sang	trop
maling	ne	plus	sang	trop
maling	nuit	plus	sera	tu
mars	nuit	plus	sera	tu
mars	on	porte	seras	vent
mars	on	porte	seras	vent
mer	paix	porte	serre	vers
mer	paix	pres	serre	vers
mer	paix	pres	ses	vin
mer	paix	qui	ses	vin
mer	par	qui	tainte	
mort	par	qui	tainte	
mort	par	quinze	terre	
n'	par	quinze	terre	

Almanach 1557: 144 Mehrfachwörter

&	cite	esleu	grand	la
&	cite	esleu	grand	la
&	cite	esleu	grand	la
a	cite	esleu	grand	le
a	d'	est	grand	le
a	d'	est	heure	le
a	de	est	heure	le
a	de	exiles	l'	le
a	de	exiles	l'	le
a	de	fait	l'	les
a	du	fait	l'	les
a	du	feu	l'	les
a	du	feu	l'	mcr
au	du	feu	l'	mer
au	du	fort	la	mis
au	en	fort	la	mis
chef	en	foy	la	mis
chef	en	foy	la	monde
ciel	en	grand	la	monde
ciel	en	grand	la	mort
ciel	entree	grand	la	mort
cite	entree	grand	la	mort

n'	ne	prins	rendue	sera
n'	ne	prins	rendue	sera
n'	ne	prins	retourne	sus
n'	non	prins	retourne	sus
naual	non	prins	retourne	terre
naual	pille	prinse	rompue	terre
ne	pille	prinse	rompue	

Almanach 1558: 138 Mehrfachwörter

&	dedans	grand	les	par
&	dedans	haut	les	par
&	deux	haut	les	par
&	deux	ieux	les	par
&	du	ieux	les	pars
&	du	l'	les	pars
&	ennemis	l'	les	passer
a	ennemis	l'	mars	passer
a	ennemy	l'	mars	pluye
a	ennemy	l'	mer	pluye
a	esmeus	l'	mer	pris
au	esmeus	la	mer	pris
au	esmeus	la	mer	rompue
au	exilez	la	mer	rompue
au	exilez	la	mort	roy
au	fait	la	mort	roy
bruit	fait	la	non	sera
bruit	fait	la	non	sera
bruit	fait	la	nuit	sera
bruit	festins	la	nuit	seront
ciel	gennes	la	on	seront
ciel	gennes	la	on	seront
de	grand	la	on	sus
de	grand	laine	on	sus
de	grand	laine	paix	tyrrhene
de	grand	le	paix	tyrrhene
de	grand	le	paix	
de	grand	le	par	

269

&	aux	en	la	les
&	aux	enfle	la	les
&	d'	enfle	la	les
&	d'	ennemis	la	lieu
&	d'	ennemis	la	lieu
&	d'	ennemis	la	magistrats
&	de	ennemis	la	magistrats
&	de	ennemis	la	magistrats
&	de	ennemis	la	magistrats
&	de	entre	la	main
&	de	entre	la	main
&	de	femmes	la	mal
&	de	femmes	langueurs	mal
&	de	fera	langueurs	mal
&	de	fera	le	maladie
&	de	frayeur	le	maladie
&	de	frayeur	le	mis
&	de	freres	le	mis
&	des	freres	le	mis
&	des	freres	le	mort
&	deux	grande	le	mort
&	deux	grande	le	mort
a	discorde	grandes	le	mort
a	discorde	grandes	legat	mort
a	don	grands	legat	mort
a	don	grands	legat	mort
a	don	grands	les	mort
ambassade	du	grands	les	morts
ambassade	du	ieunes	les	morts
amis	du	ieunes	les	nopces
amis	du	ieunes	les	nopces
amis	du	inimitie	les	nopces
amis	du	inimitie	les	nopces
approche	du	l'	les	nopces
approche	en	l'	les	on
au	en	l'	les	on
au	en	l'	les	par
au	en	l'	les	par
au	en	la	les	par
aux	en	la	les	par

par	poeur	roy	sera	trouue
par	pour	roy	sœurs	trouue
par	pour	ruine	sœurs	trouue
par	prelat	ruine	teste	trouue
par	prelat	ruine	teste	vie
par	prisons	s'	thresor	vie
par	prisons	s'	thresor	voyage
par	proches	s'	thresor	voyage
pere	proches	s'	tout	voyage
pere	publiques	secrets	tout	yeux
plus	publiques	secrets	tout	yeux
plus	rois	sectes	trois	
plus	rois	sectes	trois	
poeur	rois	sera	trouue	

21. Mit Gott!

**"AVEC T" kann dem Ausruf
"MIT GOTT!" gleichgesetzt werden.**

Die jeweils ersten Quatrains der Centurien I bis IV weisen ausgeschmückte Initialen auf. Ebenso das erste Wort des Widmungsbriefes von Nostradamus an seinen Sohn Caesar. Mit diesen Initialen kann man nicht nur CAUTE, das Schlüsselwort für die Versbearbeitung bilden, sondern auch das französische Wort AVEC (=mit) und den Buchstaben T.

Der griechische Buchstabe T (=*tau*) war in früher Zeit ein Zeichen für das Christentum, und findet sich etwa in den römischen Katakomben. Es soll in der Form dem bei der Kreuzigung Jesu verwendeten Kreuz entsprechen. Man kann es als Zeichen für Christus und damit für Gott ansehen. Das bei Hesekiel (9.4) verwendete hebräische Wort für dieses Zeichen ist *taw*= t, der letzte, der 22. Buchstabe des hebräischen Alphabets. Im Griechischen könnte der Buchstabe T als Kurzzeichen für das Wort *theós* = Gott gelten.

Gut zu erkennen ist dieses T-förmige Kreuz auf dem Holzschnitt von Albrecht Dürer "Die Versiegelung der Gemeinde". Eine um 1497 verfasste Illustration zur Apokalypse des Johannes. Das Kreuz trägt ein Engel im oberen Teil des Bildes. Der zugehörige Text der Apokalypse, Off 7.2, lautet:

*Dann sah ich vom Osten her einen anderen Engel emporsteigen;
er hatte das Siegel des lebendigen Gottes...*